U0020842

實　用

知　識

寶鼎出版

地圖下的風起雲湧

LE RETOUR DE LA GUERRE
LE DESSOUS DES CARTES

烽火又起

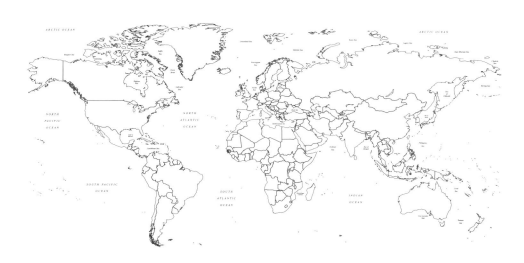

ÉMILIE AUBRY・FRANK TÉTART

艾蜜莉・奧柏芮、法蘭克・泰塔爾｜著　許淳涵｜譯

僅此紀念尚克里斯多夫・維克多（Jean-Christophe Victor）。
此致尚－菲利浦（Jean-Philippe），致我們的旅行……
致我們的孩子，亞德里安（Adrien）、盧卡（Lucas）、瑪麗（Marie）。
E. A.

此致凱瑟琳（Catherine）和我們的三個孩子。
致我所有的學生，
他們啟發了我，讓我對解釋這個世界興味盎然。
F. T.

沒有人能忽視世界的其他角落

2022年2月24日，弗拉狄米爾·普丁（Vladimir Poutine）下令，命令他的軍隊侵犯一個主權獨立的民主國家邊界，也就是由澤倫斯基（Volodymyr Zelensky）總統領導的烏克蘭。

我們的大陸內部烽火又起。起先，此事造成一片譁然。接著，我們日復一日追蹤夢魘般的轟炸畫面、街頭巷戰的情景，以及城鎮坍塌頹圮，顛沛流離的人行伍迤邐。我們聽著各種關於強暴罪與戰爭罪行的口述見證——經過克里姆林宮（Kremlin）的頭子明言張揚，一切無非指向「一場老式的衝突」，不再是混合戰爭，而且再度陷入核戰的威脅。

這也讓地圖回歸時事頭版。地圖呈現反抗的首都基輔、烏克蘭面海的區塊〔普丁打算將這個地區和克里米亞（Crimea）連在一起，克里米亞已經在2014年遭到併吞〕一直到頓巴斯（Donbass），由於烏克蘭反抗勢力遭到低估，此處讓俄軍無法探囊取物，只得退守其中。

烏克蘭衝突可說是一段戰略峰迴路轉的歷史，頻見上兵伐謀的態勢：無人機、火箭發射器、對空導彈與反坦克導彈傾巢而出，加上來自基輔（Kyiv）的情報支援，群起壓制俄軍坦克。

不出幾個禮拜，烏克蘭戰爭撼動了地緣政治，讓局勢波瀾四起：
— 冷戰的結束讓北大西洋公約組織（NATO）存在的意義虛無縹緲，現在卻失而復得，而且還多了幾個候選會員國，包括瑞典與芬蘭（連帶終結了這些國家的中立文化）；
— 美國高調回歸歐洲；
— 歐盟在各個層面「重新武裝」起來，就連德國也不得不放棄身分認同中的和平主義，加強國防戰略部署；
— 由於各國紛紛禁運或限運由俄羅斯出口的石化燃料，原物料交易受到嚴重擾動，也促使許多國家意識到這層依賴關係，更為顧慮自身的主權，甚至是行為的適切性，因此重新思考供貨方針。

在這之前，Covid-19的疫情已讓我們以前所未見的方式體認到彼此之間如何互相依賴，舉凡從中國製造的口罩——有好幾週，它是對抗病毒的唯一防衛——抑或印度製造的止痛藥乙醯胺酚（paracetamol），都足以證明。

因此，從疫情到烏俄戰爭，加上氣候異常的步調愈來愈快，我們的日常生活構成地緣政治的形貌。危機的鎖鏈環環相扣，讓我們每個人都察覺到：在21世紀，沒有人能忽視世界的其他角落。

地緣政治成為廣受法國高中生及大學生歡迎的專門學科，而所有解析國際時事的影音跟數位內容都炙手可熱，由此可見，這是時代脈動的徵象。

在本書的增訂版中，我們決定將歐洲定為環遊世界的起點。誠如政治家尚·莫內（Jean Monnet）對歐洲的解讀，歐洲無論是在構成上，或是在往前邁進時，都要通過危機的試煉。這沒能讓普丁稱心如意，他在侵略烏克蘭時，以為可以藉此有力地分化歐洲人，結果卻適得

其反：出兵烏克蘭不但讓歐盟重拾團結，讓大家再度看見歐盟的吸引力，也重啟了美國的某種領導地位，讓世界再度出現「自由」世界與「威權」世界的楚河漢界。不過，面對現實政治（Realpolitik）設下的種種限制，這樣的楚河漢界很快便會蕩然無存，好比華盛頓當局為了抵制俄羅斯石油，便出手跟委內瑞拉或沙烏地阿拉伯的政府結盟。

　　與此同時，另一場戰爭，也就是家喻戶曉的「敘事戰」（narrative war）也方興未艾。中俄作一邊，西方世界在另一邊，兩邊陣營各自向世界其他成員宣導各自的治理模式和「價值理念」。這場新興戰爭的致命武器，是社群媒體，社群媒體具備的政治影響力始料未及。就這樣，澤倫斯基上傳的影片讓西方的輿論連成一氣，而俄羅斯挾帶活躍的網路操作，躋身影響非洲的要角之一，也因為網路勢力的加乘，此勢策動的民心橫跨中非與馬利，排斥殖民列強的舊勢力以及這些勢力代表的所有事物。

　　烏克蘭戰爭也讓許多「沒選邊站的國家」浮上檯面，亦即位於非洲、南美洲及印度次大陸的諸國。在聯合國投票時，這些國家對出兵烏克蘭既不抵制，也不支持。於是，他們自成世界，在人口上不容小覷，再也不想捲入大國角力。

　　接下來有件非常肯定也十分重要的事情，也就是在閱讀這些篇章之際，你會意識到氣候議題具有新的核心地位。隨著地球的溫度節節高升，所有從中衍生出來的問題，都讓我們迅速意識到：人人同屬於一個「地球村」。

　　顧及這顆我們共享的星球，以及比前輩更憂心環境問題的新世代，這代人同時著迷於地緣政治和環境議題，意義非凡。這兩個議題都需要弭除疆界的區隔。

　　最後，有句出自地理學家伊夫・拉寇斯特（Yves Lacoste）的話，我永遠不會忘記，他讓一個學科領域得以自由流通，向所有人敞開大門，更是該領域民主化的前鋒。在這個世紀初，他曾經寫道：「地緣政治也是一種避免戰爭的方式。」

　　　　　　　　　　　　　　　　　　　　　　　　　　　　　　──艾蜜莉・奧柏芮

用28個目的地發現並瞭解世界

哥特蘭島
瑞典

蒙特婁
加拿大

提華納
墨西哥

柏林
德國

布魯塞爾
比利時

奧利
法國

華盛頓特區
美國

阿爾及爾的卡斯巴
阿爾及利亞

西迪布基
突尼西

蓬托菲霍
委內瑞拉

通布克圖
馬利

亞馬遜
巴西

梅迪卡
波蘭

莫斯科
俄羅斯

博斯普魯斯海峽
土耳其

阿勒坡
敘利亞

納坦茲
伊朗

耶路撒冷
以色列／巴勒斯坦政權

利雅德
沙烏地阿拉伯

烏拉
沙烏地阿拉伯

阿迪斯阿貝巴
衣索比亞

南北韓非軍事區
北韓／南韓

東京
日本

北京
中國

武漢
中國

銅鑼灣
香港

泰姬瑪哈
印度

巴羅莎谷
澳洲

1. 歐洲

危機時刻

2020年，藉由疫苗採購管道的共享和後疫情振興計畫的實施，Covid-19疫情已然是強化歐洲團結精神的良機。2022年2月，烏克蘭戰爭再度印證尚‧莫內所言不假，他在上個世紀曾經說：「在構成上，歐洲將要通過危機的試煉，而為了化解危機而產生的種種解決方案，則會是歐洲的總和。」歐洲各大機關以及歐盟各成員國響應澤倫斯基總統的呼告，紛紛提供金融、人道及軍事援助。眼看邊境烽火又起，輿論傾向支持烏克蘭，歐盟凝聚了起來，重挫普丁的軍事調動以及分化歐洲大陸的企圖。但如果戰事久延，各方勢力的關係將如何演變？

目
的
地
1

莫斯科

歡迎來到克里姆林宮。這裡從15世紀起動土興建,占地28公頃,包含大皇宮以及參議院,此即總統幕僚和弗拉狄米爾·普丁辦公的地方。關於克里姆林宮,這座護持沙皇和總統的堡壘,人們對那間出名的「超長桌」會議室並不陌生,因為自2022年2月起,那張桌子見證過多少歐洲領導人造訪流連,直到俄羅斯軍隊進犯烏克蘭邊境。除了Covid-19防疫所需的社交距離,不少觀察者發現,克里姆林宮的首腦對力量關係的展現情有獨鍾,也喜歡跟西方「保持距離」。

弗拉狄米爾·普丁意圖步步逼退北大西洋公約組織的計畫,合理化出兵烏克蘭的行動。根據俄羅斯的說法,在蘇聯解體和新國家嶄露頭角之後,北大西洋公約組織進逼俄羅斯聯邦的邊境,形成安全威脅(在2008年,這套說辭「正當化」了俄羅斯對喬治亞進行的軍事介入)。可是,俄

羅斯的威權首腦會反而因為入侵烏克蘭的關係,而有利於北西洋同盟壯大陣容。如今,眼看普丁在2014年併吞克里米亞之後,還入侵烏克蘭領土,此舉究竟會不會是他的最後一場戰役,沒有人知道端倪──他的帝國主義大業是否已經走火入魔?他是不是高估了自己的軍事實力,而且不但小覷烏克蘭的反擊勁道,還低估了歐洲人跟美國人的反應?除非,他以為時間站在他這一邊……這場衝突(以及衝突造成的局勢分界,在世界上劃出一個拒絕選邊站的區塊)也有可能就此標誌權力集團兩極的分裂,使自由的西方與威權的東方勢不兩立。由於莫斯科與北京有可能彼此串通,形成威脅,此舉會讓世界進入新的政治力場,牽動經濟活動、軍事部署和文明角力。如此一來,沒有人能預測結局。

俄羅斯—烏克蘭
普丁的最後一戰？

有一天，普丁曾經表示，蘇聯解體是「上個世紀最慘烈的地緣政治災難」。從1999年以來，克里姆林宮的強人普丁矢志克服這個「災難」，並讓俄羅斯重拾強國威勢。蘇聯和美國並處冷戰時期的超級強權，是俄羅斯的前身；俄羅斯則是擁有核子武器的國家之一，並在聯合國安全理事會（UNSC）擁有永久席次。不過，從2000年起，俄羅斯在普丁的推波助瀾之下，不但重振國力，而且對外政策更具侵略性，再度成為傲視全球的強權。其實，採取侵略性的對外政策達成的，是內政的目的，因為這樣才能讓人淡忘國內沒有實質的多元政治環境，讓反對的黨羽消音，並且鎮住俄羅斯人民日益飄搖的經濟民生。

俄羅斯幅員遼闊，接壤的國家有15個左右，其中的強國，包括美國隔著白令海峽（Bering Strait）和北冰洋（Arctic Ocean）與之相望，外加中國以及歐盟。這個地理位置當然形塑了俄羅斯觀看世界的方式，也會影響俄羅斯外交政策的立場。

⇨ 近鄰國家

為了瞭解俄羅斯對外政策的邏輯，我們似乎有必要斟酌俄羅斯如何看待自己。俄羅斯將自己視為一大強國，承襲在1991年解體的蘇聯（Soviet Union）。同時，先前屬於蘇聯的共和國，則被俄羅斯視為直屬勢力範圍，不可侵犯。莫斯科將這些國家稱為「近鄰國家」（near abroad）[1]。俄羅斯會在近鄰國家主張其經濟與戰略利益，例如位處哈薩克的拜克努爾（Baikonur）太空發射基地。俄

羅斯也藉此和俄羅斯及俄語系人民維繫文化上的連結，在哈薩克，兩者加起來占總人口的三分之一。

在這樣的影響力範圍中，莫斯科將分離主義運動化為己用，讓自己能持續掌控不同的國家，並在鞏固勢力時師出有名。聶斯特里亞（Transnistria）的案例便是如此，聶斯特里亞原是摩爾多瓦（Moldova）的俄語系地區。喬治亞共和國（Georgia）的兩塊領土阿布哈茲（Abkhazia）以及南奧塞提亞（South Ossetia）也是分離主義運動的案例[2]。

2004年，西方陣營在喬治亞迎來「玫瑰革命」。在玫瑰革命中，親歐的米哈伊・薩卡希維利（Mikheïl Saakachvili）取得政權，加速該地區的民主運動。2008年夏天，薩卡希維利派遣軍隊進入阿布哈茲與南奧塞提亞兩地，此舉立即引發克里姆林宮強烈的武力反制，一度讓俄軍進逼喬治亞首都提比利斯（Tbilisi）。普丁的諸般武力展示，使他得以在南奧塞提亞與阿布哈茲保有俄軍基地，並向北大西洋公約組織（NATO）釋放清楚的訊息：讓喬治亞成為會員國，門兒都沒有。也因為這一連串的事件，歐盟在面對南高加索山地區並制定相關「睦鄰政策」（neighborhood policy）時，形成偏見。

⇨ 對烏克蘭的執念

環顧這些「近鄰國家」，烏克蘭地位非凡。因為，對俄羅斯而言，烏克蘭是折衝要地，可以保護俄羅斯領土，同時還被視為俄羅斯的「歷史搖籃」。

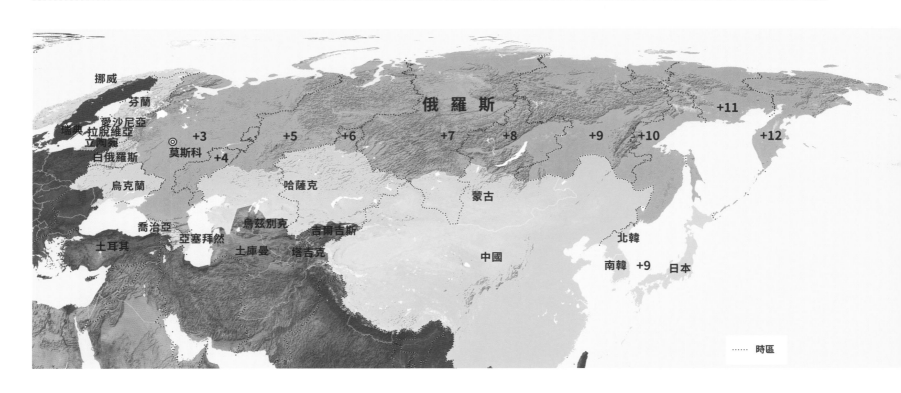

挪威 芬蘭 瑞典 愛沙尼亞 拉脫維亞 立陶宛 白俄羅斯 俄 羅 斯 +11 +3 ◎ 莫斯科 +5 +6 +7 +8 +9 +10 +12 +4 烏克蘭 哈薩克 蒙古 喬治亞 烏茲別克 吉爾吉斯 北韓 土耳其 亞塞拜然 土庫曼 塔吉克 中國 南韓 +9 日本

‧‧‧‧‧ 時區

巨大而脆弱

俄羅斯聯邦幅員遼闊，從波羅的海海濱的加里寧格勒（Kaliningrad）一路綿延到太平洋，橫跨1萬公里。俄羅斯是世界上面積最大的國家，國土面積有1700多萬平方公里，等於35個法國。只是，俄羅斯人口只有1億4500萬，僅僅是法國人口的兩倍多一點。人口上的弱點構成了俄羅斯國力的限制。

有了這兩個原因，我們更能釐清2004年大事件的來龍去脈。當時民主派的示威人士在全國上下鼓譟，抗議總統選舉舞弊，造成親歐候選人落選，是為「橘色革命」。這場革命不對莫斯科的胃口，於是莫斯科逕行譴責西方勢力干預。為了讓烏克蘭重新向俄羅斯投誠，普丁在2006年1月透過國營企業俄羅斯天然氣工業股份有限公司（Gazprom）發動能源攻勢，掣肘烏克蘭。Gazprom藉著烏克蘭欠款未繳的理由，切斷輸往烏克蘭的天然氣。克里姆林宮順勢推行支援政策，扶持烏克蘭東部的俄語系民族。

⇨ 併吞克里米亞

俄羅斯侵略色彩鮮明的對外政策，在2014年展開第一步。烏克蘭的親歐示威導致親俄的烏克蘭總統維克多‧亞努科維奇（Viktor Ianoukovitch）遭到廢黜，普丁於是出手併吞克里米亞。克里米亞是一座半島，大部分居民說俄語，而且港都塞凡堡（Sebastopol）握有俄羅斯海軍基地。然後，普丁派兵進入頓巴斯（Donbas）──頓巴斯居民主體也是俄語系人民──扶持烏克蘭境內的分離主義運動。

六年之內，第一起烏克蘭衝突造成兩方超過1萬4000人死亡。簽署於2014年9月的《明斯克協議》（Minsk Agreement）為進一步的和平協商畫下藍圖。明斯克協議將自治地位賦予受到親俄分離主義勢力控制的烏克蘭地區，可是落實自治的路困難重重。其實，烏克蘭想重拾對邊境的掌握，根據澤倫斯基總統（Volodymyr Zelensky）的立場，這個原則是當務之急，而且沒有協商餘地。

⇨ 俄羅斯面對歐盟與北約組織

如果併吞克里米亞讓俄羅斯總統人氣竄升，這是因為對俄羅斯人而言，此舉洗刷了蘇聯解體以及1990年代轉型期局面混亂所象徵的恥辱。對俄羅斯來說，併吞克里米亞師出有名，因為俄羅斯從2000年以來跟西方鄰國形成的局勢能因此別開生面。不管是歐盟東擴，或是北大西洋公約組織範圍對俄羅斯邊境頻頻靠近，對俄羅斯當局來說，都是構釁之舉，畢竟北約的同盟勢力被視為美國軍事力量的觸角。

2004年，身為前蘇聯成員的波羅的海三小國加入了歐盟[1]。俄羅斯聞之，有如骨鯁在喉，因為這代表北大西洋公約組織上前叩門，也喚醒了冷戰時期的圍堵感受。在這樣的背景之下，2014年的烏克蘭危機步上2008年喬治亞的後塵，使克里米亞遭到俄羅斯併吞。這在在顯示，俄羅斯拒絕讓自身的影響力在前蘇聯勢力範圍走下坡，為了制衡民主體制和西方價值，無所不用其極。自從蘇聯解體後，即使俄羅斯仰賴歐盟作為其首要貿易夥伴與外資來源，這個危機仍重創了俄羅

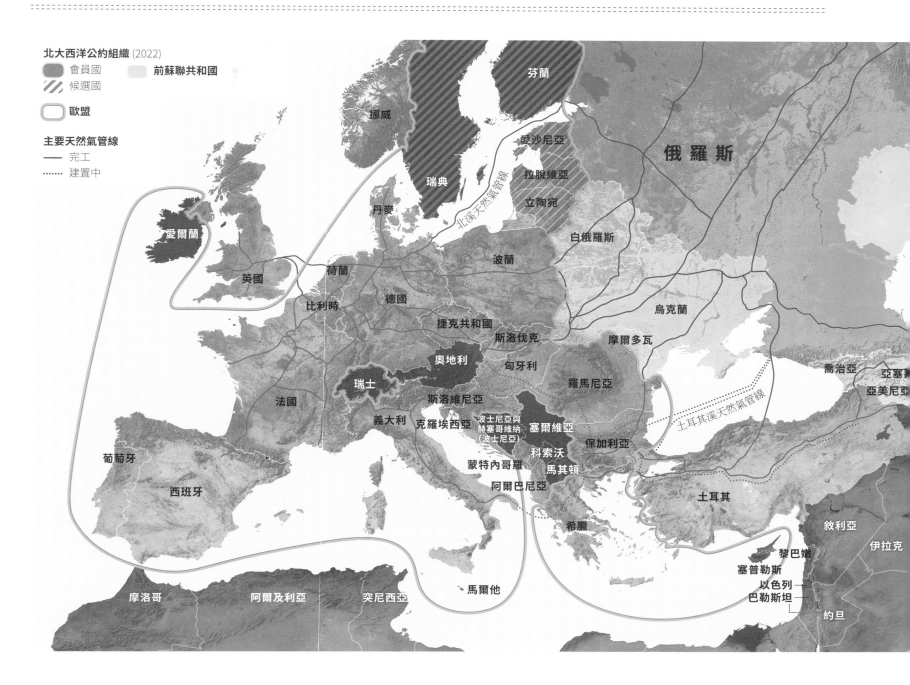

北大西洋公約組織 (2022)
會員國　前蘇聯共和國
候選國

歐盟

主要天然氣管線
—— 完工
······ 建置中

斯與歐盟、美國的關係，引發西方的經濟制裁和俄羅斯的反制裁手段。2014年以後，莫斯科與布魯塞爾之間的經濟協商變得窒礙難行。

無論是在對外政策，或是在國內進行對西方影響力的抵制抗爭，普丁領導的俄羅斯與西方抗衡，成為政策的主軸。軍事上，莫斯科指控華盛頓當局在波蘭跟羅馬尼亞設置反飛彈防禦基地，此舉違反中短程核子武器公約的規範。在這段時期，俄羅斯和西方世界的關係十分艱困，促使克里姆林宮深化跟中國的連結。

⇨ 莫斯科與北京：利斧新鑄？

自從冷戰結束以來，俄羅斯與中國便試圖建立良好的關係，從爬梳中俄邊境問題下手。2001年，中俄成立了上海合作組織，並與中亞國家結盟，對抗伊斯蘭主義與分裂主義的勢力。2017年，印度與巴基斯塔加入了上海合作組織，讓上海合作組織海納超過一半的全球總人口。

中俄關係的緊密，也顯現在俄羅斯併吞克里米亞一事之中。北京當局以不干預的原則之名，作壁上觀。軍火貿易和聯合軍事演習也讓兩個國家愈走愈近。不過，就算如此，中俄的兩相共謀，並未帶來均衡的同盟關係，也沒有讓中國成為盟友。中俄關係深度地不對等：中國是世界第二大經濟體，而俄羅排名第12，國內生產毛額只有中國的十分之一左右。

為了和中國分庭抗禮，普丁在2016年提出了「大歐亞」（Greater Eurasia）計畫，

天然氣之戰

自從烏克蘭戰事爆發，天然氣便成為俄羅斯的武器：因為俄羅斯是歐洲最大的天然氣供應者。經過2000年代的天然氣戰爭之後，俄羅斯為了繞過烏克蘭而新建天然氣管線，包括第二條北溪（Nord Stream）以及土耳其溪（Turkish Stream），分別經過波羅的海以及黑海。至於為了規避布魯塞爾當局，克里姆林宮偏好採取雙邊會談，分頭和法國、德國各自協商。

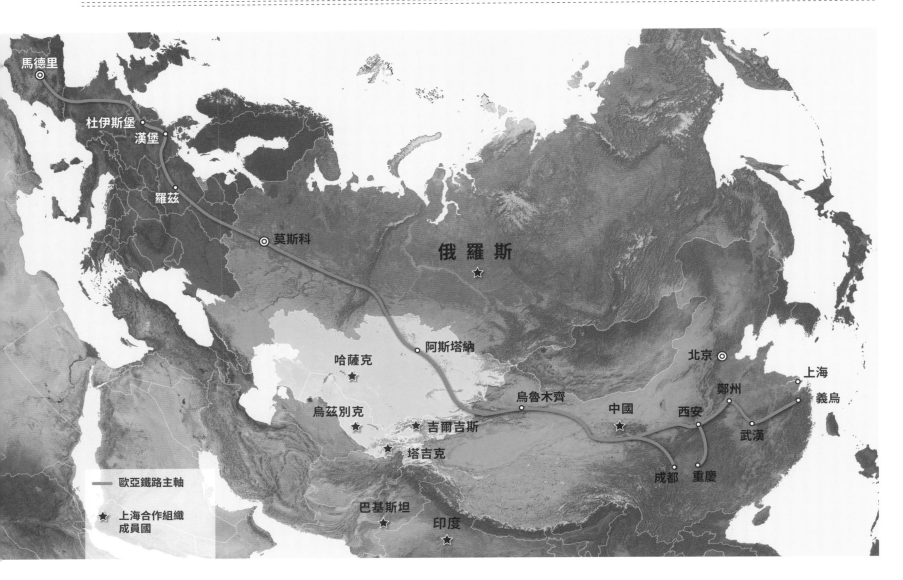

馬德里　杜伊斯堡　漢堡　羅茲　莫斯科　俄羅斯　哈薩克　阿斯塔納　北京　上海　義烏　烏茲別克　烏魯木齊　中國　鄭州　西安　武漢　吉爾吉斯　重慶　成都　塔吉克　巴基斯坦　印度

—— 歐亞鐵路主軸
★ 上海合作組織成員國

俄羅斯的「大歐亞」雄心

就像旗徽中的雙頭鷹，俄羅斯聯邦始終顧盼著亞洲與太平洋。不過，由於和歐洲的關係日益緊張，驅使俄羅斯去加強和亞洲國家的交流，尤其是中國。中國在2000年間躍升為世界第二大經濟體，成為美國的勁敵。從2016年起，俄羅斯的「大歐亞」計畫旨在強化跟北京的經濟合作，亦即「新絲路」的建置。

和中國的絲路互通聲息。普丁希望能透過和北京合作，維持俄羅斯在國際上的地位。

⇨ 俄羅斯在中東的企圖

俄羅斯在中東的外交政策——尤其是對敘利亞的政策——目的始終是恢復過往的榮光。2015年俄羅斯軍援阿薩德（Bachar el-Assad）政府，一舉讓俄羅斯勢力歷經阿富汗戰爭之後，再度回歸中東。由於歐洲和美國立場分歧，而且舉棋不定，讓這場軍事行動坐收利益。不管是在一國之內或是在國際社會，倘若俄羅斯可以順利扮演「穩定大局的仲裁」角色，俄羅斯便會持續在場，試圖出手規範各個千夫所指的國家，諸如伊朗、土耳其和以色列。

⇨ 北極：俄羅斯的新國疆？

俄羅斯擁有銜接北極最長的海岸線，認為此區對國家具有首要利益。這條海岸線讓俄羅斯得以控制北極的東北航線，若要將天然氣從亞馬爾半島運到亞洲，跟途經蘇伊士運河（Suez Canal）的航線相比，走東北航線的速度快上兩倍。隨著東北航線戰略價值與日俱增，俄羅斯在北極設立或重啟軍事基地，以便監控海運的航路。這些基地〔包括塞凡堡、莫曼斯克（Mourmansk）和加里寧格勒〕構成俄羅斯為了因應北大西洋公約組織而進行的軍事部署。

在這片廣袤的汪洋之下，俄羅斯也享有可觀的天然氣及石油資源，而且也著手開採中。在全世界尚未開採的石油與天然氣資源中，北極蘊含的油氣占比各是13%和30%。不過，俄羅斯必須和北極區的鄰國共享這些資源。根據海洋法的規範，俄羅斯主張其專屬經濟區得延伸至羅蒙諾索夫海嶺（Lomonosov Ridge），那是一座巨大的海底山脈。為此，俄羅斯宣稱這座山脈是本國陸架的延伸。至於在加拿大和格陵蘭（丹麥）主張權利的區塊，俄羅斯也會出手相爭。

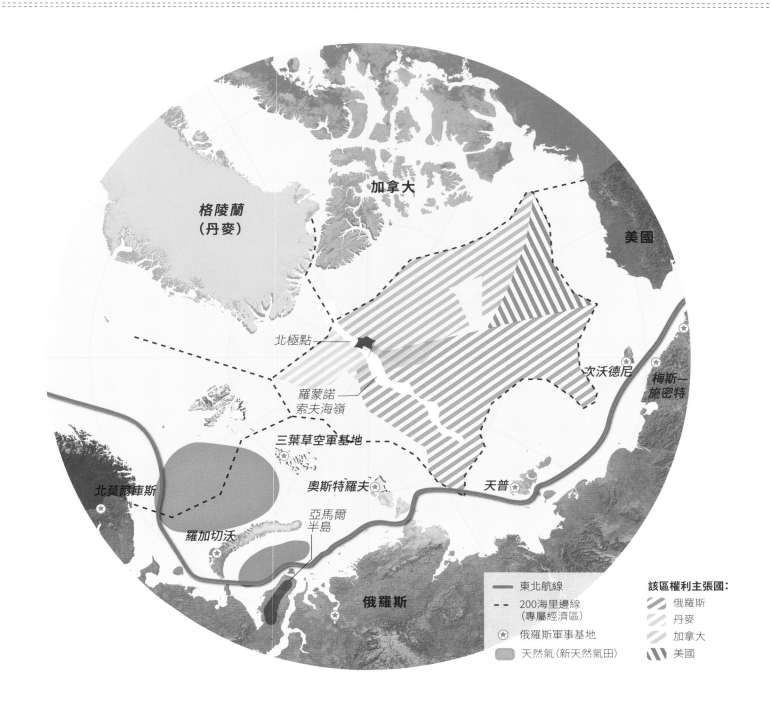

加拿大

格陵蘭
（丹麥）

美國

北極點

次沃德尼

梅斯—
施密特

羅蒙諾
索夫海嶺

三葉草空軍基地

北莫爾庫斯

奧斯特羅夫

天普

羅加切沃

亞馬爾
半島

俄羅斯

—— 東北航線
- - - 200海里邊線
　　（專屬經濟區）
✪ 俄羅斯軍事基地
　　天然氣（新天然氣田）

該區權利主張國：
俄羅斯
丹麥
加拿大
美國

⇨ 耍什麼手段都可以

俄羅斯的外交路線非常務實，在所有場景出
將入相，專挑西方世界的弱點及缺陷下手。
敘利亞就是這樣的案例，但也包括2016的美
國總統大選以及2017年的法國選戰。克里姆
林宮為了動搖選情，會施展各種數位戰略，
進行資訊作戰和網路宣傳。

莫斯科當局近年發揮影響力的方式，還包
括資助電視台「今日俄羅斯」（Russia Today）
和衛星通訊社（Sputnik）。這兩家媒體對世界
闡述的，是俄羅斯當局的世界觀，並試圖弱化
西方的國際形象。

在俄羅斯國內，反對黨的處境總是如虎
尾春冰。這不管是論及涅姆佐夫（Boris
Nemtsov）在2015年2月遇刺，或是納瓦爾

尼（Alexeï Navalny）在2020年受人毒害，
接著在2021年被捕入獄，都可見一斑。根據
俄羅斯反對勢力和德國官方的調查，這起下
毒事件有著俄羅斯聯邦安全局的招牌手法，
也使人想起2018年前間諜史格力巴（Sergueï
Skripal）在英國遭人投毒的事件。

納瓦爾尼入獄使俄羅斯和聯合國的關係
再度緊張起來。這項司法判決受到聯合國譴
責，也促使聯合國宣布對俄羅斯進行經濟制
裁。

普丁總統箝制反對勢力，此舉暴露俄羅
斯的一大弱點：治理欠缺民主，而且懼怕權
利有輪替之虞。

此外，俄羅斯的經濟也有堪慮之處。俄
羅斯的國民生產毛額落在義大利之後，也不

北極地區的邊境
緊張局勢

2022年5月情勢

受俄羅斯掌控的
分裂主義地區

俄羅斯併吞地區

俄羅斯掌控地區

烏克蘭收復區域

俄羅斯海軍封鎖線

★ 俄羅斯軍事基地

人稱都會地區

及南韓。至於在政治層面上，俄羅斯在前蘇聯地區的影響力每況愈下，被中國迎頭趕上，而俄羅斯在亞太地區的勢力幾乎可說是毫無蹤跡。

⇨ 烏克蘭：普丁的最後一戰？

自從20世紀末以來，烏克蘭受到兩股勢力的拉扯：一方是俄語系的親俄族群，另一方則是「另一個烏克蘭」，為了民主體制及自由價值而心嚮歐盟。從2014年至今，克里姆林宮併吞克里米亞島，並策動頓巴斯區域分離主義運動，隨著上述事件漸漸成為既定現實，國際社群似乎漸漸妥協。可是，就在普丁想在2022年得寸進尺，征討烏克蘭全境之際，他「喚醒」了歐洲人和烏克蘭人。他們先是獲得美國和北約的支援，接著其他國家紛紛響應，加入支援的行列，這讓他們在抵禦俄羅斯入侵時展現剛強的意志，震驚全世界。透過全面的動員，烏克蘭證明，就算烏

俄共享的歷史源遠流長，烏克蘭人有自己的身分和自己的主權，絕非俄羅斯的采邑。

儘管如此，烏俄開戰才不到四個月，烏克蘭便有20%的國土受到俄羅斯掌控，全國有二至三成的基礎建設及交通設施遭到摧毀。根據聯合國難民署的統計，截至2022年6月22日，有4634名烏克蘭平民喪生，5769名烏克蘭平民受傷。而且，這場戰爭造成了世界上最大的人口遷徙危機之一：截至2022年6月，有550萬個烏克蘭人逃入歐洲，1400萬個烏克蘭人流離失所。

對歐洲人而言，他們再度捲入一場領土糾葛釀成的戰爭。大動干戈之餘，戰爭罪行和反人道罪行四起，這也是場「骯髒」的戰爭。至於對這兩個勇武好鬥的國家、歐盟和世界上其他國家來說，烏俄戰爭樣態多變，引發軍事、意識形態和文明的衝突，又因為時程長短與鹿死誰手的懸而未決，戰局詭譎不明。

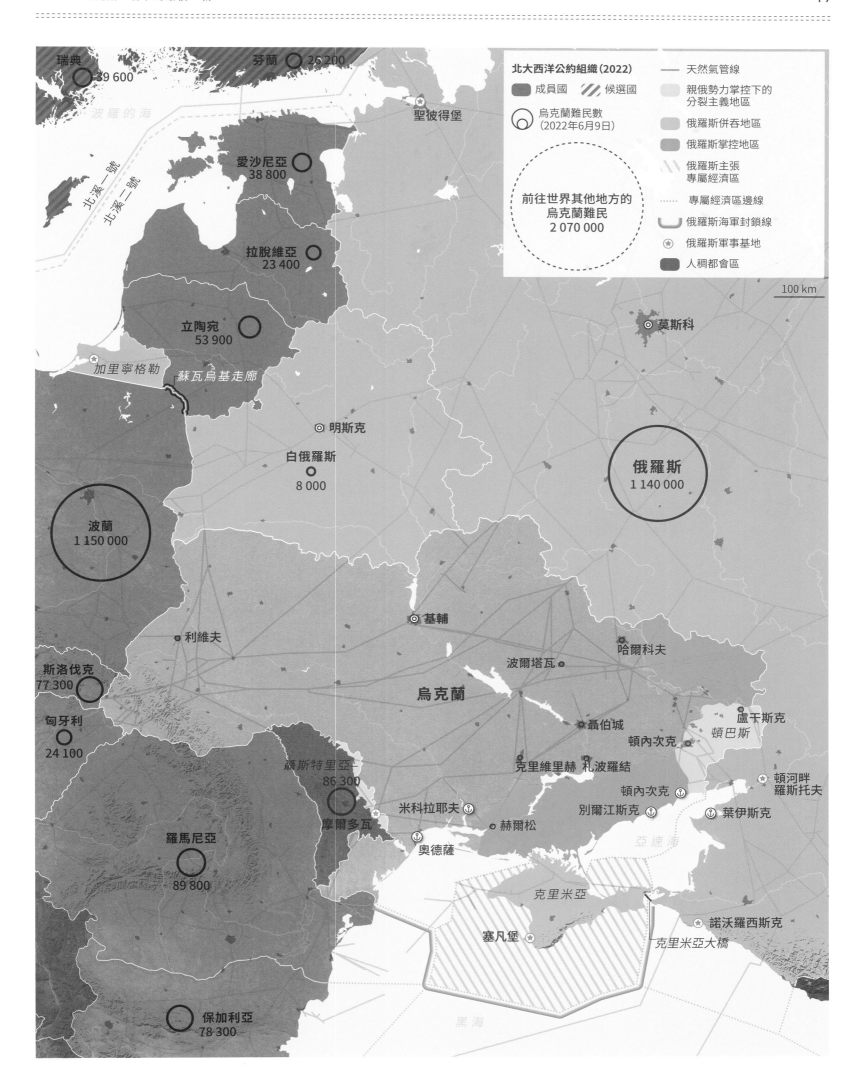

北大西洋公約組織 (2022)

成員國　　候選國

烏克蘭難民數
（2022年6月9日）

前往世界其他地方的
烏克蘭難民
2 070 000

天然氣管線

親俄勢力掌控下的
分裂主義地區

俄羅斯併吞地區

俄羅斯掌控地區

俄羅斯主張
專屬經濟區

專屬經濟區邊線

俄羅斯海軍封鎖線

俄羅斯軍事基地

人稠都會區

瑞典
39 600

芬蘭
26 200

波羅的海

北溪一號

北溪二號

愛沙尼亞
38 800

拉脫維亞
23 400

立陶宛
53 900

加里寧格勒

蘇瓦烏基走廊

聖彼得堡

莫斯科

明斯克

白俄羅斯
8 000

俄羅斯
1 140 000

波蘭
1 150 000

基輔

利維夫

哈爾科夫

波爾塔瓦

斯洛伐克
77 300

匈牙利
24 100

聶斯特里亞
86 300

摩爾多瓦

烏克蘭

聶伯城

克里維里赫　札波羅結

頓內次克

盧干斯克

頓巴斯

頓河畔
羅斯托夫

米科拉耶夫

赫爾松

頓內次克

別爾江斯克

葉伊斯克

奧德薩

亞速海

羅馬尼亞
89 800

克里米亞

諾沃羅西斯克

塞凡堡

克里米亞大橋

保加利亞
78 300

黑海

100 km

布魯塞爾

沒有任何一處的氛圍能和這座半圓形的廳堂相提並論：歡迎光臨世界最大型的跨國議會！這張照片攝於2022年3月1日，時逢俄羅斯入侵烏克蘭滿一星期，歐洲議會（European Parliament）加開議程。此時上演的事件十分特殊，空氣瀰漫非凡之感。這天，澤倫斯基總統在視訊會議發言，言辭橫溢的情緒足以使某些口譯員淚眼婆娑：「如果歐洲的懷抱裡有烏克蘭，歐洲會更為強大……。沒有你們，烏克蘭將形單影隻……。我們為生存而戰，但我們也為成為歐洲正大光明且平起平坐的一分子而戰……。所以，證明你們不會棄我們於不顧，證明你們真的是歐洲人吧！」

2022年6月，烏俄開戰四個月，烏克蘭冀望已久的歐盟成員國候選資格終獲歐盟27國准許。同時，由於北大西洋公約組織的土耳其高層艾爾段（Recep T. Erdogan）譴責芬蘭與瑞典兩國對庫德族（Kurds）的政策過度友善，並對兩國加入北約設下條件，芬蘭和瑞典在滿足這些條件之後，才獲准加入北約。此後，烏克蘭的衝突變成所有歐洲人要一起面對的關卡。所以，歐洲要接納難民，強力整頓歐盟軍隊，為了限制對俄羅斯石化燃料的依賴，啟動新的能源貿易機制，更要在黑海地區施行什貨商品的禁運，並承擔棘手的經濟代價，包含通貨膨脹和購買力下降等效應。

面對共同的威脅——弗拉狄米爾·普丁——歐洲與環大西洋列國組成的家庭再度凝聚在一起。不樂見其成的，大概就是親俄之心昭然若揭的匈牙利總理維克多·奧爾班（Viktor Orbán）吧。從Covid-19疫情一路到烏俄戰爭，歐盟在在證明，倘若不是要度過種種危機，也不會有此長足的進步。

● 從新冠抗疫到烏俄抗戰
危機下的歐盟

⇨ 歐盟誕生數部曲

歐盟旅程的起點是1951年的「歐洲煤鋼共同體」，由德意志聯邦共和國（即西德）、法國、義大利、比利時、荷蘭及盧森堡組成。藉由共同生產煤與鋼，德法兩國謀求的，是避免戰爭再度爆發，並且團結面對共產勢力在東方的興起。

不過，歐洲的「六國行」真正開始於1957年簽訂的《羅馬條約》。《羅馬條約》建立了「歐洲經濟共同體」，開啟共同市場，並為了滿足歐洲的糧食需求，制定共同政策，例如共同農業政策（Common Agricultural Policy）。

歷經1971年的美元危機和1973年、1979年的石油危機，歐洲人開始思索如何穩定自身的貨幣體系，於是創建了「歐洲貨幣制度」（European Monetary System）。為了讓共同市場臻至完善，1986年簽署了《單一歐洲法案》（Single European Act）。這個法案讓商品貨物、服務、人力及資本能在12個成員國之間自由流通。

⇨ 深化及擴大歐洲

從創始六國開始，「歐洲」這個群體逐步吸納其他國家，漸漸壯大。1959年，英國建立了「歐洲自由貿易聯盟」（European Free Trade Association，EFTA），成員國包括葡萄牙、瑞士、奧地利、丹麥、挪威及瑞典，和歐洲經濟共同體分庭抗禮。但是，到了1960年代，英國卻決定申請加入歐洲經濟共同體。最後，1973年1月，英國同時跟丹麥、愛爾蘭加入了這個組織。挪威同為歐洲經濟共同體的候選國，發動了公投，宣布放棄原本隸屬的歐洲自由貿易聯盟。

1981年，希臘成為歐洲經濟共同體的第十個成員國。接著，五年後，西班牙和葡萄牙也在1986年跟進加入。希臘與西葡三國的加盟別具象徵意義，因為此舉伴隨標誌三國走出極右派軍事獨裁的時代，和上校政權主宰下的希臘、佛朗哥的西班牙以及薩拉札（Salazar）的葡萄牙分道揚鑣。民主的復興於是受到鞏固。

1989年，柏林圍牆的倒塌替歐洲歷史再開新局，邁出關鍵的一步。它深度衝擊了第二次世界大戰結束以來建立的歐洲及世界秩序。1990年，東西德的統一讓東德自動加入歐洲經濟共同體，鞏固了德國在歐洲計畫中的定錨點。

為了因應德國的統一，歐洲在政治方面進行深耕計畫，幕後推手是德法兩國組成的搭擋。1992年，《馬斯垂克條約》（Maastricht Treaty）使歐洲經濟共同體搖身一變成為歐盟。《馬斯垂克條約》為公民享有的歐洲立下基石，訂立歐洲公民的法理基礎，亦即歐洲人參與地方以及全歐洲選舉的投票權。《馬斯垂克條約》預示了歐洲的單一貨幣——歐元——的創設，歐元在2002年開始流通。另外，這項條約也揭示，歐洲要制定共同外交

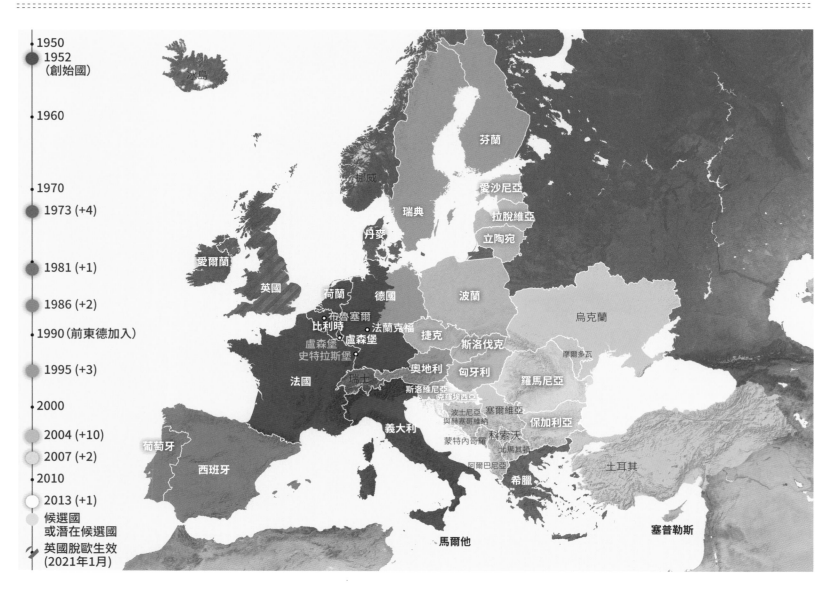

1950
1952
（創始國）

1960

1970
1973 (+4)

1981 (+1)

1986 (+2)

1990（前東德加入）

1995 (+3)

2000

2004 (+10)

2007 (+2)

2010

2013 (+1)

候選國
或潛在候選國

英國脫歐生效
（2021年1月）

6國、28國、27國，然後呢？

從創始六國起步，歐盟經過60年的構築，成員國增加到28個。可是，歐盟的成員國之一——英國——決定在2016年脫歐，是歐盟史上首度有成員國退出。2022年6月，歐盟27國核准了烏克蘭和摩爾多瓦的候選國資格，同時，北馬其頓和阿爾巴尼亞為了加入歐盟，在同年7月19日啟動協商程序。

及安全政策（Common Foreign and Security Policy），落實警察與司法體系的合作。最後，這項條約也透過共同決策的方式賦予歐洲議會更大的權力。

⇨ **疑歐主義浮現**

矛盾的是，恰恰就是這十年間建構歐洲的重大邁進衍生出一些事件，漸漸催生出疑歐主義（Euroscepticism）。首先是南斯拉夫危機，這起事件擺明，歐盟無力在沒有北約介入的情況下解決事端，也讓1992年《馬斯垂克條約》後續的落實窒礙難行。就連作為歐盟創始國的法國，贊成《馬斯垂克條約》的人數只以51%險勝，而丹麥公投反對《馬斯垂克條約》的選民則有50.7%。於是，條約經過重新協調之後，丹麥再次舉行公投，投下贊成票的選民百分比達到57%。

就算有著這些限制，歐盟持續開疆擴土。1995年，歐盟迎來瑞典、芬蘭和奧地利。接著，在2004年，東歐八國——包括愛沙尼亞、拉脫維亞、立陶宛、波蘭、捷克共和國、斯洛伐克、匈牙利、斯洛維尼亞——外加幾座地中海小島，也就是馬爾他以及賽普勒斯，也加入了歐盟。這次歐盟史上規模最大的擴增，讓這座經過冷戰40年的分裂大陸得以團結在一起。2007年，保加利亞和羅馬尼亞加入了歐盟。2013年加入的則是克羅埃西亞。從此以後，歐盟具有28個成員國，從大西洋一路到俄羅斯國門跟前，從波羅的海一路綿延到地中海。

但是，歐盟所有公民的歸屬感並沒有隨著歐盟陣容日益壯大而變濃。歐洲的立憲計畫發起於2001年，這份立憲計畫遭到多數法國人否決，有54.5%的法國選民投下反對票。在2005年的公投中，反對立憲的荷蘭人則有61.5%之多。其實，這些反對票呈現的，時常是對國內政策的民意反應，大於對歐洲現況的意見。

歐盟入會

初步流程：
· 歐盟承認潛在候選國資格
· 候選國登記
· 歐盟承認候選國資格
· 歐盟與候選國啟動協商

阿爾巴尼亞
· 潛在候選國：2003
· 登記候選：2009
· 正式候選國：2014
· 啟動協商：2020

波士尼亞與赫塞哥維納
· 潛在候選國：2003
· 登記候選：2016

科索沃
· 潛在候選國：2008

北馬其頓
· 潛在候選國：2003
· 登記候選：2004
· 正式候選國：2005
· 啟動協商：2020

蒙特內哥羅
· 登記候選：2008
· 正式候選國：2010
· 啟動協商：2012

塞爾維亞
· 潛在候選國：2003
· 登記候選：2009
· 正式候選國：2012
· 啟動協商：2014

圖例：
- 歐盟
- 候選國
- 潛在候選國
- 前南斯拉夫
- ★ 軍事基地

200 km

歐洲的制憲危機於是浮現，讓歐盟在2007年簽署《里斯本條約》（Treaty of Lisbon）。《里斯本條約》以修正路線重拾歐洲憲法的條款，讓歐盟27國得以繼續運作。這次，在荷蘭跟法國，通過《里斯本條約》的方式走的是議會。但是，這個核可模式由於規避了公投形式的民意表現，對歐洲的民主缺陷招來的批判，形同火上加油。

⇨ **經濟與移民危機**

2008年的經濟與金融危機讓歐盟的團結面臨艱鉅挑戰。先是從美國的次貸危機開始，2009年希臘出現國債危機，接著是義大利、西班牙與愛爾蘭陷入經濟困境。歐洲北方──尤其是德國──拒絕無止境地替歐洲南方出錢援助，因為歐洲北方認為南方處理棘手的公債問題時，有欠嚴明。

歐洲另一項巨大的挑戰始於2013年。由於中東與東非爆發衝突（包含敘利亞戰爭在內），有數十萬難民為了避禍，前來歐洲尋求庇護。再一次，歐洲人莫衷一是，對於難民收容與邊境管制提不出一套共同政策。這起難民危機引發數國關閉邊境，包括匈牙利、斯洛伐克、波蘭及捷克共和國，使申根地區自由流動的原則受到質疑。在這些國家中，有些族群，亦即移民、吉普賽人和敘利亞民主力量（Syrian Democratic Forces，SDF）的成員受到汙名化。

歐洲遂陷入一場價值衝突的危機。

⇨ **2014年歐洲議會選舉結果**

2014年的歐洲議會選舉投票創史上新低，歐洲議會選舉本來就欠缺動員力，這次只有42.6%的選民出門投票。1979年，歐洲議會初次舉辦普選時，投票率可有62%。

這次選舉顯現疑歐聲浪日益高漲：2009年，疑歐陣營的得票率只有10%，如今在歐洲議會751席中，他們取得了23%的得票

巴爾幹半島，歐洲的未來？

2000年，巴爾幹半島諸國將會納入歐盟一事，獲得歐盟肯定。緊接著斯洛維尼亞與克羅埃西亞分別在2004年跟2013年加入，蒙特內哥羅與塞爾維亞啟動協商程序。2022年，北馬其頓跟阿爾巴尼亞也隨之跟進。至於波士尼亞－赫塞哥維納以及科索沃，兩國的命運在塞爾維亞民族主義覺醒之際，前途仍晦暗不明。

歐洲議會黨團（2019年～2024年）

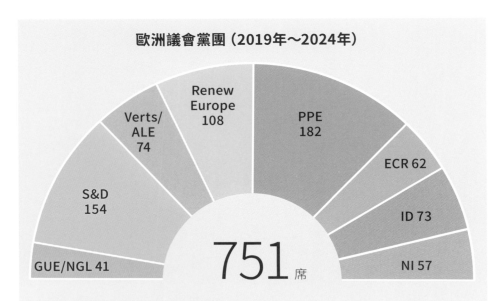

751 席

ECR：歐洲保守派和改革主義者
GUE/NGL：歐洲聯合左翼／北歐綠色左翼
ID：認同與民主
PPE：歐洲人民黨
S&D：社會主義和民主人士進步聯盟
Verts/ALE：綠黨／歐洲自由聯盟
NI：無黨籍

歐盟：政治新局

擁戴民粹與民族主義的政黨人氣走高，而歐洲人民黨（右派）與歐洲社會主義黨（左派）勢力大不如前，讓新科歐洲議會有了不同的局勢。2009年，歐洲社會主義黨轉型成「社會主義和民主人士進步聯盟」（Alliance progressite des socialistes et démocrates）。即便如此，歐洲人民黨在751席中占有179席，仍是歐洲議會的最大黨團。代表極右派、民族主義跟主權運動的勢力雖然拿下177席，卻無法合力組成一個團體[2]。

歐洲振興計畫
各國獲得津貼，2021年～2023年
（單位：10億歐元）

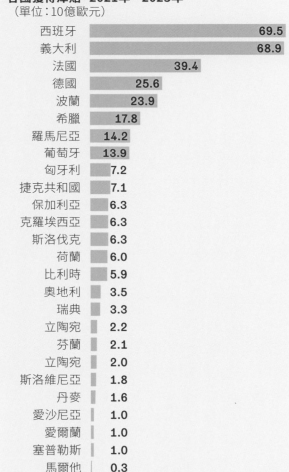

西班牙	69.5
義大利	68.9
法國	39.4
德國	25.6
波蘭	23.9
希臘	17.8
羅馬尼亞	14.2
葡萄牙	13.9
匈牙利	7.2
捷克共和國	7.1
保加利亞	6.3
克羅埃西亞	6.3
斯洛伐克	6.3
荷蘭	6.0
比利時	5.9
奧地利	3.5
瑞典	3.3
立陶宛	2.2
芬蘭	2.1
立陶宛	2.0
斯洛維尼亞	1.8
丹麥	1.6
愛沙尼亞	1.0
愛爾蘭	1.0
塞普勒斯	1.0
馬爾他	0.3
盧森堡	0.1

率。恐歐政黨諸如法國的國民陣線（Front National）[1]、英國的英國獨立黨（UK Independence Party）以及丹麥的人民黨（Danish People's Party）都在各自的國家取得高票，獲得約四分之一的選票。

⇨ 恐歐政黨在各國壯大
總體來說，從2015年起，民粹及恐歐政黨在十餘個歐洲國家中得票率都超過10%，包括奧地利、芬蘭、法國、義大利、德國、荷蘭、英國、瑞典與比利時。其中，有些政黨像是在匈牙利，從2010年起便握有執政權，而在波蘭則從2015年執政到現在，在捷克跟義大利則是從2018年組閣至今。它們都將國防及國家主權列為當務之急。

但是，波蘭的安杰伊·杜達（Andrzej Duda）和匈牙利的維克多·奧爾班動搖了法治國家的原則，也讓各種基本權利諸如新聞自由、集會結社自由跟司法獨立岌岌可危。今天，如此威權主義的政治偏航使這些國家變成「不自由的民主」。「不自由的民主」意思是說，這些政體中的領導者雖然是民主選出，但在他們的執政下，人民的基本權利漸漸受到剝奪。

不過，這些自由其實受到1997年《阿姆斯特丹條約》（Amsterdam Treaty）第七條的保護，違約的國家會受到懲罰。歐洲議會曾分別在2017年12月和2018年9月啟動制裁波蘭跟匈牙利的程序。

事實上，2019年的歐洲議會選舉證明，擁戴「歐洲共同利益」的陣營和「歐洲民族主義」的支持者之間的分歧愈來愈大。在歐洲議會的新組成中，民粹主義和民族主義黨團異軍突起，而跟歐洲議會一路走來的兩個老牌陣營──歐洲人民黨（European People's Party，基督教民主派，偏右）以及歐洲社會主義黨（Party of European Socialists，左派）──聲勢大不如前。

⇨ 歐盟抵禦英國脫歐衝擊
歐盟（在烏俄戰爭爆發之前）遭遇到最大的危機，無非是英國人在2016年6月23日以51.9%的贊成票同意脫歐。從創始以來，這

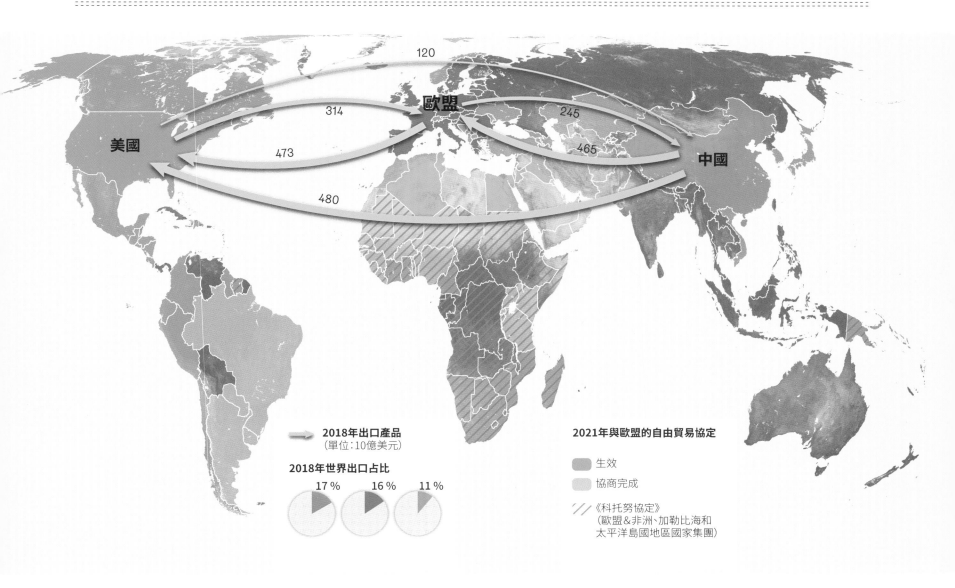

美國

歐盟

中國

120

314

473

245

465

480

2018年出口產品
（單位：10億美元）

2018年世界出口占比

17 %　16 %　11 %

2021年與歐盟的自由貿易協定

生效

協商完成

《科托努協定》
（歐盟&非洲、加勒比海和
太平洋島國地區國家集團）

是第一次有國家作出多數決的意思表示，決定離開歐盟。這個投票結果帶來一連串漫長而苦澀的協商，最後，英國在2020年底正式脫離歐盟。不過，脫歐協商造成的緊張關係以及英國因此承擔的經濟風險，目前起了警告之效，讓其他國家不敢效尤。

2021年1月起，倫敦和布魯塞爾當局簽署了一份通商及合作協定，規範雙方後續在貿易、漁業、司法與警察系統合作上的關係。

不過，愛爾蘭的問題仍是雙方關係的緊張神經。脫歐之後，北愛爾蘭人並不希望兩個愛爾蘭之間的邊境因此關閉。

⇨ 從Covid-19疫情到烏克蘭戰爭
從2020年春天迄今，對抗新冠疫情的戰役似乎讓歐盟的基本價值再度凝聚起來，以便共同回應各種挑戰，包括經濟與購買力的振興

以及疫苗的配送。雖然這些措施並非走得一路順遂，但歐盟展現出來的強大向心力，已是近十年未見。

歐洲大陸烽火又起，讓區隔各方陣營的邊線再度出現變動。俄羅斯的鄰國如臨大敵，憂懼交加，促使歐洲拿出團結的一面，挺身而出。2022年6月，歐盟迎來烏克蘭與摩爾多瓦兩個候選國，而瑞典與芬蘭則加入了北大西洋公約組織。

歐盟27國齊心協力抵制俄羅斯，一方面收容難民，另一方面掙脫對俄羅斯石化燃料的依賴。而且，由於來自烏克蘭與俄羅斯的穀物供給因為戰事亂成一團，造成糧食危機，也成為歐盟要解決的問題之一。歐盟大致上團結同心，一起面對戰爭的回歸——但是，如果戰事久延，歐盟表現出來的團結力挺，又會變成什麼樣子呢？

一個歐洲的對外政策？

作為世界最大的經濟貿易聯合體，在國際上，歐盟舉足輕重。不過，一直到烏俄戰爭爆發之前，歐盟在政策與戰略的制定優柔寡斷，此事有目共睹。俄羅斯在2022年初出兵烏克蘭，讓歐洲人得以肯定共同的身分認同，確立共同的安全與國防目標。

俄羅斯的石化燃料：
斷奶期

為了讓經濟得以運轉，石化燃料是歐盟27國在2021年的能源骨幹（石油約占34%，天然氣23%，煤10%），其他能源包括核能（12%）以及再生能源（17%）。除此之外，歐盟境內擁有的石化燃料十分稀少，必須仰賴進口。

俄羅斯是歐盟最大宗的天然氣提供者，2020年，俄羅斯提供的天然氣占歐盟進口的45%。不過，並不是每個歐盟國家都如此依賴俄羅斯的天然氣。芬蘭、拉脫維亞與匈牙利進口的天然氣幾乎全部來自俄羅斯，德國則是幾乎一半。而到了法國跟西班牙，俄羅斯天然氣只占進口天然氣的不到四分之一。

烏俄戰爭爆發，歐洲人選擇脫離在能源上對俄羅斯的依賴，因為這份依賴會滋養戰爭。從俄羅斯進口石油、煤炭與天然氣可以讓俄羅斯每天賺進約6億5000萬歐元。對於脫離煤炭與石油的依賴，歐盟有辦法逐步達成共識做到這一步，可是天然氣的問題就比較複雜了。從2022年4月起，波羅的海國家停止從俄羅斯進口天然氣。為了落實這點，他們使用2015年建造於立陶宛克萊佩達（Klaipeda）的液態天然氣接收站，以便收取來自挪威和美國的天然氣。其他國家也擁有這種特殊基礎設施，所以它們能進口液化天然氣，就地氣化，這樣一來就不用仰賴天然氣輸送管線。只是，用這個方法取得的天然氣在數量上尚無法快速補足抵制俄羅斯天然氣造成的缺口。2022年3月，德國宣布要在漢堡北部的易北河（Elbe River）出海口建造液態天然氣接收站。這項宣布別具策略意義，因為在不久之前，德國才放棄啟用北溪二號（Nord Stream 2）天然氣管線。以往，德國有65%的天然氣都是跟俄羅斯採購而來的。

讓俄羅斯消失在能源政策的版圖上，歐盟27國才有辦法打出團結牌，共同向阿爾及利亞、美國、卡達或亞賽拜然採購天然氣。

2020年
國家能源
進口俄羅斯天然氣占比(%)

0　25　45　70　90　100

液態天然氣接收站
◆　運作中
◈　建置中
◌　規劃中

冰島

挪威

芬蘭

瑞典

丹麥

愛沙尼亞

拉脫維亞

立陶宛

俄羅斯

白俄羅斯

愛爾蘭

英國

荷蘭

德國

波蘭

烏克蘭

比利時

盧森堡

捷克共和國

斯洛伐克

摩爾多瓦

法國

瑞士

奧地利

匈牙利

羅馬尼亞

斯洛維尼亞

克羅埃西亞

波士尼亞
與赫塞哥維納

塞爾維亞

保加利亞

義大利

科索沃

蒙特內哥羅

北馬其頓

阿爾巴尼亞

土耳其

西班牙

希臘

葡萄牙

馬爾他

目
的
地
3

柏林

在德國議會（Bundestag）論壇，我們再也不會看到她了——安潔拉·梅克爾（Angela Merkel）曾經掌握德國的命運長達16年之久。從2021年12月8日起，德國總理換成了奧拉夫·蕭茲（Olaf Scholz）。蕭茲具有律師背景，為人謹慎。他生於1958年，從1975年起，就是德國社會民主黨（Social Democratic Party of Germany）的黨員。不過，他的政治生涯真正開始的年代是1998年，當時他成為漢堡黨部的主席，也追隨當時的德國總理格哈特·施羅德（Gerhard Schröder）。蕭茲曾數度入閣，當過幾任財政部部長，也曾任漢堡市市長。這個人從政經驗豐富，剛就任德國總理不久，便得替他的國家斡旋出巧妙的策略轉向。由於德國社會主義政黨和俄羅斯過從甚密，為此飽受嚴厲的批評，因此，蕭茲必須切斷連接普丁俄羅斯的橋梁。鑑於德國能源政策坐擁的基底，是俄羅斯的天然氣線路，蕭茲必須重劃方針，另闢蹊徑。

另一個策略轉向，是重新武裝德國。實際上，

在2022年2月24日，德國參謀總長曾嚴詞表明：「我承蒙殊榮統領的聯邦國防軍（Bundeswehr）杵在那裡，差不多是兩手空空。為了支援大西洋同盟，我們能向政府提出的方案左支右絀，極度受限。」乘著這個局勢，德國擴編軍事預算，為歐洲強化國防的前景作出準備，揮別從1945年德國擁抱至今的和平主義，揮別「再也不打仗」（nie wieder Krieg）的警惕。

德國新總理面臨的另一項挑戰，是停用俄羅斯天然氣會引發的經濟衰退。身為歐盟的發動機，德國對這個角色習以為常，因為它扮演此角，已長達至少20年。上述的大破大立，都會是德國改朝換代要面對的課題。梅克爾的執政成果，外界有目共睹，共識是她降低了失業率，成功讓移民融入社會，改革退休制度。而且，在地緣政治上，她維繫「德法搭擋」的良好關係，也充分展現歐洲的關懷。在這個別具歷史性的時刻，在梅克爾之後承嬗離合並不容易，因為歐洲烽火又起。

德國
改朝換代

⇨ 成功統一

從1990年東西德統一以來，德國地理有了嶄新的面貌。它不再被鐵幕切割，分成兩個敵國，東邊施行共產主義（德意志民主共和國），西邊則走資本主義（德意志聯邦共和國）。東西德分治下的領土分布，史上未見。

德國是一個聯邦國家，由16個邦（Länder）組成，每個邦有各自的憲法，在內部事務享有高度自治權。東西德統一大大增加德國在歐洲的量體比重：德國國土有35萬7000平方公里，人口約有8300萬，是歐盟人口最多的國家。德國也是歐陸最大的經濟體，在2019年，德國的國民生產毛額有3.436兆歐元，占歐盟28國全體總額的二成，在全世界排名第四。

這個「經濟奇蹟」，要從第二次世界大戰戰後說起。納粹的包袱使德國不得在地緣政治上施展任何企圖，所以，德國要強，只能強在經濟。東西德統一之後，施羅德內閣推行的改革加速德國經濟復甦，降低勞動成本，嘉惠產品出口。德國經濟之所以蓬勃發展，歸功於屢創紀錄的淨出口貿易額（2019年高達2240億歐元）、大型工業集團以及活潑有力的中小企業，強項以汽車工業、機械工具、化工及醫藥製品為最。不過，德國對亞洲 —— 尤其是中國，德國最大的供給者 —— 仍處於貿易逆差的狀態。中國主要向德國出口電子、資訊產品及織品。

德國的經濟強健也可見於低失業率（2019年失業率為6%），不過前東德各邦的失業情形（7.3%）比前西德各邦（5.6%）較為嚴重。

⇨ 不能沒歐洲

1990年9月12日，《最終解決德國問題條約》於莫斯科簽署，核准了德國的統一，讓德國重獲完整的主權並確定國界，不管是在在地理上，或是在政治上，德國也因此在歐洲取得中心地位。

德國的外交政策把歐洲 —— 尤其是歐盟 —— 視為要務。在歐洲跨國組織創始之際，德國就和西方鄰國在這些組織內部攜手合作。德國是歐盟最大的出資國，也形塑了歐盟機構的面貌，包括座落在法蘭克福的歐洲中央銀行以及強勢的歐元，儼然就是德國馬克的翻版。至於和東方的鄰國，德國扮演著中介的角色，讓這些國家在2004年到2013年間得以融入泛歐洲－大西洋的跨國組織之中（歐盟加北大西洋組織）。因為冷戰的緣故，歐洲動盪了40年，德國能為歐洲帶來穩定。

歐盟也是德國主要的市場：德國59%的出口走向歐盟，又有66%的進口產品來自歐盟。不過，值得注意的是，德國身處27國的歐盟，呼風喚雨的能耐，遠不如1990年歐盟只有12國的光景。這在國民生產毛額、人口比重和歐洲聯盟理事會（Council of the European Union）投票時，都是如此。

德國在歐洲的中心地位之所以受到鞏固，是因為德國除了瑞士之外的所有鄰國都是歐盟的一分子。烏蘇拉‧馮德萊恩（Ursula

200 km

德國邊境

1990年以來，德國的邊界更為緊縮，大抵上從萊茵河綿延到奧得河—尼斯河線（Oder-Neisse），南起阿爾卑斯山山脈，北達波羅的海。這個空間不再對應到神聖羅馬帝國的國土，神聖羅馬帝國的西面較為開放，而且在東部包含奧地利跟義大利。德國當今的國界也和1871年普魯士統一的國界不盡相同，那時的德國領土直達俄羅斯。若是拿兩次大戰戰間期的德國相比，也仍然有所差異，因為戰間期的德國被聞名於世的「但澤走廊」（Danzig Corridor，亦稱「波蘭走廊」）一分為二。這個領土分界可說是第二次世界大戰的導火線。

von der Leyen）曾任德國國防部長，並從2019年起擔任歐洲執委會主席，她曾經說，從冷戰結束迄今，所有鄰國皆屬歐盟，讓德國「不由自主的位居歐州中央之強」。眼見法國和義大利退居其後，英國又在2020年脫歐，這樣的中央主位有了經濟實力加持，使德國成為歐洲鄰國的眾望所歸。

⇨ 德式單邊主義（unilateralism）？
在以往，德國時常因為處理危機的方式，被認為有單邊主義之嫌，而遭到鄰國詬病。例如在2008年到2011年間的希臘危機，眾人認為柏林採取的立場過度嚴厲。

　　福島核災之後，人們又覺得德國一意孤行，毅然決然放棄核能發電，而且腳步比計畫中還要快。如此行事引發的附帶作用，會加劇伴隨燃煤而來的汙染。

　　接著，在2015年到2016年的移民危機

中，梅克爾大開邊境，讓90萬難民進入歐洲，連帶衝擊東邊的鄰國。難民的融入在德國實屬成功，對德國疲弱的人口發展不無小補。可是，德國東方的鄰國始終拒絕接納進入各自國家的難民。從那時起，這些國家譴責梅克爾實際上是單方代表歐盟和土耳其談判，在2016年跟艾爾段簽署合約。有了歐盟60億歐元的挹注，安卡拉當局的確讓敘利亞難民潮消退，但是艾爾段治理手段愈趨威權，讓歐盟和土耳其的關係仍然困難重重。由於德國境內現在有500萬人來自土耳其或擁有土耳其國籍，這個領導者處心積慮想要策動這個人口族群，加以利用。

　　為了避免這種伎倆奏效，德國從兩德統一以來，便首重歐洲政策，讓它得以穩固自身在歐洲—大西洋跨國組織的地位，和法國共處鰲頭，共同領導。法國總統馬克宏（Emmanuel Macron）和德國總理

齊力推出的歐洲振興計畫價值7500億歐元，便是貫徹這樣的領導模式。這套計畫在2020年5月18日推出，對抗Covid-19疫情危機引發的種種效應。這標誌著德國和過往政策風格的斷裂，因為在傳統上，德國和撙節的北方諸國較為友好，常常和負債累累的南歐國家勢不兩立。德國接受推行歐洲振興計畫，形同首度放棄了它嚴明的預算紀律，願意跟歐盟成員彼此承擔債務。這不失為一項小小革命。

⇨ 受到掣肘的軍事及外交強權
出了歐洲，德國想要在國際上獲得和經濟實力互相匹配的肯定，便沒那麼春風得意。德國過去因為納粹政權犯下的種種罪行，形成不光彩的歷史重擔，讓德國無法成為完全「正常」的強權。

事實上，在展現國力時，德國始終重視法治和多邊主義（multilateralism）。從1995年至今，雖然德國軍隊有辦法在聯合國跟北約的架構下對外展開軍事行動，多數德國人民仍偏好和平。1995年迄今，德國第一場軍事行動發生在波士尼亞，不過德軍在1945年之後首度參戰的場合，是在1999年春天北約對塞爾維亞發動的攻擊。今天，有4000名德軍在世界各地參與13項軍事任務。

德國也是聯合國的第四大出資國。德國和法國發起了一個多邊主義合作聯盟，目的是要重塑國際合作的體制。然而，一直到烏俄戰爭爆發之前，德國在根本上是個非軍事強權，一個「觀望主義者」，不敢在歐洲或多邊主義合作的架構之外輕舉妄動。

⇨ 華盛頓、莫斯科與北京眼中的柏林
德國和美國關係的基礎，建立在德國加入北大西洋公約組織一事之上。德美關係由於2016年川普當選美國總統，產生嫌隙。川普拒絕在任內造訪柏林，當梅克爾在2017年出訪華府時，川普甚至不和她握手。從1955年起，德國就是北約的活躍成員，此舉造成一片譁然。在2003年，歐美橫跨大西洋的聯繫已經因為伊拉克戰爭受到動搖，這些態度讓局勢每況愈下。在川普的領導下，美國為了挫挫德國經濟領先歐盟的地位和貿易順差，

2019年德國各邦失業率 (%)

2.5   5   7.5   10 及以上

竟對德出口汽車及鋁金屬加徵關稅。軍事上，德國受到的指控是它坐享美國的庇蔭，卻不增加國防預算。結果，川普揚言要從駐德的近3萬5000名美軍中，撤掉四分之一。這個威脅被新上任的美國總統拜登（Joe Biden）撤銷。2021年6月，拜登出訪歐洲時宣示要加強跨大西洋的傳統聯繫，與德友好。

至於德國和普丁的俄羅斯關係如何，形勢變得愈發複雜。德國前總理施羅德和莫斯科走得很近，先後加入俄羅斯天然氣工業股份有限公司和石油集團Rosneft的管理階層。梅克爾擔任總理時，卻對普丁保持戒心，因為普丁少時曾是蘇聯國家安全委員會（KGB）特工，在東德活動。儘管德國的進口天然氣和石油分別有四成和三成來自俄羅斯，但在2014年克里米亞遭到併吞之後，德國發動經濟制裁，使德俄貿易減半。2020年8月，普丁主要政敵納瓦爾尼（Alexeï Navalny）遭到暗殺未遂，柏

經濟楷模
德國經濟之所以強健，主要由巴伐利亞和巴登－符騰堡兩邦推動。這從德國全國的低失業率可見一斑，不過，前東德各邦的失業率仍比其他邦高。除了大城市之外，東德的薪資比西德低，大型企業也比較稀少。從1990年起，這樣的差距讓520萬的人口往西德遷移，其中以年輕族群、女性和具有高等學歷的人居多。

極右派勢力興起

德國另類選擇
（Alternative für
Deutschland，AfD）
創立於1993年，是支持
民族主義的疑歐政黨。
以德國政治光譜來說，
德國另類選擇的落點處
於極右。在2019年的歐
洲議會大選中，德國另
類選擇在德國東部取得
佳績，值得注意。另
外，極右派人士犯下的
不法行為和罪行在德國
日益猖獗，令人擔
憂。2019年6月，支持
難民的市長呂貝克
（Lübcke）遭到謀
殺，是極右派得勢的象
徵。

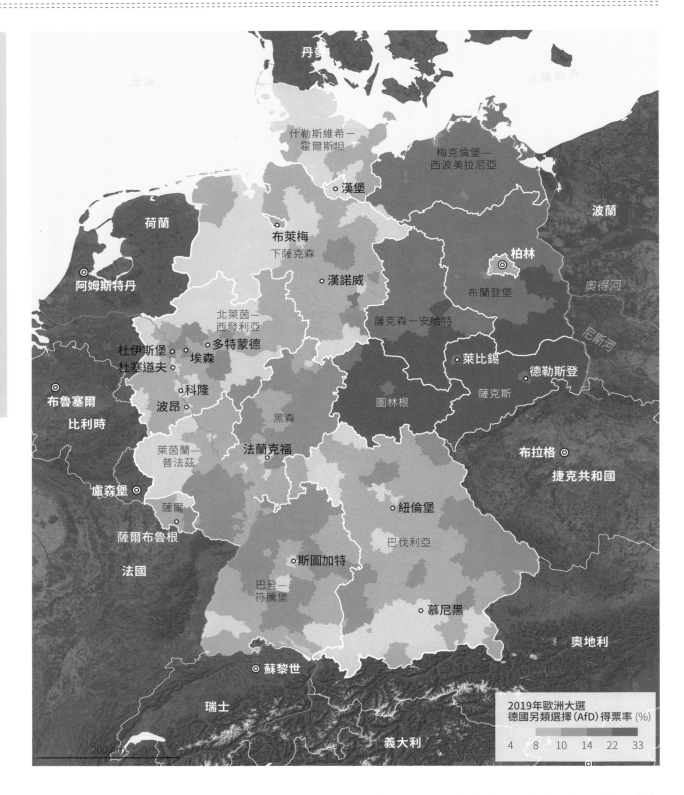

2019年歐洲大選
德國另類選擇 (AfD) 得票率 (%)
4　8　10　14　22　33

林當局決定收治他。最後，2022年2月爆發烏俄戰爭，加速了柏林與莫斯科的決裂。德國決定放棄使用天然氣管線北溪二號，施羅德也辭去Rosneft的董事會職務。

面對習近平領導的中國——從2016年迄今，中國是德國最大的貿易夥伴——德國所處的關係也趨於緊繃。北京從德國輸入大量技術，也以豐沛的投資作為回報，包括設置5G網絡和開闢新絲路。新絲路由中國擘劃，規模宏大，其中有一條鐵路將杜伊斯堡（Duisbourg）設為終點站，這座德國城市是歐洲第一河港，讓美國氣得跳腳。

和中國的貿易往來頻繁，並未阻卻柏林當局批判中國對香港民主示威運動和維吾爾族施行的壓迫，指責中國對臺灣施壓亦然。

之後，為了降低對北京當局的依賴，德國試圖強化和亞洲民主國家的關係，包括日本、印度、印尼和澳洲。

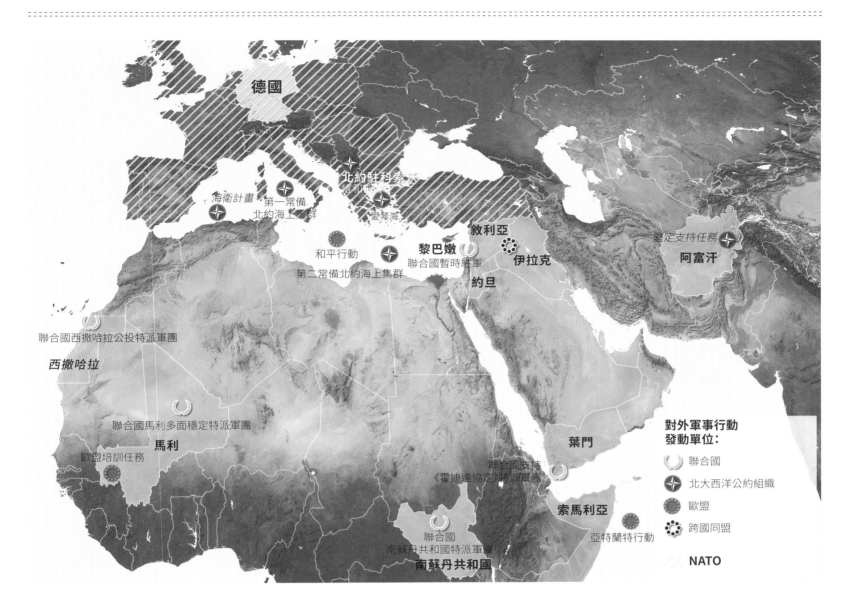

德國

海衛計畫‧第一常備
北約海上集群

北約駐科索沃

愛琴海

敘利亞

阿富汗
堅定支持任務

和平行動
第二常備北約海上集群

黎巴嫩
聯合國暫時駐軍

伊拉克

約旦

聯合國西撒哈拉公投特派軍團

西撒哈拉

聯合國馬利多面穩定特派軍團

馬利

歐盟培訓任務

葉門

聯合國支持
《霍迪達協定》特派軍團

索馬利亞

亞特蘭特行動

聯合國
南蘇丹共和國特派軍團

南蘇丹共和國

**對外軍事行動
發動單位：**

○ 聯合國

✴ 北大西洋公約組織

◉ 歐盟

❋ 跨國同盟

NATO

⇨ 梅克爾的治國之道

德國冷戰後的成功故事，和梅克爾的治理密不可分。1991年，梅克爾首度當選為基督教民主黨（CDU）的國會議員，在1994年擔任德國聯邦環境部部長，並從2005年起四度當選德國總理。梅克爾執政，首要依靠的是和自由民主黨（FDP）的自由派陣營組成聯合政府，接著在2013年，聯合政府的組成擴及社會民主黨（SPD）。梅克爾對第一波Covid-19疫情採取的因應政策，獲得德國人的肯定。在2020年底，德國記錄下的染疫死亡人數比法國的死亡人數少了幾乎四分之一，而且德國總人口還比較多。同時，德國遭遇到的經濟衰退也比鄰國輕微。不過，第二波疫情到頭來還是對德國造成不輕的影響。

在梅克爾連任執政的時期，她擁有廣大的支持與迴響。但是，到了2015年時，她接納敘利亞難民的政策受到嚴重抨擊，又見極右政黨德國另類選擇聲勢日日攀升，讓她萌生退意，決定結束政治生涯。

⇨ 奧拉夫‧蕭茲：360度轉向

2021年秋天舉辦的大選，標誌著德國的政治轉向。新任總理奧拉夫‧蕭茲面臨由烏俄戰爭引起的各種問題，迎向嶄新的挑戰，包括在能源領域切斷與普丁俄羅斯的聯繫，重新武裝德國，替晦暗的經濟展望未雨綢繆。

於是，德國決定現代化軍備，為此投入1000億歐元的資金，並且逐步擴編國防預算，漸漸達到國民生產毛額的2%。對於歐盟委員會向烏克蘭提供軍備的計畫，柏林當局也決定不予攔阻。雖然德國在參與阿富汗軍事行動時，便已擱置軍事不干預的原則，此舉可說是掀起了一場政治文化革命，結束1945年以來的和平主義。

**烏俄戰爭爆發之
前，德國有著什麼
樣的策略性自治？**

從1995年迄今，德國大可透過聯合國或北大西洋公約組織，對外展開軍事干預行動。1995年的波士尼亞和1999年的科索沃便是如此。2021年，有4000名德軍在世界三塊大陸上進行13項軍事任務：1100人在阿富汗，1000人在馬利，400人在地中海地區，另外幾百人分散在敘利亞、伊拉克、黎巴嫩、索馬利亞、葉門、蘇丹、南蘇丹以及西撒哈拉地區。

目的地
4

哥特蘭島

哥特蘭島的房舍色彩繽紛，林木蓊鬱，景色清幽。但這不敵物換星移。哥特蘭島孤懸波羅的海，有「瑞典科西嘉島」的美稱，但是，它離俄羅斯的外飛地加里寧格勒（Kaliningrad）只有數百公里[1]，加里寧格勒載有伊斯坎德爾（Iskander）核子導彈。2014年，普丁領導的俄羅斯併吞克里米亞島，從那時候起，瑞典派駐350名軍士防守哥特蘭島。到了2022年1月中，哥特蘭島加派裝甲車與士兵駐防，在哥特蘭島的門戶首府——維斯比（Visby）街頭現身。

瑞典比鄰俄羅斯，為此擔心受怕，並非新鮮事。要證明這樣的恐懼，可以列舉斯德哥爾摩的核子避難所為證。該避難所建造於冷戰時期，可容納2萬人，在和平時期可供停車。雖然瑞典在歷史上保持中立，卻在2017年恢復徵兵制，接著在2022年春天，如願和芬蘭雙雙加入北大西洋公約組織。瑞典和芬蘭兩國先前已經加入「和平夥伴關係計畫」（Partnership for Peace，PfP），一個北約旗下的合作計畫。但是，在俄羅斯出兵烏克蘭後，斯德哥爾摩與赫爾辛基當局皆決定邁出這歷史性的一步，並且受到輿論全面支持。於是，在2022年5月16日，瑞典總理馬格達蓮娜·安德森（Magdalena Andersson）宣布：「保衛瑞典與瑞典人民安全的上上之策，就是加入北約，而且要和芬蘭一起加入。」跟這則發言同期向瑞典人進行的民意調查表示，有一半的瑞典人表示樂見瑞典加入北約的同盟組織，如果和芬蘭同時加入，支持的民意攀升到三分之二。這真的是實質的政治文化革命。

針對庫德族的問題，經過和土耳其長期協商，北約2022年6月底在馬德里舉辦峰會，核准芬蘭和瑞典加盟。普丁的反應是：「我們之間（俄羅斯、芬蘭與瑞典）本來好好的，但之後可能會出現一些緊張關係，確定會。」

瑞典
膽顫心驚

⇨ 面向波羅的海之國

就領土面積而言，瑞典是歐盟第三大國，約為45萬200平方公里，人口不到1000萬。瑞典南北連綿1500多公里，在所有波羅的海沿岸的國家中，擁有最長的海岸線。多數的瑞典大城都分布在沿海地區，人口最為稠密，有著最重要的交通樞紐。

瑞典的海岸發展，見證了波羅的海地區海上貿易的悠長歷史，也就是漢薩同盟（Hanseatic League）[1]的商旅往來。在突然宣布放棄任何形式的軍事介入行動前，瑞典王國長期的野心，是要統領這片「北方的地中海」。

⇨ 遠離衝突

波羅的海地區經過數世紀的征戰，尚‧巴蒂斯特‧貝納多特（Jean-Baptiste Bernadotte）獲選為瑞典王儲，登基名號查爾斯14世‧尚（Charles XIV John）。1815年，查爾斯14世‧尚頒布了中立政策。從此以後，瑞典針對所有歐洲的衝突，官方態度一律中立。

可是，在第二次世界大戰期間，瑞典卻祕密允許納粹軍隊借道而行，朝芬蘭戰線推進，同時繼續向德國工廠輸出鐵礦，而且當時在瑞典境內實施的某些種族法律，和第三帝國生效的規範並無二致。

1949年，北大西洋公約組織創立，創立宗旨是保護歐洲對抗蘇聯的威脅。瑞典決定和鄰國芬蘭一樣，保持中立。就算是到了1955年《華沙公約》簽署之際──這份公約是蘇聯和東歐共產主義國家簽訂的軍事協定──瑞典和芬蘭兩國仍小心翼翼，生怕捋到蘇聯虎鬚，因此和擴增中的北約保持距離。雖然瑞典在軍事上沒有參加西方的軍事同盟，卻在經濟上一心向西方陣營靠攏。而且，中立的傳統並沒有阻卻瑞典發展軍事工業，成為該領域中的翹楚。瑞典的軍工龍頭讓這個國家成為世界主要的軍火出售國之一。瑞典軍事實力經營成果不俗，這也是回應稱為rysskräck（Fear of Russians）[2]的世俗恐懼──也就是「俄羅斯恐懼症」。這份恐懼沉睡已久，現在卻醒了。

⇨ 懼怕比鄰的俄羅斯

共產勢力在歐洲瓦解，接著蘇聯解體，這兩件事改變了波羅的海的權力關係形勢，讓這個地區漸漸變成一片「歐洲的湖」。瑞典在1995年跟芬蘭同時加入歐盟，並在2004年迎來波蘭和巴爾幹地區國家的新成員。自此，歐盟在北部邊境享有政治和經濟上的穩定，海不揚波。那時，瑞典人對俄羅斯感到的憂懼銳減。恐懼的緩解持續到2014年，那年，俄羅斯對烏克蘭進行軍事介入，接著併吞了克里米亞，再度攪亂波羅的海一池春水。俄羅斯回歸國際舞臺，挾帶普丁的權力欲，喚醒了波羅的海地區冷戰時期的古老鬼怪。

2014年10月，就在烏克蘭軍事行動展開不久之後，斯德哥爾摩外海偵獲一艘不明迷你潛艇。這件事猛然喚醒瑞典人1981年經歷過的創傷；那時，有艘蘇聯潛艇在瑞典海域觸礁，距離瑞典海軍軍港卡爾斯克隆納（Karlskrona）只有數公里遠，情勢千鈞一髮。此外，俄羅斯也在瀕臨波羅的海的領地

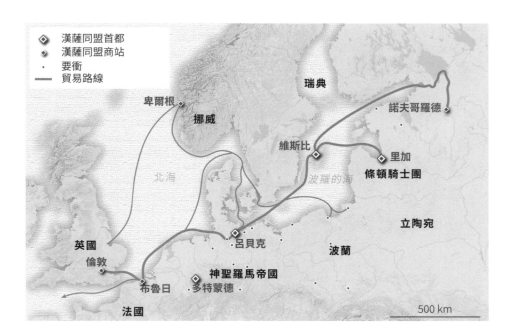

圖例：
◈ 漢薩同盟首都
◈ 漢薩同盟商站
· 要衝
— 貿易路線

瑞典
卑爾根
挪威
諾夫哥羅德
維斯比
北海
里加
波羅的海
條頓騎士團
立陶宛
英國
倫敦
呂貝克
波蘭
神聖羅馬帝國
布魯日
多特蒙德
法國

500 km

北方的商人

漢薩同盟的雛形，出現在12世紀哥特蘭島的港都維斯比（Visby），商人們在那裡成立了貿易協會。漢薩同盟是一個經濟社群，加盟城市多達129座，分布在波羅的海與北海沿岸，同盟總部1241年設立於呂貝克（Lübeck）。漢薩同盟透過貿易商站的網絡，推動了歐洲北部海上貿易的發展，橫跨整片波羅的海，一直到俄羅斯的諾夫哥羅德（Novgorod）。

加里寧格勒進行軍事設施的現代化，並在2016年設置伊斯坎德爾（Iskander）核子導彈，這項武器的射程包括瑞典領土。

鑑於瑞典與俄羅斯關係日益緊繃，瑞典的因應方式是全面更新軍事基地設施。2017年，瑞典恢復在2010年取消的徵兵制，哥特蘭島也進駐軍隊，這已是十年未見。2018年，瑞典當局跟美國買了四座愛國者防導彈防禦系統，也舉辦了大型全國軍事演習，模擬國土受到「強大外國勢力」攻擊的情形，進行沙盤推演。如果這不是明指俄羅斯，那麼「強大外國勢力」威脅的面貌，隱約有著普丁的輪廓。

⇨ 波羅的海緊張情勢

此後，瑞典與俄羅斯兩國始終劍拔弩張。從2021年到2025年，瑞典編列的國防預算比往年多了五成，創下史上新高，局勢緊張由此可見一斑。這份預算要招募3萬名士兵，並且重啟數座在2000年關閉的軍營。對於俄羅斯構成威脅的普遍認知，也延伸到瑞典的鄰國芬蘭與挪威，甚至整個波羅的海地區。

同時，能源也是波羅的海沿岸國家近年念茲在茲的議題。瑞典政府和波羅的海地區國家同氣連枝，因為這些國家也對俄羅斯與日俱增的影響力憂心忡忡，它們齊力反對在波羅的海鋪設天然氣管線北溪二號。這個基礎設施計畫著眼的，是讓海底天然氣管線北溪一號（Nord Stream 1）的量能加倍，北溪一號將俄羅斯港都維堡（Vyborg）和德國

格萊斯瓦德（Greifswald）連結在一起。早在2011年，北溪一號的營建在北歐引起一片反對聲浪，官方的反對理由是環境因素。

波羅的海地區的國家對於在能源上過度依賴俄羅斯（包括供電），深感恐懼。拉脫維亞電力大致上可以自給，立陶宛和愛沙尼亞則試圖想要掙脫俄羅斯跟白俄羅斯發的電，從蘇聯時期至今，俄羅斯和白俄羅斯提供電力給這兩個國家。於是，在2006年，電纜轉換線路Estlink 1讓愛沙尼亞得以接上芬蘭的供電網。到了2014年，Esstlink 2開始營運，為整個電力網帶來1000兆瓦的總運能。同樣地，立陶宛在2015年轉向波蘭，透過名為LitPol的電纜網絡取電。接著，在2016年，立陶宛也向瑞典求電，取徑電纜網絡NordBalt。跟愛沙尼亞一樣，立陶宛加強和歐洲夥伴的合作關係，和蘇聯時期的能源網切割乾淨。

⇨ 瞄準波羅的海群國？

如果「俄羅斯恐懼症」在瑞典已是既成事實，到了波羅的海地區其他國家，只有更勝一籌。斯德哥爾摩當局便利用這點，在波羅的海鞏固自身的影響力範圍。

重新駐紮在哥特蘭島上的軍隊，只有寥寥300人，為了有效保護瑞典，隔擋來自芬蘭海灣或俄羅斯領土加里寧格勒的外力侵襲，似乎是以寡敵眾。此舉的主要目的，是要阻止俄羅斯預防性地侵襲哥特蘭島，將它用作飛彈發射基地，攻擊波羅的海群國。

比起烏克蘭戰爭，斯德哥爾摩的智庫更害怕的，其實是波羅的海「小國姊妹們」遭到併吞，這份害怕甚至更勝領土遭到直接侵犯。因此，瑞典早就想以北歐戰略之盾的姿態站出來，要是俄羅斯計畫併吞任何波羅的海國家，哥特蘭島可以成為歐洲軍隊的中繼站。

⇨ 瑞典與芬蘭的北約之選

2022年5月16日，俄羅斯入侵烏克蘭不到兩個月，瑞典和芬蘭申請加入北大西洋公約組織，終結兩國的政治中立文化。

斯德哥爾摩和赫爾辛基當局希望藉由加盟，獲得出名的第五條款的保障，也就是北

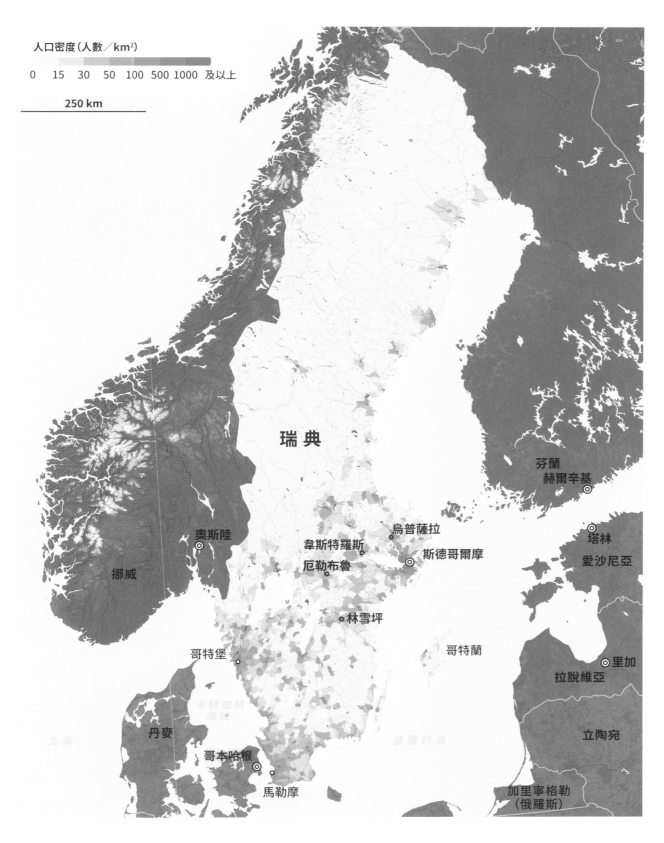

人口密度（人數／km²）

0　15　30　50　100　500　1000　及以上

250 km

瑞典

挪威

奧斯陸

韋斯特羅斯

厄勒布魯

烏普薩拉

斯德哥爾摩

芬蘭
赫爾辛基

塔林

愛沙尼亞

林雪坪

哥特蘭

里加

拉脫維亞

哥特堡

卡特加特海峽

立陶宛

丹麥

北海

波羅的海

哥本哈根

馬勒摩

加里寧格勒
（俄羅斯）

波羅的海的魅力

瑞典王國位於斯堪地那維亞半島的中間，從北到南綿延超過1500公里。瑞典主要沿著長長的海岸線發展國力，讓沿海地區成為人口和活動聚集的區域。瑞典的首都斯德哥爾摩是瑞典最大的城市，居民有100萬人。僅次於斯德哥爾摩的城市是哥特堡（Göteborg）、馬勒摩（Malmö）和烏普薩拉（Uppsala）。在瑞典北境，則有北極圈穿越。

約盟國的團結保護。如此一來，瑞典和芬蘭就能和波羅的海其他國家、波蘭、挪威一樣，這些國家已經在北約的保護傘之下。

土耳其同樣身為北約盟國，領導者艾爾段在第一時間反對這兩個新的成員國加入，譴責它們支持「庫德工人黨」（PKK）——一個擁戴庫德族自治的政黨。一直到2022年6月馬德里的北約峰會，土耳其才接受瑞典和芬蘭加盟的條款。

如果普丁開戰的理由是將北約勢力從俄羅斯邊境推得遠一點，那他其實適得其反，讓北約盟國數量從30國變成32國，而且還有了新的存在宗旨加持：保衛歐洲大陸對抗新的俄羅斯帝國主義。

加里寧格勒，
波羅的海的俄羅斯觸角

長期以來，波羅的海地區一直是各方的交匯之處，也是各種衝突的發生地。1990年代初，東部共產勢力因為蘇聯解體而傾倒，就此扭轉波羅的海區域的政治情勢。之後，俄羅斯在波羅的海出海口保有兩塊領土，一個是聖彼得堡地區，另一個是加里寧格勒。因此，冷戰時期的波羅的海，本來是「蘇聯的海」，漸漸一片和氣，化作一片「百分之百歐洲」的寧靜湖泊。至少在2014年克里米亞遭到併吞之前，情況是這樣的。

加里寧格勒作為蘇聯的一個州（oblast），面積有15萬100平方公里，人口約有100萬，幾乎有八成都是俄羅斯人。加里寧格勒之所以會有這樣的領土面貌，來自20世紀的國際關係作用，也就是二戰和冷戰的結束。1945年以前，加里寧格勒稱為柯尼斯堡（Könisberg），比鄰東普魯士。這是德國大哲學家康德（Emmanuel Kant）的出生地，也是普魯士的發源地，由條頓騎士團創立於1255年。經過雅爾達會議（1945年2月）以及波茨坦條約（1945年7月至8月）的協定，東普魯士北部包含柯尼斯堡在內劃歸蘇聯之有，而東普魯士南部則歸波蘭所有。東普魯士併入蘇聯領土之後，被史達林視為一項「戰利品」，彌補因為抗戰而喪失的性命（約2000多萬人）。這塊領土首先是戰略要地，原稱皮勞（Pilau）今為波羅的斯克（Baltiisk）和柯尼斯堡是兩座不凍港，全年皆可通行。因為這份戰略價值，加里寧格勒成為蘇聯艦隊在波羅的海活動的基地，在冷戰時期，加里寧格勒則是蘇聯的戰略前哨站。1991年，當蘇聯解體，外加波羅的海群國紛紛獨立之際，加里寧格勒對外關閉，和其他俄羅斯領土切斷關係，連多數蘇聯人民也無法進入。加里寧格勒原本正在去軍事化，卻因為2007年波蘭和波羅的海諸國加入北約，讓北約版圖逼近俄羅斯邊境，莫斯科當局見狀，便決定讓加里寧格勒重新成為軍事要地。不過，到了2014年克里米亞遭到併吞，才讓波羅的海局勢真正升溫，使加里寧格勒重新武裝，加載伊斯坎德爾核子導彈。透過這些設施，莫斯科加強了對該區的管制，使加里寧格勒成為抗衡北約的要塞。

2022年2月，烏克蘭戰爭爆發，俄羅斯和立陶宛的緊張關係跳表竄升。2022年6月，維爾紐斯當局決定跟進歐洲對俄的經濟制裁政策，讓某些俄羅斯商品無法經由立陶宛運往加里寧格勒，讓莫斯科當局勃然大怒，指控立陶宛對俄羅斯外飛地實施「封鎖」，並揚言報復。

梅迪卡

烏克蘭和波蘭接壤，共享的邊境有526公里之長。在俄羅斯進軍烏克蘭之後，2022年4月9日，浩浩蕩蕩的人龍出現在烏克蘭與波蘭邊境的各個檢查站，像是梅迪卡的這座。「法律與公正」（PiS）目前是波蘭執政黨，路線保守，並且捍衛民族主義。不過，就算波蘭目前實施由法律與公正黨倡導的反移民政策，波蘭舉國上下仍竭誠歡迎他們的烏克蘭鄰居，一心想要幫助他們。

先前，波蘭因為沒有遵守法治國家的原則，遭到歐盟制裁，如今因為烏俄戰爭的緣故，再度變成歐洲人的重要夥伴。同樣也是北大西洋公約組織的成員國，波蘭和早年同為維謝格拉德集團（Visegrad Group）成員的匈牙利劃清界線[1]。當前的匈牙利由維克多・奧爾班領導，奧爾班和克林姆林宮愈走愈近，華沙當局則未曾分享過這個政治路線。在這之前，波蘭和匈牙利其實連成一氣，對歐盟雙雙展現模稜兩可的態度，以最低的付出標準獲得來自布魯塞爾的援助，卻又在應該表現出某些歐洲價值之際，轉身不顧。

烏俄戰爭爆發後，波蘭變成大西洋同盟運送軍備援助烏克蘭的入口。因此，在2022年3月，每天有18架廣體運輸機降落在波蘭境內的跑道上，將軍事和人道救援物資運往戎馬倥傯的鄰國。另外，2022年3月13日，俄軍轟炸烏克蘭西邊的軍事基地亞沃瑞夫（Yavoriv），此處離波蘭邊境只有20公里遠。

實際上，波蘭身處面對俄羅斯的第一線。根據自身的歷史，波蘭十分清楚什麼叫在地圖上被劃分得橫七豎八。諸般分裂深度烙印在波蘭人的日常生活中，他們所處的國家仍非常脆弱，從共產體制走向自由市場經濟，仍在摸索自己的認同。因此，通貨膨脹、依賴德國產業與石化燃料輸入等問題，會是波蘭經濟的重擔。而且湧入波蘭的烏克蘭難民浩浩蕩蕩，在費力協助難民融入社會的同時，波蘭經濟會再度被削弱。

● 波蘭
開門即戰場

⇨ 一個在歐洲地圖上
　 被槓掉兩次的國家

波蘭位處歐洲北部的廣大平原，領土有31萬3000平方公里，人口有3800萬。因為這樣的地緣政治處境，波蘭特別容易暴露在侵襲的威脅之下。波蘭曾經兩度消失在歐洲地圖上。

波蘭的第一次消失，發生在18世紀末。波蘭列強環伺，包括俄羅斯、普魯士和奧地利。這些國家接連瓜分波蘭，讓波蘭在1795年蕩然無存。

直到1918年，等這些強大的帝國傾頹之後，波蘭才重拾國家主權。波蘭取得了俄普奧三大帝國留下的部分領土，不過，這個新創共和國只有七成的人口是波蘭人，其他成員有各種國籍和族裔：15%的烏克蘭人和羅塞尼亞人（Ruthenian）、8%的猶太人（當時猶太人被算成國內的少數族群）、4%的白俄羅斯人、3%的德國人，外加一些立陶宛、俄羅斯和捷克人。

1918年之後，波蘭的重建受到同盟國的支援（法國、英國與美國），因為波蘭被視為抵抗布爾什維克擴張主義的要塞，扮演著居中緩衝的角色，維繫歐洲中部的穩定。新的波蘭位居德國和俄羅斯兩強之間，重獲自己的主權，伴隨而來的擔憂並不輕盈。波蘭有句很像廣告詞的俏皮話是這樣說的，它清楚傳達了魚游沸鼎的危機意識：「拿光榮的

歷史交換更好的地緣戰略處境，我願意。」

波蘭第二次消失，發生在1939年9月。在德國與波蘭爆發戰爭後數天，波蘭軍隊節節敗退，蘇軍便基於德蘇簽訂的條約占領波蘭東部。對許多波蘭人而言，這場又快又狠的占領以及英法的不干預，是不堪回首的慘痛過去。從那時候起，波蘭被納粹德國和蘇聯瓜分。在德軍占領區，納粹政權將猶太人集中管理到猶太社區（ghetto）[1]，接著把他們遣送到營區集體屠殺。波蘭受到蘇軍占領的部分則在1941年6月遭到德軍入侵，特別行動隊（Einsatzgruppen）[2]對猶太人施行集體槍決。在這段期間，總共有超過300萬名波蘭裔猶太人遭到殺害，在世界上最大的猶太人社群裡，這個人數高達九成。

⇨ 重心被壓向西邊

1945年，根據雅爾達會議（Yalta Conference）與波茨坦會議（Potsdam Conference）的協定，波蘭的新國境往西挪動。新的波蘭沿著奧得河－尼斯河線納入一部分的德國領土，從此界定德國東邊的國界。至於在波蘭東邊，蘇聯保有一部分在1939年時占領的領土。結果，波蘭總共失去的領土超過7萬5000平方公里。波蘭國界重劃之後，迫使大量來自德國、波蘭和蘇維埃的人民遷徙移居。

原蘇聯占領區融入波蘭的進程，走了40

在德俄之間

由於波蘭位處歐洲的中間地帶，接壤的鄰國共有七個。俄羅斯擁有外飛地加里寧格勒的緣故，也算波蘭的鄰國。波蘭北部面向波羅的海以及斯堪地那維亞半島諸國。基本上，波蘭國境橫跨歐陸北部的大平原，除了在南部有蘇台德（Sudetes）及喀爾巴阡山脈的天然屏障作為疆界，其他地方都處於開放狀態。

年，這段軌跡和中歐東歐其他國家（捷克斯洛伐克、羅馬尼亞、東德等）的經歷頗為相似。首先，是共產政權的創立。從1948年到1989年結束，波蘭實際上的權力機器，施行的是共產體制。伴隨而至的，是步調飛快的經濟與企業國有化，農業改革雷厲風行，在大型農地上集體耕作，並和莫斯科當局結為軍事同盟。

1980年8月14日，波蘭出現經濟與社會危機，格但斯克（Gdansk）有1萬7000名造船工人發動罷工。不久之後，名為「團結工聯」（Solidarity）的獨立工會在9月22日創立，這在共產陣營中可是第一遭。團結工聯的領導者是一位叫做萊赫·華勒沙（Lech Walesa）的電工。為了防堵工會勢力與日俱增，波蘭將軍沃賈魯塞斯基（Jaruzelski）在1981年12月13日實施戒嚴，中止工會活動。萊赫·華勒沙和千餘名參與運動的人被捕入獄。直到1989年4月17日，這個工會終

於得到合法的地位。而在1990年，當共產陣營垮臺，該工會的發起人成為民主波蘭的新總統。教宗若望·保祿二世原籍波蘭，不畏當前的共產體制稱霸東歐，對團結工聯的支持不遺餘力。

⇨ 轉而向西的民主制度

波蘭第三共和國創立於1990年代，標誌著波蘭民主的回歸。國門外的威脅消聲匿跡，這在波蘭歷史上是第一次。可是，因為波蘭有著一道道歷史的傷痕，對鄰國俄羅斯始終抱持戒心。1999年，波蘭加入北大西洋公約組織，後續上任的政府也蕭規曹隨，和美國的對外政策站在同一條陣線上。波蘭向美國購買軍備，也同意讓美軍在領土上設置一部分的導彈防衛系統，目的是要反制新的威脅。

2004年，波蘭發動公投，以超過77%的同意票加入歐盟（但是，出門投票的選民只有52%）。從此以後，波蘭的經濟發展有歐

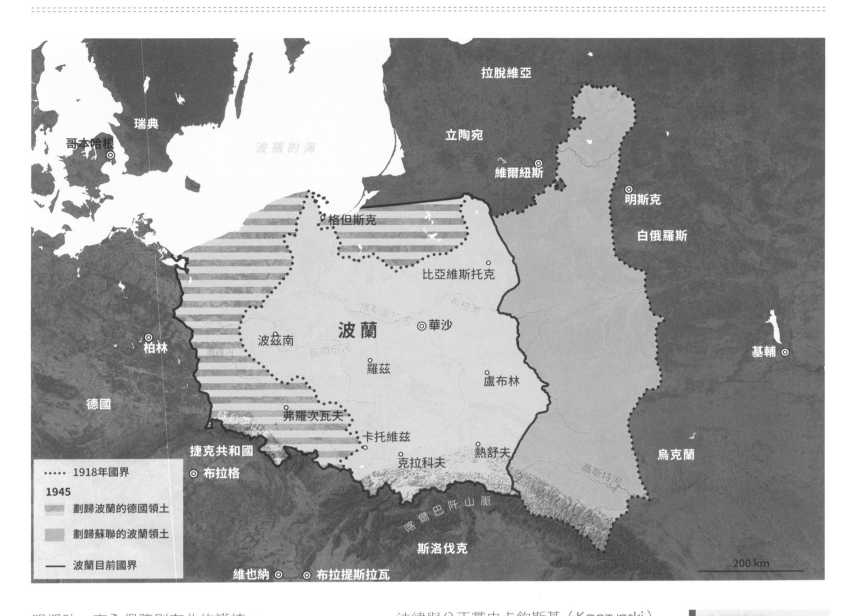

盟援助，安全保障則有北約護持。

⇨ 一個或兩個波蘭？

由於波蘭境內的主權屢經更迭，一直到今天，在經濟、社會與政治各層面的分歧都留下深遠的效應。波蘭西部由德國統治到1945年，發展比較多，社會化、公共設施及工業發展程度都比東部來得高，因為波蘭東部長期以來歸俄羅斯與蘇聯管轄，整體上保留比較高的農村性格，發展程度較低。此般「兩個波蘭」的差異也顯現在政治層面上：西部的波蘭傾向支持「自由派」，而東部的波蘭則傾向把票投給比較保守的法律與公正黨。

不過，波蘭政治的東西分歧在2015年的總統大選時消失了，由主權主義派的安傑伊·杜達（Andrzej Duda）贏得選戰。自由派在波蘭西部的聲勢江河日下，法律與公正黨則如日中天。幾個月後，這樣的趨勢在議會選舉中更加明顯。

法律與公正黨由卡欽斯基（Kaczynski）兄弟創立，征服了兩個波蘭，原因在於這個政黨顧及波蘭走過一段混亂的歷史，著墨於民族國家的主權和民族榮耀。這個政黨宣稱捍衛「波蘭人民」，擁戴大政府主義，深植基督教歐洲的傳統，採取白種人認同，堅信自身文化高人一等。而且，法律與公正黨執政時推行全國經濟改革，為劣勢族群落實社會福利措施。畢竟，20年以來，這個族群被視為波蘭轉型的「輸家」。

⇨ 成功的故事，功歸波蘭還是歐洲？

波蘭目前經濟體質非常健全，背後有諸多因素。首先，波蘭以首都華沙為先，貢獻了全國15%的國民生產毛額，另外共有11座大城市均勻分布於境內。波蘭在波羅的海擁有大型海港，工商企業和德國、西歐關係良好，還坐擁不可小覷的礦產資源。在1994年到2015年間，波蘭創立了14座經濟特區，嘉惠

東西拉鋸

因為兩次世界大戰的緣故，領土競逐與政治集團的勢力消長從1918年起屢經變動。在這段期間，波蘭國界緩緩西移，也將波蘭定位在歐洲的中心。

兩個波蘭

2010年總統大選時，波蘭西部和多數的波蘭大城市一樣，是讓自由派政黨公民網領（PO）鞏固贏面的票倉，而波蘭東部的多數選民則把票投給保守的法律與公正黨。這樣的政治分歧衍生自歷史遺緒（如圖）。西部的波蘭（Ａ）發展、都市化及工業化程度較高，受德國統治直到1918年，而東部的波蘭（Ｂ）發展程度較低，農村性格較強，並受到蘇聯管轄。

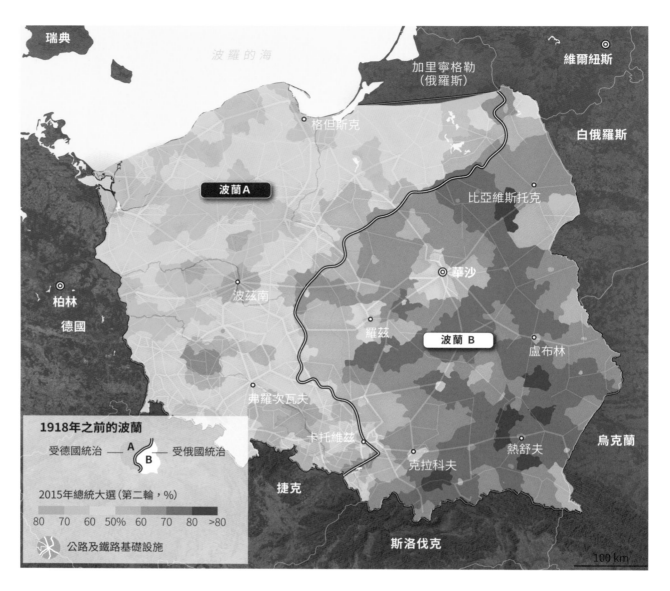

1918年之前的波蘭

受德國統治 —— A／B —— 受俄國統治

2015年總統大選（第二輪，%）

80 70 60 50% 60 70 80 >80

公路及鐵路基礎設施

外資進場，以企業免稅政策換取更多就業機會。因此，波蘭搖身一變成為中歐最有投資吸引力的國家之一，而且波蘭的勞工成本相對低廉，人力的技能素質卻有不錯的程度。

波蘭經濟之所以成功，另外一項因素莫過於歐盟結構資金的挹注。這份資金的援助對象，是人均國民生產毛額低於總平均75%的區域。從2014年到2020年，波蘭是這份資金的最大受益者。2004年，波蘭剛加入歐盟的時候，國民生產毛額只有歐盟總平均的49%；如今，這個數值增長到歐盟總平均的70%，預計在2030年成長到95%。

從2015年到2020年，波蘭的執政黨因為經濟環境佳而獲益良多。當時的薪資每年調漲超過3%，2018年的薪資漲幅更達8%。波蘭的國民生產毛額成長率是5%，失業率不到3.5%，在2004年時，波蘭的失業率逼近20%。另外，波蘭政府也減免低薪人口和中小企業要負擔的稅賦。即使波蘭經濟因為

Covid-19疫情而受到衝擊，失業率因此攀升，在歐盟諸國之中，它因為推出紓困措施（anti-crisis shield）而有高達720億歐元的資金屏障，旨在援助企業保障工作機會，受到的波及相對不嚴重。此外，它在2021年1月啟動2.0版金融紓困計畫（Financial Shield 2.0），扶持受到第二波疫情影響的公司行號。波蘭在歐洲振興計畫裡也榜上有名，如果波蘭接受歐盟委員會關於法治國家的條款，波蘭將會獲得573億歐元的資助來振興經濟，位居全歐盟第四大受惠戶。

⇨ 波蘭：法治國家的終結

在政治的層面上，波蘭的保守派政府施行的司法改革，並未遵守司法獨立的原則。此舉促使歐洲議會在2018年9月表決通過一項議案，啟動歐盟章程的第七條，制裁侵犯法治國家原則及歐洲價值的歐盟成員國。另外，波蘭管制墮胎的嚴格程度，在世界上算是數

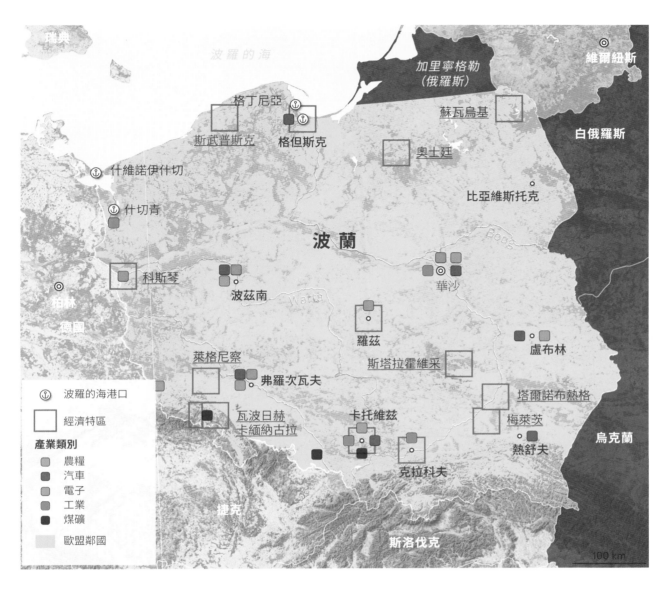

瑞典

波羅的海

加里寧格勒
（俄羅斯）

維爾紐斯

格丁尼亞

蘇瓦烏基

白俄羅斯

斯武普斯克　格但斯克

奧土廷

什維諾伊什切

比亞維斯托克

什切青

波 蘭

科斯琴

華沙

柏林

波茲南

德國

羅茲

盧布林

萊格尼察

斯塔拉霍維采

弗羅次瓦夫

塔爾諾布熱格

瓦波日赫
卡緬納古拉

卡托維茲

梅萊茨

烏克蘭

熱舒夫

克拉科夫

捷克

斯洛伐克

100 km

波羅的海港口

經濟特區

產業類別

　農糧
　汽車
　電子
　工業
　煤礦

歐盟鄰國

在歐洲的協助之下

歐盟結構基金（EU Structural Funds）的投注對象，是歐盟境內發展程度較低的地區。從2014年到2020年，波蘭有60%的公共投資來自這份基金。有了這份基金，承襲自共產時代的產業諸如汽車、鋼鐵、造船、煤礦、電子與農糧，都能夠謀求多樣化的轉型管道。歐盟結構基金也讓小型農場得以蛻變為現代化耕作與經營的模式。

一數二，只有在危急母親生命和強暴的情況下允許墮胎。波蘭政府意圖繼續抬高墮胎門檻，在2020年秋天引發大型示威。最後，波蘭政府採取的因應措施，是緊縮對全國媒體的管控。

⇨ 趨向美國

作為中歐最大國，波蘭的親美傾向非常明顯，在確認立場時也動作頻頻。在2018年出訪美國時，波蘭總統杜達曾向川普提議，請美國在波蘭設置永久軍事基地，並出資維運。不過，拜登總統尚未確認建造這座基地的計畫，只有提到會增派約1000名美軍到波蘭去。

波蘭對美國的親密趨向，讓歐洲人感到不悅。尤其是波蘭跟美國採購軍備的決定，此舉會擾動歐盟總體防禦計畫的架構。

⇨ 烏俄戰爭的關鍵行為者

不過，烏俄戰爭扭轉了這個情勢。波蘭就在烏克蘭隔壁，身處在第一線上，不管是美國或歐洲各國要向烏克蘭輸送援助物資，都必須道經波蘭。就算是如此，歐洲各國對於歐盟基本價值必須受到尊重一事，毫不退讓。因此，在2022年6月，歐盟委員會重申，如果波蘭想獲得被布魯塞爾當局攔截的300多億後疫情振興補助款，波蘭必須處理該國具有爭議的司法改革問題。因為戰爭的緣故，華沙當局經濟狀況更為吃緊，對這份補助的依賴與日俱增。

II. 南北美洲

美國
回來了？

美國有著發號施令和不容小覷的形象，因為川普的施政，加速了美國衰退的腳步。從2021年1月至今，川普的繼任者拜登力求美國的「去川普化」。拜登喊出「美國回來了」（America is back）的口號，取代川普的「美國優先」（America first）。首先，拜登政府要重啟政治的多邊主義和重新樹立美國的領導地位，同時對北京的立場保持強硬。但是，2022年2月歐洲再度爆發戰爭，擾動了中美角力的態勢，因為中美角力原本讓亞太地區的戰略部署有了新的意涵。俄軍出兵烏克蘭之後，美國大力支持烏克蘭陣營，讓北大西洋公約組織的社群重獲存在價值。最後，跟普丁的俄羅斯針鋒相對之際，拜登的美國一方面重申民主的重要，另一方面也和幾個威權政府拉近關係（諸如沙烏地阿拉伯、委內瑞拉等），目的是要抵制俄羅斯石油。

與此同時，拉丁美洲也邁向新的時代，因為不管是在政治上（政治向左轉）或是地緣政治上（中國勢力在場），都有新的影響力介入。

華盛頓哥倫比亞特區

2021年6月6日，華盛頓特區。川普總統連任敗選，支持川普的選民受到他閃爍其辭的教唆，群起闖入國會大廈，他們認定川普的勝選結果遭竊，聲討應得的成果。在攻占國會大廈的圖片中，辦公廳堂遭到洗劫，議員委身桌底，宛如置身恐怖攻擊現場，外加整起事件造成5人喪生和22人受傷，一連串的畫面映入世上眾人的眼簾。在美國當代歷史上，攻占國會大廈成為一個創傷事件，象徵一個自認所向無敵的民主體制，其實卻風雨飄搖。「美國優先」的標語綜括了川普執政的風格，他治國雜亂無章，推特（Twitter）發文一出，就波瀾四起，動搖了美國外交的某些基本原則，諸如多邊主義、大西洋主義和將民主奉為圭臬的立場等等。

　　民主黨新任總統喬‧拜登在2021年1月20日就職。在入主白宮時，他並未解決美國社會深陷的種種危機，例如2020年5月非裔美國人喬治‧

佛洛依德（George Floyd）被警察壓制窒息而死而引發的爭議事件，以及在2022年6月，美國最高法院取消了羅訴韋德案（Roe v. Wade）判決自1973年以來對人工流產權的保障，此舉引發各界譁然。

　　不過，無論如何，拜登的勝選意味著美國能重申一些重要的外交原則。這代表世界第一強權會回歸《巴黎氣候協定》，重新參與世界衛生組織，跨越大西洋和歐洲人重建關係，提倡民主國家之間的守望相助，並喊出新的口號：「美國回來了」。2022年2月，俄羅斯出兵烏克蘭標誌著美國回歸歐洲的時機。那年春天，拜登踏上歐洲舊大陸參加北大西洋公約組織的高峰會及G7峰會，並拜會歐盟官員，決意要加強西方人的團結，面對俄羅斯，也面對中國。

● 從川普到拜登
美國有著什麼樣的領導風範？

⇨ 美國當家的開始

1945年，盟軍戰勝納粹陣營，迅速將美國拱上國際秩序的第一把交椅，因為美國形塑了這樣的國際秩序，以多邊主義的合作方式，維繫世界上的通商自由及和平。《布列敦森林協定》（Bretton Woods Agreements）簽署1944年，促使國際貨幣基金（IMF）以及國際復興開發銀行（IBRD，也就是往後的世界銀行）在1945年成立。這些組織的使命，是要用一套新的國際貨幣制度規範國與國之間的金融匯兌與交易，防止1929年的金融崩盤再度發生。1945年6月在舊金山召開的會議中，美國發起聯合國的創設，意圖透過集體安全制度來解決衝突。

這個由美國樹立的全球新秩序，力求自由民主。冷戰期間（1947年至1991年），美國以及西方世界的盟邦集團試圖散布這個世界觀，不過卻在抵制由蘇聯為首的東方陣營和共產制度時，彼此出現一些齟齬。不過，由於北大西洋公約組織形成的同盟體系和遍布世界各地的軍事基地，美國仍鞏固了經濟和軍事的強權。1989年，柏林圍牆倒塌，標誌西方體制占了上風，也二度確認美國的勝利。1991年，蘇聯由於政策成效不彰，又受到軍備競賽的拖累，經濟疲弱不堪，終至解體，讓美國穩坐贏家之位。

⇨ 美國的超級強權

冷戰之後，世界從兩極（bipolar）強權走向單極強權（unipolar）。1990年代，美國成為所向披靡的「超級強權」（hyperpower）。

在經濟層面，美國無論是在農工商等領域都位居世界第一。從1992年到2000年，美國的經濟快速成長（1998年成長率為4%），結構性失業率偏低（少於4%），就業機會豐富，國民生產毛額位居世界之冠。

在軍事方面，美國自詡為「世界警察」，打著聯合國的旗幟頻頻介入紛爭。譬如1991年伊拉克入侵科威特（Kuwait），美國便介入波斯灣，意圖解放科威特。其他軍事介入行動包括1992至1993年的索馬利亞、1994至1995年的海地、1995年的波士尼亞與赫塞哥維納，還有東帝汶也是。1999年春，美國透過北大西洋公約組織策劃了轟炸塞爾維亞的軍事行動，防止科索沃（Kosovo）遭到種族清洗。透過這些行動，美國捍衛「美利堅和平」（Pax Americana），奠基於多邊主義和遵守國際法的原則之上，倡導新的世界秩序。

美國強大的基礎，也來自創新與駕馭新科技的能力，尤其隨著網路的發展，美國在資訊與數位領域出類拔萃。美國的知識體系仰賴頂尖大學形成的網絡，加上尖端科技與

區域軍事司令部
‧‧‧‧ 區域軍事司令部部署範圍
◯ 動員人數
★ 軍事基地
現役艦隊
北大西洋公約組織成員國
同盟國家

泰國
印度
巴基斯坦
阿富汗
阿拉伯聯合大公國
沙烏地阿拉伯
澳洲
菲律賓
中國
埃及
美國中央司令部
第五艦隊 ◯ 8 300
美國非洲司令部
第七艦隊
日本
俄羅斯
突尼西亞
90 000
法國
摩洛哥
美國印太司令部
紐西蘭
67 000
美國歐洲司令部
第六艦隊
夏威夷
加拿大
第四艦隊
美國北方司令部
美國 南方司令部
◯ 1 800
美 國
巴西
第二艦隊
第三艦隊
阿根廷

美國與世界：
什麼樣的領導姿態？

美國的強權仰仗同盟關係形成的體系，亦即北大西洋公約組織及「太平洋安全保障條約」（**ANZUS**），還有全球化的軍事部署，讓美國能在世界各地進行軍事介入行動。美軍將世界分為六個區域司令部，每個區域司令部配有一個艦隊。美軍有**1300**萬人，以人力規模來說，美國位居世界第三，僅次於中國和印度。不過，如果是就動員能力而論，美國領先世界。

跨國企業的蓬勃發展。這一切讓美國在世界獨具吸引力，也構成了美國的軟實力。透過電影、電視影集、電動、音樂、時尚、社群網路及飲食各種觸角，美國大眾文化通行全世界，更因為企業全球化的關係，讓傳播鏈得以在四方落腳。

⇨ 911事件

1990年代末，美國國勢似乎處於巔峰狀態。2001年9月11日，一切豬羊變色。蓋達組織策劃的自殺攻擊，在美國境內造成將近3000人喪生，而且攻擊目標別具象徵意義——也就是紐約的世界貿易雙子星大廈和華盛頓的五角大廈——這些建築可說是體現了美國的無所不能和所向披靡。

美國前總統喬治‧布希（George W. Bush）在位兩任的期間，保守派勢力為了追捕奧薩馬‧賓拉登（Osama bin Laden）以及蓋達組織首腦，從2001年10月起加強在阿富汗的軍事行動，毫不手軟。接著，軍事行動的下一個目標是伊拉克。2003年3月起，由美國為首的聯合軍團要推翻薩達姆‧海珊（Saddam Hussein）的政權，因為他受到指控，祕密製造大規模毀滅性武器。可是，出兵伊拉克的軍事行動並未受到聯合國核准，一開始在西方陣營引發爭議。德國和法國拒絕加入，而且，這場「反恐戰爭」也在美國社會內部受到抨擊。因此，布希總統須在2008年下令從伊拉克撤兵，並且從2009年起，他的繼任者巴拉克‧歐巴馬（Barack Obama）加速撤軍的腳步，使美國持續擔任世界警察的來日無多。

這些軍事行動的失敗，解釋了美國為何拒絕介入中東境內的情勢。於是，當2011年利比亞發生武裝反抗時，美國甘於僅以後勤方式支援反抗軍，以及協助北約調度的轟炸任務。就算在2012年美國駐利比亞班加西（Banghazi）領事館遇襲，造成美國大使身亡，某種程度上可說是911重演，但美國並未改變立場。最後，讓我們將焦點轉向敘利亞，雖然敘利亞政府軍在內戰時使用了生化武器——此舉被華盛頓當局視為不可進犯的「紅線」罪行——歐巴馬仍在最後一刻決意不對敘利亞政府用兵。即便如此，美國仍在2014年討伐伊斯蘭國（Daesh）的國際聯軍中發揮核心作用，空襲恐怖主義組織的據點。

2001年可說是美國與世界其他國家關係的分水嶺。在這之後，美國漸漸揚棄了1990年代的武力介入主義，而2008年的金融危機更加速了這個政策轉向。從歐巴馬2009年就任總統以來，便著眼於國內的經濟與社會問題，直到川普讓美國內求圖治的態度變本加厲，變成「美國優先」。在外交政策上，這樣的態度將美國利益擺在第一順位，對於多邊主義的合作模式，顯得輕縱。

⇨ 川普眼中的世界

川普領導的美國在2017年退出聯合國教科文組織（UNESCO），在2018年退出聯合國人權理事會（UN Human Rights Council），更在2020年7月摔門離去世界衛生組織（WHO）。這些舉措撼動了大型國際組織的運作，它們是1945年以來多邊主義合作賴以維繫的基石。川普政府也逕自退出許多國際重大協議，像是皆簽署於2015年的《伊朗核協定》（Iran nuclear deal）與《巴黎氣候協定》以及2016年簽訂的《跨太平洋夥伴關係協定》（TPP）。這些決定統統會帶來一項後果，也就是削弱美國傳統以來享有的同盟關係，一方面來自北大西洋公約組織中的歐洲盟國，另一方面則是亞洲的盟國。

作為一個生意人，川普對交易司空見慣，將經濟與貿易的得失視為美國外交政策的主要考量，卻在護航國家利益時目光短淺。由於他首重雙邊協議的緣故，如此看待

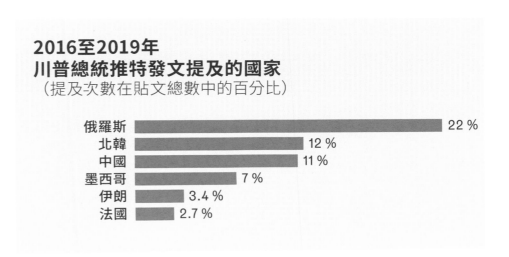

2016至2019年
川普總統推特發文提及的國家
（提及次數在貼文總數中的百分比）

國家	百分比
俄羅斯	22 %
北韓	12 %
中國	11 %
墨西哥	7 %
伊朗	3.4 %
法國	2.7 %

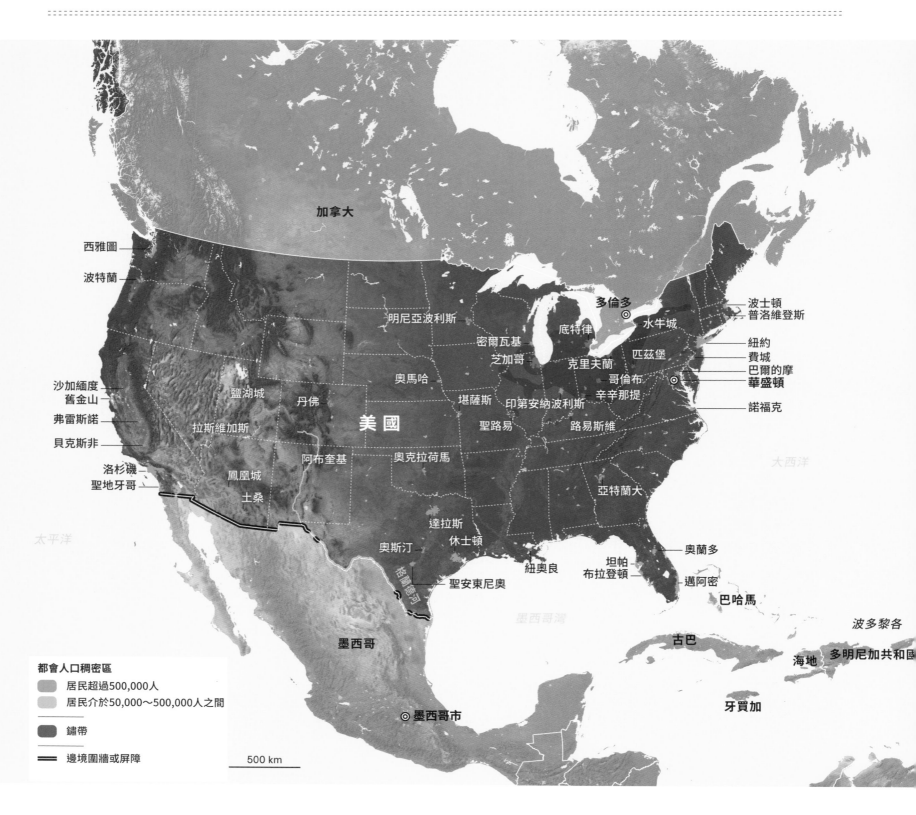

加拿大

西雅圖

波特蘭

沙加緬度
舊金山

弗雷斯諾
貝克斯非

洛杉磯
聖地牙哥

太平洋

明尼亞波利斯

密爾瓦基
芝加哥

奧馬哈

堪薩斯

聖路易

鹽湖城

丹佛

拉斯維加斯

阿布奎基

鳳凰城

土桑

美 國

奧克拉荷馬

達拉斯

奧斯汀

休士頓

聖安東尼奧

多倫多

底特律

克里夫蘭

印第安納波利斯

辛辛那提

路易斯維

亞特蘭大

紐奧良

坦帕
布拉登頓

波士頓
普洛維登斯

水牛城

匹茲堡

哥倫布

紐約
費城
巴爾的摩
華盛頓

諾福克

大西洋

奧蘭多

邁阿密

巴哈馬

波多黎各

墨西哥

墨西哥灣

古巴

海地

多明尼加共和國

牙買加

◎墨西哥市

都會人口稠密區

居民超過500,000人

居民介於50,000～500,000人之間

鏽帶

邊境圍牆或屏障

500 km

美國優先

作為世界第一大經濟體，美國是全球化的原型（archetype），也是這個現象的推手。美國的強大根植於創新能力，而創新能力又仰賴研究型大學結合企業的產學加乘。面對由中國帶來的國際競爭，美國有不少產業式微，體現於「鏽帶」（Rust Belt）的意象上。鏽帶指的是美國的東北地區，此區在1970年代時被劃為工業發展區，曾是工業重鎮。

為了回應國際競爭，也要滿足選民的期待，川普擔任總統時意圖和鄰國重新談判貿易協定，並且對中國進口產品課徵關稅。

外交關係，時常跟親近的夥伴國家發生摩擦。《北美自由貿易協定》（NAFTA）就是這樣的例子。《北美自由貿易協定》由美國和兩個鄰國──加拿大與墨西哥──簽訂，並於1994年生效。經過華盛頓當局要求渥太華與墨西哥一齊重新談判，《北美自由貿易協定》變成《美國－墨西哥－加拿大協定》（USMCA）。

從2018年初開始，這樣的世界觀也讓中美打起一場「貿易戰」。貿易戰的打法，就

是對許多進口自中國的商品課徵關稅。對川普而言，這麼做的目的一方面是要降低貿易逆差（在2018的逆差是4190億美元），另一方面是美國科技原本遙遙領先世界，卻受到中國企業與日俱增的威脅，伯仲之勢日益明顯，因此要出手反制。從2001年到2018年，由於受到中國競爭的影響，美國估計喪失了370萬個工作機會。

⇨ 中美逐鹿世界霸權

由習近平領導的中國已然是世界一級的經濟強權，在國際上，中國還是美國地緣政治策略部署上的對手，勢力拉鋸聚焦東南亞。華盛頓當局在太平洋四處部署兵力，而中國則在南方的海域廣設軍事基地，列為駐防重點。中國非法占據某些島嶼，野心勃勃，意圖宰制這些據點形成的海軍戰略空間，並且主張這些區域在歷史上本來就歸中國統轄。

　　這樣的情境便能解釋為何歐巴馬政府要淡出中東，將軍事力量重新部署在亞洲，為的是要提升制衡中國日漸壯大的影響力。這項政策在2016年成形，人稱「重返亞洲」（Pivot to Asia）。見證這項政策的，是《跨太平洋夥伴關係協定》的簽訂。由於環太平洋國家對中國的野心抱持擔憂，透過《跨太平洋夥伴關係協定》可以整合亞太地區和美國的經濟，團結一氣。不過，川普在2017年否決了《跨太平洋夥伴關係協定》，讓條約在2018年變成《跨太平洋夥伴全面進步協定》（Comprehensive and Progressive Agreement for Trans-Pacificque Partnership，CPTPP）。

　　此區使五角大廈掛懷的，還有中國與俄羅斯日漸明朗的戰略夥伴關係。儘管如此，美國仍是世界上擁有全球軍事主控權的唯一強權，在這點上，美國領先是無庸置疑的。就算美國局部退出伊拉克，在紛亂中離開阿富汗，在世界各地，美國坐擁六個軍事司令部、七個艦隊和1300萬名軍士。而且，美國的國防預算創下史上新高，在2021年，美國為國防投下了7400億美元，略高於全球國防預算總和的三分之一。

　　川普的政府脫離了承襲而來的外交模式和傳統的夥伴關係，和前幾任總統的執政作風產生斷裂。結果，川普領導的美國和普丁的俄羅斯親近了起來，在2019年6月，川普還會見了北韓領導人金正恩。甚至在2018年，美國承認耶路撒冷是以色列的首都，更在2019年承認以色列在約旦河西岸的屯墾區具有法理地位。這些政策都隨著拜登上臺而有所轉變。

⇨ 修復美國

假使美國新任總統拜登真的想讓美國重拾歐巴馬時代的多邊主義，例如讓美國回歸2015年的《巴黎氣候協定》，他還得重新建立美國的道德信譽。在內政上，拜登總統也要致力於讓美國人重獲信心，因為他們在當前的民主體制中嚴重分歧。2021年1月6日的闖入國會大廈事件以及Covid-19疫情皆讓美國的民主受到重創。2021年春，美國推出大型經濟振興計畫，並在疫苗接種的計畫管理有方，這些都被視為美國正在好轉的徵兆。

　為了落實亞洲轉向的政策，拜登總統會同東協七國、澳洲、日本、印度、南韓、紐西蘭與斐濟，在2022年5月23日正式發起印度－太平洋經濟架構（Indo-Pacific Economic Framework，IPEF）。

　　在美國與亞洲諸國連袂制衡中國崛起之際，俄羅斯出兵烏克蘭將歐洲拉回美國的戰略焦點，成為當務之急。華盛頓當局慷慨軍援烏克蘭，提供的援助價值400億美元，和北約成員國齊心協力，讓基輔獲得精密武器（亦即長程火箭發射裝置）。軍事援助烏克蘭的目的，是要保衛烏克蘭的國家主權，抵禦俄羅斯的侵襲，避免和莫斯科發生直接衝突。華盛頓當局參與的鬥爭，也是為西方價值而戰，對抗普丁的威權主義，牽制中國亦若是。

面對中國崛起

從第二次世界大戰結束和日本戰敗以降，美國便是亞洲的主要軍事行
為者。從冷戰開始到結束，美國一直對共產中國抱持戒心。不過，自
從中國領導人毛澤東1972年接待時任美國總統尼克森（Richard
Nixon）訪華起，北京和華盛頓當局在經濟上便有了彼此靠近的契
機。

2001年，中華人民共和國在華盛頓的支持之下，加入了世界貿易組織
（WTO）。中國一加入世貿，即代表「世界工廠」從此成為美國主
要的經濟競爭對象。

隨著中國也在政治上嶄露頭角，美國的軍事優越地位受到挑戰。從此
以後，中國不管是在領土或全球軍事布局上，皆成為美國的主要對
手。中國海域的情勢日益緊張，由此可見一斑。中美爭端也發生在香
港與臺灣的議題上，華盛頓當局對臺灣提供保護。

2019年底，川普頒布《香港民主與人權法案》，威脅如果集會遊行者
的權利無法受到尊重，華盛頓當局會停止賦予這塊前英屬殖民地特殊
的經濟地位。香港經過數個月的動盪紛亂，暴力事件頻傳，北京當局
指控華盛頓支持「殃及無辜公民的行為」。2021年1月，由於中方逮
捕香港民主運動人士，美國政府對數名中國及香港的官員祭出制裁。
逮捕民運人士的法源，出自北京在2020年6月對香港施行的《國家安
全法》。同時，中國也宣布會對美國採取報復性措施。

2020年，美國將51%的軍力調派至亞洲太平洋區域，主要駐紮在日本
及南韓兩地。重兵駐防亞太，便是歐巴馬2011年提出「重返亞洲」政
策的動員結果。

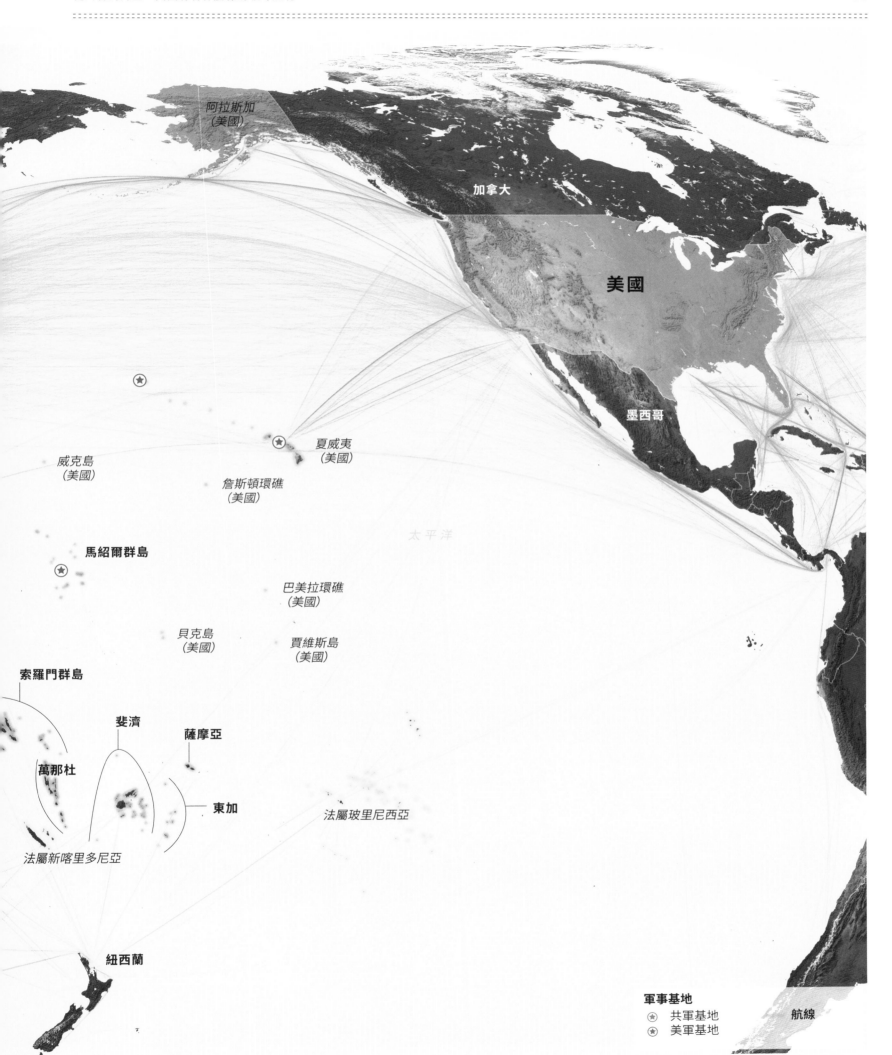

阿拉斯加
（美國）

加拿大

美國

墨西哥

威克島
（美國）

夏威夷
（美國）

詹斯頓環礁
（美國）

太平洋

馬紹爾群島

巴美拉環礁
（美國）

貝克島
（美國）

賈維斯島
（美國）

索羅門群島

斐濟

薩摩亞

萬那杜

東加

法屬玻里尼西亞

法屬新喀里多尼亞

紐西蘭

軍事基地
　共軍基地
　美軍基地

航線

目的地
7

亞馬遜

巴西亞馬遜州拉布里亞（Lábrea）：這是毀林／濫伐（deforestation）最為嚴重的區域之一，座落於穿越亞馬遜的路徑底端。如專家所稱，拉布里亞是一道「閂門」，一打開，便迎向廣袤的原始森林，裡頭還有巴西最後的幾個印地安部落棲身其中。照片中的雨林大火頻率在總統雅伊爾·波索納洛（Jair Messias Bolsonaro）任內不斷增加，他是氣候變遷懷疑論者。

　　自從波索納洛在2019年1月當選，所有保護環境以及原住民族群的機制都遭到掣肘。亞馬遜森林在調節全球氣候中扮演著重要的角色，這一點眾所週知，所以這些來自巴西的影像才會引起全世界的關注。巴西的國立太空研究署（National Institute for Space Research）估計，從2019年8月到2020年7月之間，巴西有超過1萬1000平方公里的熱帶森林遭到砍伐，等同於整個巴黎首都圈——法蘭西島（Isle of France）的面積。亞馬遜州幾經變遷，當前遭遇的災難，是十年未見。

　　巴西在波索納洛的執政之下，交出的健康成

績單也令人捏一把冷汗。巴西是受到Covid-19疫情衝擊最嚴重的國家，僅次於美國。一些非政府組織，例如法國的「天主教反飢餓與促進發展委員會－地球團結」（CCFD-Terre Solidaire）曾發出警訊，表示巴西社會在波索納洛的執政之下正喪失生命，並且估計巴西面臨的「暴力、侵害以及不平等問題的嚴重程度始料未及」；其中，傳統佃農、原住民與記者首當其衝，更有牽動到平民社群及社會整體之虞。非政府組織也相繼指出，巴西政府對教育及衛生領域的漠視是一項警訊。在波索納洛的時代之外，巴西歷史講的，是一個巨人縱然身為世界上的新興大國，經濟也蓬勃發展，國政卻治理欠周。巴西坐擁傲人的資產，地大物博，人口眾多且物產豐饒。由於治理不善，巴西許多年來一直被諸多不平等的問題纏身，而且暴力猖獗。於是，巴西國體龐大但是意志不堅，始終無法變成一個全方面的強國，一直被北美的對手遠遠拋在後頭。

巴西
治理欠周的巨人

⇨ 領土與人口巨人

巴西位於南美洲，就國土面積而言，是世界第五大國，有85萬平方公里。巴西的國界長達1萬5720公里，幾乎和所有南美洲國家接壤。巴西海岸線面向大西洋，綿延超過7400公里。亞馬遜河盆地及其支流橫亙巴西，構成巴西的主要地理景觀。巴西屬於熱帶性氣候，除了東北部腹地（sertão）屬於半乾旱的草原氣候帶之外，天氣溼熱。

巴西原先是葡萄牙殖民地，2022年，巴西有將近2億1500萬的居民說葡萄牙文。這個國家人口有47.7%是歐洲後裔，7.6%是非裔，1.2%亞裔，0.4%美洲印第安裔，至於另外的43.1%人口則是高度混血。巴西人口大量集中於沿海地區，形成巴西各大都會區，諸如福塔雷薩（Fortaleza）、薩爾瓦多（Salvador）、勒西菲（Recife），遑論里約熱內盧（Rio de Janeiro）與聖保羅（São Paolo），皆是巴西的經濟重鎮。巴西刻意定都在內陸的巴西利亞（Brasília），為的是要支援對內陸的掌控，並透過交通基礎設施的興建達成目的，諸如道路、鐵路及機場都是。制定政策如此恣意，體現巴西開拓者的精神。

⇨ 天然資源豐富多樣

巴西是物產豐饒的巨人，可以開採的礦產多達50幾種。同時，巴西也擁有化石燃料資源，幾乎全數蘊藏在海裡，讓巴西從2006年起就達到能源自給的狀態。巴西的水資源也非常充沛，可以用來發電。最重要的是，巴西土地遼闊，讓這個國家得以享有「世界農場」的稱號，因為巴西是世界最大的柳橙汁、蔗糖及咖啡生產國，也是第二大黃豆生產國。同時，巴西也出產牛肉，是世界上最大的清真牛肉出口國，將清真肉品輸往阿拉伯國家聯盟（League of Arab States）。農業占巴西國民生產毛額的20%，巴西三分之一的工作機會都屬於農業，還占進出口貿易的45%。農業是巴西最重要的經濟領域。

雖然巴西物產豐饒，在2015年經濟衰退之後，經濟成長幅度相對疲弱。2019年，巴西經濟成長率只有1.9%，全國失業率高達13%。巴西振興經濟的腳步被Covid-19疫情大幅拖累，而且還是世界上不平等問題最嚴重的國家之一。

⇨ 不平等之國

2019年，巴西全國總收入有超過一半屬於前10%的富人，而且這10%的頂層之中有超過七成是白人。

巴拿馬

委內瑞拉
無限期
暫停會籍

蓋亞那   法屬圭亞那   大西洋

哥倫比亞

蘇利南

厄瓜多

秘魯

巴西

玻利維亞
升級為正式成員中

巴西利亞

巴拉圭

太平洋   智利

烏拉圭

阿根廷

石油		礦產資源	
▬	核可開採區	◈	錳
⛏	精煉場	◇	煤
		◆	鐵
		◇	金
⊖	水壩	◈	鑽石
		◈	鈾
✦	南方共同市場	◆	銅、鋅
		◆	鋁、鈦
		◈	鎳、鉛、錫

▌巴西，拉丁美洲強權

巴西占據幾乎半個南美洲，是最大的南美洲國家。除了厄瓜多和智利之外，巴西和所有南美洲國家
接壤。巴西是南方共同市場（Mercosur）的創始國之一，透過這個組織締結區域合作關係，在其
活躍的經濟脈動中扮演核心的角色。除了創始身分，巴西之所以舉足輕重，也因為它天然資源豐富
（礦藏、石化燃料及水資源等）而且土地資源豐厚，讓巴西得以成為世界農業巨頭之一。

從2003到2011年，巴西由魯拉（Luiz Inácio Lula da Silva）執政，推廣諸項社會福利計畫，使窮人和中產階級得以受惠。其中，「家庭補助金」（Bolsa Família）最具有代表性。如果貧窮的家庭將孩子送去上學，就可以領到補助金。另外，魯拉的社會福利政績還有「零飢餓計畫」（Fome Zero），保障人民可以取得維生所需的糧食。可是，由於貪腐氾濫，光是有這些立意良善的政策，並不足以造福人民。2020年，巴西有6800萬人領到波索納洛政府核發的急難救助金，但是在這筆資金結案之後，隨著Covid-19疫情的爆發，到了2021年，巴西又有1500萬人陷入貧窮。

如果不平等是巴西的沉痾積弊，這是因為巴西的社會不平等，伴隨著嚴重的領土發展不均。巴西最富有的地區是南部和東南部，這兩處也是最融入全球化潮流的區域。巴西最富庶的核心地帶，是由聖保羅、里約熱內盧和美景市（Belo Horizonte）形成的金三角。這個金三角總人口有3000萬，包含巴西各大都會，具有牽動全國的決定性機能，也是政治經濟的中流砥柱。同時，巴西南部和東南部也是經濟作物（蔗糖、咖啡、柑橘與大豆）的耕作帶，也是多種製造業（汽車、航空工程等）的基地，更是觀光重鎮。

⇨ 複雜的政府體制

巴西是一個聯邦制共和國，包含26個州，外加首都巴西利亞（Brasilia）。然而，這樣的政府體制對完善的治理，形成障礙。依據巴西1988年頒布的憲法，總統和議會當選後任期為四年，至於參議員任期則有八年。但是，巴西有30多個小型政黨，讓議會四分五裂。於是，由於派系分割的緣故，這個聯邦政府有許多權力和效能都受到掣肘，尤其是推行改革或打擊貧窮。在巴西，要好好治國是非常困難的，因為這牽涉到聯合政府的建立，但聯合政府的各方成員鮮少能達成長遠的共識。因此，在2002年，魯拉領導的勞工黨在巴西議會513席中，只拿下了91席，在參議院81席中拿下14席。在地方政府方面，全國26州只有三個是勞工黨執政。

巴西前總統迪爾瑪·羅賽芙（Dilma Rousseff）是魯拉的繼任者，她因為貪腐而遭到彈劾撤職。此事造成的政治漣漪非常深遠，讓組織聯合政府的困難程度雪上加霜。政治菁英階層因為腐敗而遭到質疑，他們聲望掃地，更讓雅伊爾·波索納洛在2018年乘勢而起。波索納洛支持威權的政府體制，並領導一個名叫「社會自由黨」（PSL）的極右派小黨。波索納洛以三個B作為治國方針：第一個B是「牛肉」（beef），也就是替地主發聲；第二個B是「聖經」（Bible），代表基督教信仰；第三個B則是「子彈」（bullets），這說的是軍人和擁槍支持者，他們和傳統的經濟上層階級結盟，是比較晚進的事情。

⇨ 外交政策有何局面？

雖然巴西不是聯合國安全理事會的永久成員國，也不是一個能在南美洲之外展現軍力的軍事霸權，卻在國際舞臺上特別活躍。在聯合國71項軍事維安任務中，巴西參與的有50項。而且，在國際場合，巴西一發聲，往往能保護南方國家的利益。於是，巴西在1964年促成了「聯合國貿易和發展會議」（UNCTAD）的創設。而且，在農糧領域，巴西也會因為美國與歐盟大行保護主義，在聯合國發起抗爭。從2003年起，巴西在世界貿易組織中，聯合20個南方國家，組成經貿談判小組。此外，巴西也積極擁戴「南南合作」（South-South cooperation），跟各處的開發中國家尋求合作機會，尤其是非洲國家。這個立場在魯拉執政時期特別明顯，著重巴西和葡萄牙語系國家的合作。

在人稱「金磚五國」（BRICS）的群體裡面，巴西占有一席之地。「金磚五國」指稱幾個重要的新興國家，包括巴西、俄羅斯、印度、中國及南非。從2011年起，金磚五國每年舉辦高峰會交流。

在區域的層面上，巴西也是南方共同市場的幕後推手。南方共同市場創立於1991年，聯合南美洲國家勢力，協同制衡美國的影響。南方共同市場效法歐盟，創設南美洲的共同市場，首批成員國有阿根廷、巴拉圭及烏拉圭。今天，南方共同市場還包括其他

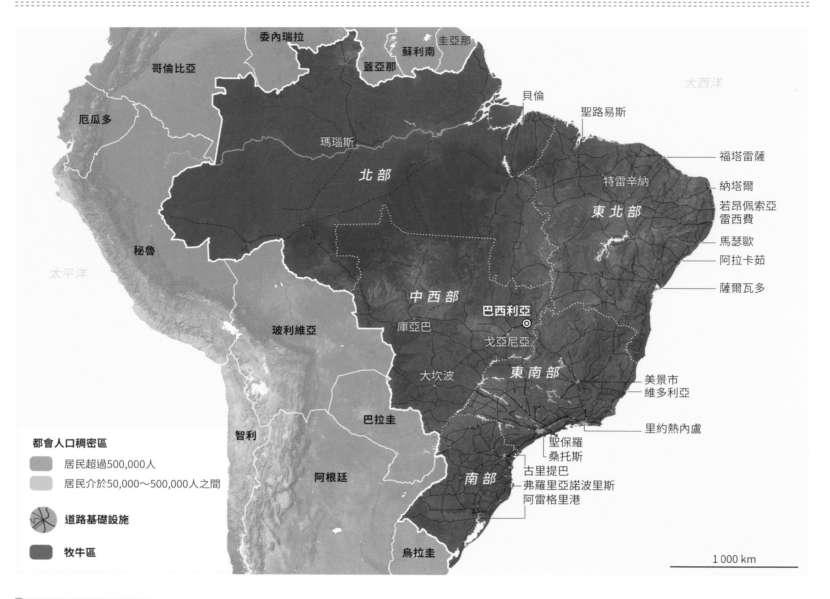

委內瑞拉

蘇利南

圭亞那

哥倫比亞

蓋亞那

大西洋

厄瓜多

瑪瑙斯

北部

貝倫

聖路易斯

福塔雷薩

特雷辛納

東北部

納塔爾

若昂佩索亞

雷西費

秘魯

太平洋

馬瑟歐

阿拉卡茹

薩爾瓦多

中西部

玻利維亞

巴西利亞 ◎

庫亞巴

戈亞尼亞

大坎波

東南部

美景市

維多利亞

里約熱內盧

聖保羅

桑托斯

南部

古里提巴

弗羅里亞諾波里斯

阿雷格里港

都會人口稠密區

居民超過500,000人

居民介於50,000～500,000人之間

道路基礎設施

牧牛區

智利

巴拉圭

阿根廷

烏拉圭

1 000 km

失衡的領土

地理學家艾爾維・泰瑞（Hervé Théry）曾經指出，巴西是「瑞士、巴基斯坦和大西部的總和」。「瑞士」指的是巴西東南部，也就是最富有也最融入全球化潮流的地帶，經濟作物、各類產業活動都集中於此地，成為全國經濟的領頭羊。「巴基斯坦」對應的是巴西東北部，這裡原先是巴西古代歷史上的中心，如今卻成了邊陲。而「大西部」說的，則是亞馬遜州和中西大區北部的開拓帶。

加盟國，亦即玻利維亞、智利、哥倫比亞、厄瓜多、蓋亞那、秘魯與蘇利南。南方共同市場占有全南美洲大陸82%的國民生產毛額，更是世界第三大聯合經濟體，排在歐盟及美墨加聯盟（亦即《北美自由貿易協定》）之後。

　　巴西的文化影響力與日俱增，讓巴西也在外交上更具分量。此處指的，是輸出全世界的「拉美肥皂劇」（telenovela），更因為巴西在2014年主辦世界盃足球賽，並在2016年的里約舉行奧運而聲名遠播。由於主辦這些大型賽事的緣故，巴西在國際上的影響力蒸蒸日上。

⇨ 波索納洛／川普：美洲陣線

波索納洛當選巴西總統，標記巴西政治的根本性轉變，因為巴西的新任總統以川普為榜樣，在立場上和川普的美國連成一氣。在北大西洋公約之外，巴西因此成為美國的主要

同盟。這樣的盟友關係俾使美巴聯合舉行軍事演習和進行技術轉移，也讓巴西能順利取得美國軍購，只是這樣可能會替巴西帶來喪失獨立性的風險。

　　巴西一方面親近華盛頓當局，另一方面也疏離了中南美洲諸國的左翼政權（諸如委內瑞拉、尼加拉瓜及古巴）。如此便牽動了古巴參與巴西「更多醫生」計畫（More Physicians for Brazil Project）的安排。該計畫發起於2013年，要把將近8300名古巴醫生送進巴西最貧困的地區。計畫生變之後，巴西有2800萬人無法取得醫療救助的資源。另外，波索納洛跟川普同一個鼻孔出氣，宣稱中國「對巴西主權造成威脅」。然而，實際上，巴西跟中國2018年的貿易額高達1000億美元，遠高於巴西跟美國的貿易額。基於這點，波索納洛就該回頭檢討是否該奉行經濟實用主義。同時，波索納洛也跟他的偶像川普一樣，否認新冠病毒疫情慘重。2021年

- ★ BRICS金磚五國
- ▬ G20
- /// G20開發中國家（WTO談判小組）
- ◉ 葡語系國家

春，巴西出現了P1病毒變異株，而且也成為Covid-19的傳染中心。疫情下的巴西醫療體系癱瘓，疫苗施打計畫步調遲緩（到了2021年6月底，巴西只有12%的國民接種疫苗）。在波索納洛的執政之下，巴西因為新冠染疫死亡的統計人口高居世界第二（從2020年3月到2021年6月間，巴西有51萬人染疫死亡）。波索納洛獲得「熱帶川普」的稱號，不過在2020年底，拜登當選美國總統之際，這對波索納洛而言，應是噩耗一則。

⇨ 殘缺不全的強權面臨抉擇？

巴西雖是個新興國家，而且執政者不是沒有落實政策，例如魯拉曾經成功讓4000萬名巴西人脫離貧窮，巴西卻未曾完全浮上檯面，以健全的方式提升國力。根據專家亞蘭·胡杰（Alain Rouquié）的觀察，巴西花了很長一段時間才逐漸成為民主大國，位處「混種且具有媒介性質的」南方，足以代表這個區域的發展。由於波索納洛政府因應Covid-19

疫情的威脅效能低落，在2020年底差點遭到罷黜，而且，巴西還因為摧毀亞馬遜森林的關係，必須承受歐盟和美國的經濟制裁。這些事件爭議連連，解釋了為何魯拉在2021年3月出獄時，以高人氣復出政壇。魯拉因為貪汙罪嫌入獄，但因為相關裁決被認定有瑕疵，相關判決後來遭到撤銷。

無庸置疑地，2022年10月的總統大選將決定巴西未來的去向[1]，這會是一場波索納洛和前總統魯拉的對決。同樣是治理巴西，波索納洛和魯拉的風格卻南轅北轍。

巴西與世界

巴西沒有能耐在南美洲大陸以外的區域施展軍力，不過，由於經濟蓬勃發展的緣故，巴西作為一個新興國家，在國際上扮演的角色愈發活躍，在南美洲地區亦然。巴西的外交影響力伴隨著文化軟實力的加乘，來自音樂、舞蹈、影集和嘉年華的文化傳播，當然還有國民運動——足球。

亞馬遜森林：
不可逆的毀壞／退化？

亞馬遜森林廣大遼闊，面積超過5500萬平方公里。亞馬遜森林分屬九個南美洲國家，包括巴西在內，涵蓋巴西40%的國土面積。亞馬遜森林礦產資源豐富，蘊藏金礦、鋁土礦、錫礦、鐵與銅，林木資源也非常豐饒。而且，如果經過砍伐，亞馬遜森林還能提供寬闊的畜牧用地。亞馬遜森林的開發，開始於19世紀中葉。不過，要到1960年代，亞馬遜森林才真正成為開發政策和大型國土開發政策的囊中物。廣大的密林一經過道路的穿刺，像是泛亞馬遜公路（Trans-Amazonian Highway）的開通，串連大西洋海岸跟秘魯，不但促成林地開發，也加速這個區域跟全國的整合。1970年代，巴西政府想要解決農地不足的問題，讓東北部沒有土地的過剩人口移入亞馬遜，進行拓墾。拓墾亞馬遜讓該區變成農牧用地，拉低原有的生物多樣性。不過，造成亞馬遜森林退化的因子，還有都市發展以及因為土壤流失和礦業廢料造成的植被減少。亞馬遜森林退化的程度難以評比，因為森林規模龐大而且非法活動（如淘金與珍稀林木盜伐）猖獗，讓土地監控無法落實。最近，根據亞馬遜地理屬性社會環境資訊網（RAISG）的估計，從2000年到2018年間，亞馬遜森林消失的面積足足等於一整個西班牙（51萬3000平方公里）。波索納洛上臺之後，情況更是雪上加霜，因為波索納洛政府大興農業，鼓勵森林開發，毀林焚林頻頻，引發全球抗議聲浪。在兩年內，亞馬遜毀林增加了50%。巴西有許多非政府組織擔憂，巴西正穿過一個無法回頭的節點，將亞馬遜森林推向無法挽救的處境，把茂林夷為草原。

2021年1月，巴西原住民酋長郝倪‧麥修戴爾（Raoni Metuktire）向國際刑事法庭以「反人道罪行」控告巴西總統跟政府，因為他們迫害亞馬遜原住民人口。

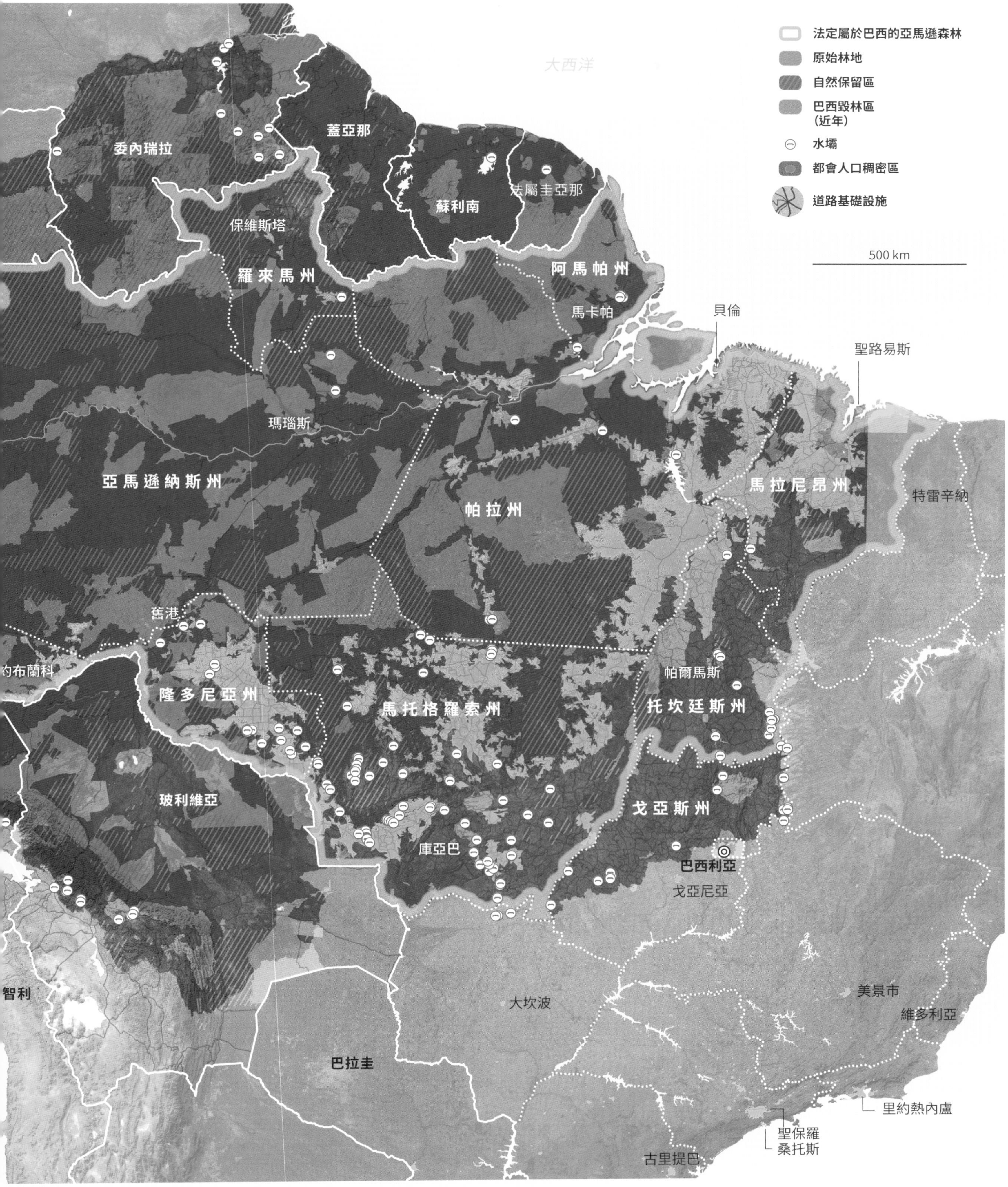

大西洋

委內瑞拉

蓋亞那

蘇利南

法屬圭亞那

保維斯塔

羅來馬州

阿馬帕州

馬卡帕

貝倫

聖路易斯

瑪瑙斯

馬拉尼昂州

特雷辛納

亞馬遜納斯州

帕拉州

舊港

約布蘭科

隆多尼亞州

馬托格羅索州

帕爾馬斯

托坎廷斯州

玻利維亞

庫亞巴

戈亞斯州

巴西利亞

戈亞尼亞

智利

大坎波

美景市

維多利亞

巴拉圭

里約熱內盧

聖保羅
桑托斯

古里提巴

法定屬於巴西的亞馬遜森林

原始林地

自然保留區

巴西毀林區
（近年）

水壩

都會人口稠密區

道路基礎設施

500 km

目的地
8

提華納

關於這座分隔美國與墨西哥的城市，作家哈維爾·瑟爾卡斯（Javier Cercas）曾用這段話描述：「也許，就是在提華納這個邊境檢查站，每日穿越的人次在世界五大洲保持領先的記錄。在那裡，悲慘的世界和繁榮的世界發生實體接觸，直白劇烈。在新的地緣政治層面上，提華納有點像查理檢查站[1]，只是南北的兩極世界取代了東西對立。」

川普政府打著「美國優先」的口號，承諾要在美墨邊境修築大名鼎鼎的圍牆，將會成為川普執政時期的標記。為了和前任總統切割，新任美國總統拜登中止圍牆的工程，並且宣布從2021年2月起，美國將會讓受理移民申請的行政程序更人性化。在野的共和黨陣營則譴責這項移民的新政策，說這根本會讓美國圇圇吸入南美洲的移民潮。提華納的為人詬病之處，在於它長期是組織犯罪的溫床。這個處境在墨西哥司空見慣，也驅使人去探究墨西哥的歷史，位處富強美國的門外，有何脈絡。墨西哥在建國之初，就奠基在不平等的社會觀念基礎上，而且也未曾成功建置出一套民主的國家機器，有效制衡卡特爾（cartel，販毒集團）[2]勢力。

Covid-19疫情更讓販毒網絡有機可乘，讓原本就脆弱無比的國家組織紊亂，完全暴露國家效能何其低落。這是為何我們會在墨西哥見到種種令人匪夷所思的畫面，例如毒梟發放醫療救援物資和食品給民眾。在墨西哥這個國度，販毒集團和系統性暴力無法無天，國家尚未找到有效的治理方式，讓墨西哥享受諸多價值難以抹煞的資產，包括跟美國的近水樓臺之勢、石油、觀光業及文化遺產等等。即便如此，墨西哥現任總統安德烈斯·歐布拉多（Andrés Manuel López Obrador）仍將自己定位成拉丁美洲新左翼政權的翹楚，畢竟左派政府在諸多國家的選舉中獲得勝利，像是玻利維亞、秘魯、智利、阿根廷、宏都拉斯及哥倫比亞。

墨西哥
販毒集團與暴力的重擔

⇨ 脆弱的混血國度

墨西哥位處北美洲，北衛美國，南接中美洲的貝里斯和瓜地馬拉。墨西哥國土遼闊，面積有1900萬平方公里，幾乎是法國的四倍，位居世界兩大洋的中間，隔著墨西哥灣和加勒比海東迎大西洋，西濱太平洋。

墨西哥是聯邦制國家，人口有1億2700萬人，主要語言是西班牙文（90%），信奉天主教。墨西哥約有1500萬人具有美洲印第安血統，來自超過40個族裔——包括納瓦人（Nahua）、馬雅人（Maya）、薩波特克人（Zapotecs）、惠喬爾人（Huichol）、索西族（Tzotzil）以及塔拉烏馬拉人（Tarahumaras）。他們主要居住在南部，尤其是恰帕斯州（Chiapas）、瓦哈卡州（Oaxaca）和尤卡坦州（Yucatán）。墨西哥有著豐富的歷史，脈絡牽連印第安與西班牙文化。可是，墨西哥欠缺民族國家的統合，原住民佃農曾在1910年發起革命，原住民人口受到的歧視從來沒有因為時間而消散。墨西哥在1821年獨立，卻始終是個脆弱的國家。在19世紀，墨西哥受到歐洲諸國的覬覦，接著，北美鄰國也對它虎視眈眈；今天，在墨西哥興風作浪的，則是販毒集團。

⇨ 墨西哥市，墨西哥歷史的縮影

光是墨西哥的首都——墨西哥市——就聚集了超過2500萬名居民。在規模上，墨西哥市是世界上數一數二的大都會。墨西哥市由於人口量體龐大，主導全國政治、經濟及文化走向，這也是早先曾受西班牙殖民的結果。在神話中，墨西哥市的創立源自阿茲特克人在1325年遵從戰神維齊洛波奇特利（Huitzilopochtli）的預言，在特斯科科湖（Texcoco）建立了稱為特諾奇提特蘭（Tenochtitlan）的城邦。在預言中，建邦之地會有一隻老鷹棲身在仙人掌上，吞噬一條蛇。今天，墨西哥國旗正中央的徽記就是這個圖像。1521年，經過三個月的圍困，阿茲特克帝國備受推崇的首都淪陷了，臣服於西班牙征服者埃爾南·寇提斯（Hernan COrtès）。寇提斯將都城夷為平地，為的是要替名為新西班牙（New Spain）的總督轄地建都。1821年，這個地方脫離西班牙統治，獨立建國為墨西哥。墨西哥的地理位置是一座高原的中央，衛接乾旱的北部和熱帶的南部，是筆難能可貴的資產。1910年，墨西哥曾經爆發武裝農民揭竿起義，領導者是艾米利亞諾·札帕塔（Emiliano Zapata）。起義以失敗告終，事後，政治與金融的領導階層在墨西哥的權力

1848年
割讓領土

1853年
割讓領土

1845年
割讓領土

加利福尼亞灣

墨西哥灣

墨西哥

太平洋

1823年墨西哥國土　　　400 km

從建國之始便脆弱不已

墨西哥在1810年9月16日宣布獨立，但西班牙一直到1821年才承認墨西哥獨立。很快地，墨西哥弱態畢露，受到歐洲列強覬覦。舉例來說，從1862年到1867年間，拿破崙三世領導的法國曾想在墨西哥建立一座帝國，結果失敗。1848年，墨西哥強大的北方鄰國讓它喪失幾乎一半的領土，也就是德州、新墨西哥州、亞利桑那州與加州。

得到了鞏固，窮困的農民處境惡化，遷移到馬德雷山脈（Sierra Madre）的山區。

⇨ 在強大鄰國的陰影之下

墨西哥是世界第15大經濟體，也是個新興國家，在拉丁美洲則是第二大經濟體，僅次於巴西。墨西哥的主要資產是能源、觀光資源以及比鄰世界第一大經濟體——美國的地理位置。

墨西哥南部擁有豐沃的海洋石油資源，位於坎佩切海灣（Gulf of Campeche）外海，由國營的墨西哥石油公司（Pemex）開採。墨西哥灣沿岸的地區原本以農業為主，因為開採石油的緣故，開始發展煉油及石油化工產業。坦皮科（Tampico）跟阿爾卡斯港（Cayo Arcas）就是這樣的例子，如今，它們都是墨西哥主要的輸油站。

可是，墨西哥的經濟高度仰賴隔壁的大國。美墨邊境綿延3200多公里，從1960年代起，兩邊就開始發展互通美墨的城市。墨西哥的加工出口工廠在西班牙文中稱為maquiladora，促進了墨西哥北部的工業發展，也讓整個國家轉型成北美產業的代工區，以低廉的工資和稅務優惠（關稅及其他方面的稅賦減免）吸引外資。就這樣，一種頗具原創性的新型產業模式就在美墨兩國的邊境成

形。在汽車、織品及電子產業中，美國公司多為發包廠商，而墨西哥的企業行號則多為承包業者，以比美國至少低廉三倍的人力薪資組裝成品。然後，產品會從格蘭德河（Rio Grande）的另一端重新出口。

墨西哥的出口貨品有八成輸往美國。這樣深層的依賴經濟解釋了為什麼墨西哥和美國組成自由貿易共同市場，例如《北美自由貿易協定》。《北美自由貿易協定》在1994年生效，經過川普政府在2020年重新談判之後，新版的協定名為《美國－墨西哥－加拿大協定》，理應會對「美國勞工」更為有利。拜登總統希望儘速落實這份協定，目的是要和國際夥伴重建同盟關係。

在觀光方面，墨西哥也是深受美國人喜愛的目的地。墨西哥的坎昆（Cancún）和所屬地區就是最佳案例。坎昆座落在尤卡坦半島（Yucatán）末端，以海灘和奇琴伊察金字塔（Chichén Itzá）或是帕倫克（Palenque）兩處的馬雅文明遺址名聞遐邇。每年，觀光業能讓墨西哥進帳200億美元，是墨西哥全國第三大產業。

墨西哥最大的外匯來源，來自在美墨人轉回的資金。約有3600萬名墨西哥裔的人在美國生活，每年匯回墨西哥老家的資金總額將近300億美元，在西班牙文中叫做remesas。墨西哥對美國的依賴，首要是收入上的依賴。

墨西哥對美國可說是近水樓臺，因此衍生出的經濟發展形式，卻沒能弭平墨西哥社會內部嚴重的不平等。而且，Covid-19的疫情更加劇了這個情勢。在墨西哥，貧窮的人有5300萬名，占總人口的43%。在這個弱勢族群中，有一部分的人淪為販毒集團的徭役奴工。畢竟，墨西哥在毒品市場中舉足輕重，鄰國美國作為精神藥物的主要消費者，墨西哥自然變成美國的主要供應者。

⇨ 毒品交易氾濫

販毒集團的首腦叫作capo，組織的營運牽涉金融和軍事領域，例如販毒集團會在美國採購軍火。在歷史上，販毒集團以山區為據點——諸如索諾拉州（Sonora）、錫那羅亞州（Sinaloa）、米卻肯州（Michoacán）

都會人口稠密區
■ 居民超過500,000人
■ 居民介於50,000～500,000人之間
---- 聯邦國界
● 石油礦藏
△ 汽車工業都市

400 km

以及格雷羅州（Guerrero）——利用地形作為屏障，而且墨西哥政府往往對山區鞭長莫及。販毒集團控制整個毒品生產鏈，從大麻的生產到出口美國，一條龍包辦。他們仰賴窮困農民的耕作，因為他們一貧如洗，情願替販毒集團種植大麻，而且確保運送過程順暢無虞。

1970年代，許多販毒集團在草創初期盤據索諾拉、杜蘭戈（Durango）及錫那羅亞三州的偏遠山區，形成出名的「金三角」。巴迪拉瓜托（Badiraguato）位於金三角地帶的核心，此處便是著名毒梟華金・古茲曼（Joaquín Guzmán）——人稱矮子古茲曼（El Chapo）的據點。在那裡，幾乎人人都為毒品產業工作，不是直接相關就是間接相關，包括栽種、運輸和各種人力支援。

每年，墨西哥產出的大麻估計在7000至1萬噸之間。在上述這些破落的弱勢地帶，種植煉製鴉片用的罌粟非常盛行。一旦原料植物被製成海洛因，就會被送到芝加哥、紐約、休士頓或是洛杉磯的街頭兜售。同時，

墨西哥也有研製合成毒品的地下實驗室，產品包括安非他命、甲基安非他命以及抗焦慮藥物，標的市場始終瞄準美國。墨西哥毒品交易也會從亞洲進口新型毒品。

更值得一提的是，為了要將古柯鹼從哥倫比亞運往美國，墨西哥成為不可或缺的調車轉盤。古柯鹼是市場肥羊，但是哥倫比亞毒販對此卻掌控不周，眼看同行執行不力，墨西哥毒梟便趁機大撈一筆：他們以每公斤1500美元的價格在哥倫比亞購古柯鹼，到格蘭德河轉賣時，價格翻漲至每公斤1萬5000美元。等毒品賣到美國大都會時，價格已經竄到每公斤9萬7000美元。每年，墨西哥毒品帝國運毒能帶來至少200億美元的收入，和觀光業的收入不相上下。

⇨ 墨西哥政府軟弱無能
墨西哥之所以販毒集團猖獗，跟政府的組織結構息息相關。在歷史上，墨西哥政府不是充斥獨裁政權，就是在施政上軟弱無能。這樣的情況加上墨西哥貧窮，而且有一部分的

墨西哥合眾國

1824年起，墨西哥是個聯邦制國家，包含32個州，定都墨西哥市。在這樣的制度之下，墨西哥各州首府逐漸成為區域發展的重心。舉例來說，我們能注意到瓜達拉哈拉（Guadalajara）的產業主軸是農糧和織品產業，而鋼鐵與汽車產業則為蒙特雷（Monterrey）的發展重心。尤卡坦地區（Yucatán）盛行觀光業，坦皮科（Tampico）則是石油重鎮。另外，美洲印第安人族群聚集在墨西哥南部，包含恰帕斯（Chiapas）、瓦哈卡（Oaxaca）和尤卡坦州。

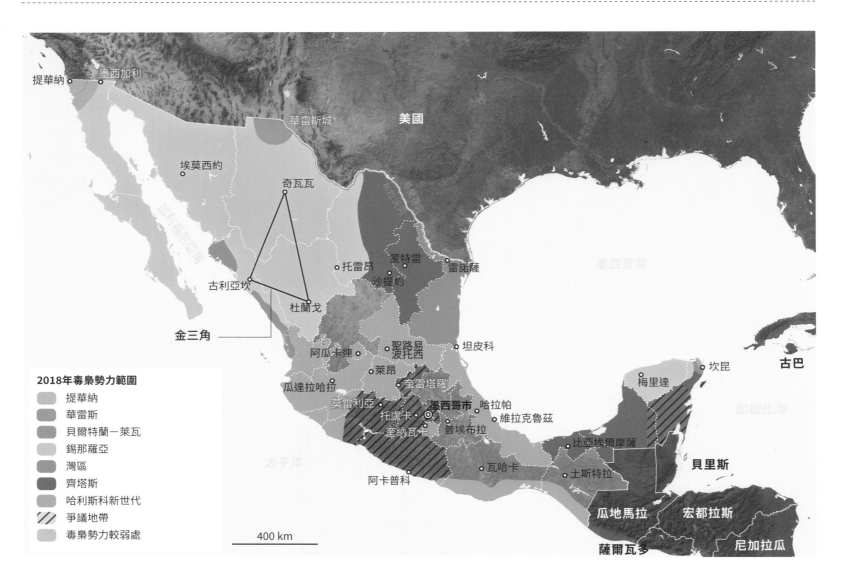

2018年毒梟勢力範圍
- 提華納
- 華雷斯
- 貝爾特蘭－萊瓦
- 錫那羅亞
- 灣區
- 齊塔斯
- 哈利斯科新世代
- 爭議地帶
- 毒梟勢力較弱處

400 km

深受毒販疽害的國度

2020年底，墨西哥幾乎全境落入販毒集團的掌控。東北部的販毒集團巨頭包括提華納、華雷斯、貝爾特蘭－萊瓦（Beltrán-Leyva）旗下的集團，長期在錫那羅亞活動的集團也不容小覷。在墨西哥東部，則有灣區集團和脫離組織單飛的齊塔斯（Los Zetas）作為其勁敵，齊塔斯以手段毒辣聞名，其創始人包括掃毒特種部隊的成員。至於在墨西哥中部，最強勢的集團是哈利斯科新世代販毒集團（Jalisco New Generation Cartel），它不斷攻城掠地，勢力範圍持續成長。

地區及人口族群遭到邊緣化，讓政治圈跟毒販有大好機會狼狽為奸。墨西哥革命制度黨（PRI）統治墨西哥長達71年，曾經樹立威權政府，酬庸行徑連連，而且貪汙腐敗。表面上的民主體制讓毒梟勢力有機可趁。2000年，革命制度黨政權垮臺，迎來了右派反對黨執政，卻助長了毒梟在全國的威勢，因為國家權力在某些地方出現真空，讓販毒集團介入地方政治生活以及國家機器的運作。

今天，販毒集團的金流像毒疽一樣，深植墨西哥的政治體系，從警政、國軍、司法、公務員、政務官及地方首長，無所不在。毒梟能在各個層面買到關係，共謀利益。於是，法治國家的原則在墨西哥蕩然無存。

⇨ 掃蕩受到利用的毒梟勢力
2006年，國家行動黨（PAN）候選人菲利佩‧卡德隆（Felipe Calderón）經過一場激烈膠著的選戰，當選墨西哥總統。卡德隆

只以0.6%的得票率險勝左派對手。卡德隆政府無非就是因為低空飛過取得政權，使正當性顯得不足。在位期間，卡德隆大力掃毒，行事卻欠缺準備，尤其罔顧了大麻栽種者的社會配套措施，一舉和販毒集團正面交鋒。在掃毒期間，墨西哥境內許多地區動員的士兵約有5萬名，瞄準集團首腦和負責運毒的相關人士。緝捕毒梟的行動廣受媒體報導，萬眾矚目，矮子古茲曼就是範例之一。古茲曼是錫那羅亞州販毒集團的前首腦，他一落網，造成許多販毒集團勢力衰退。但是，拔除大毒梟也引發了暴力且致命的連鎖反應，因為群龍無首的情況讓販毒集團意圖乘機拿下陷入窘境的對手，進而互相殘殺。

就算有美國緝毒局（Drug Enforcement Administration，DEA）的協助和華盛頓當局出資現代化軍備，墨西哥政府的掃毒大戰，實際上敗績慘不忍睹。墨西哥掃毒行動過了數年，全國命案四起，血流成河。在十餘年間，墨西哥黑幫與平民百姓的不平等對戰造

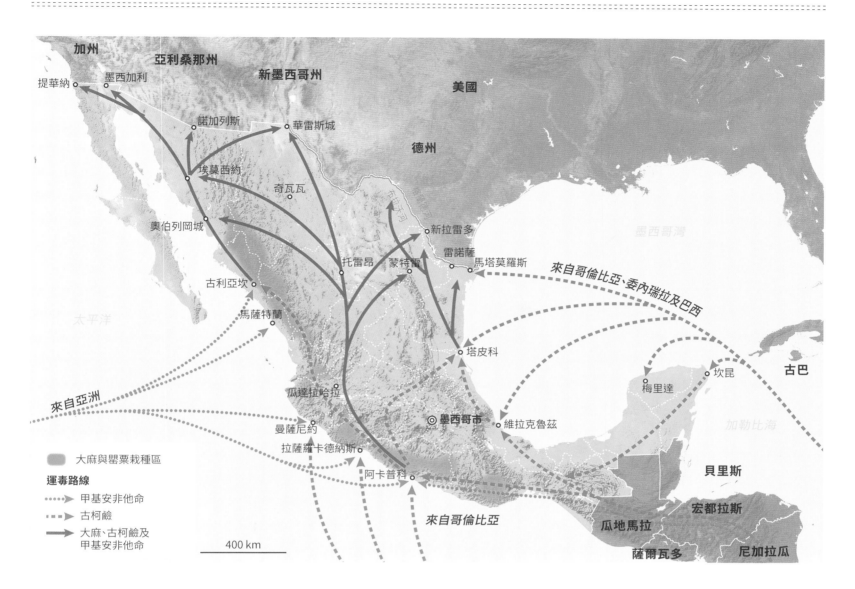

成20萬人喪生，至少3萬人消失。軍警原本的用意是要維持安全秩序，但在今天，卻更常和毒販結黨營私，讓竊盜、擄人勒贖甚至是兒童販賣在墨西哥屢見不鮮。在地球上，墨西哥成為暴力最泛濫的國家之一。

⇨ 邁向新時代？

不幸地，雖然左派候選人歐布拉多（簡稱為AMLO）在2018年7月當選墨西哥總統，卻沒能壓制國內的毒品暴力問題。新任總統的施政方針有顯著的社會關懷，透過資源的重分配來改善弱勢族群的處境，並且決意打擊貪腐的積習，也對掃毒提出新的策略。掃毒新政的戎馬性格稍低，而是以治本為出發點，直搗問題根源，也就是透過強化國家效能、實施司法與警政改革，以便降低國家內部的不平等。即便如此，Covid-19疫情（墨西哥致死率排行世界第三）迫使AMLO要指揮防疫的應變政策，讓打擊販毒集團暴力的新政力不從心。

這樣的決策衍生出一種矛盾的現象，由於墨西哥動員軍隊執行防疫任務，使販毒集團逍遙法外，時常填補國家應接不暇而出現的空缺。防疫期間，販毒集團對窮人發放民生物資，籠絡人心，在社會基層深耕，藉此獲取新的忠誠。2020年底，華盛頓當局指控墨西哥前國防部長薩爾瓦多·西恩福戈斯（Salvador Cienfuegos）涉嫌販毒，最後因為執法涉及主權問題而撤銷指控。對於公權力面對毒梟有多少能耐，此事打上大大的問號。

無論如何，墨西哥在2022年4月針對總統是否去留發動公投，AMLO在低迷的投票率中獲得勝利，得以留任。畢竟，墨西哥人感激他顯著提升最低薪資，而且也在疫情期間全程保持邊境開放，限縮疫情對觀光業的衝擊，因為觀光是墨西哥的經濟命脈。

墨西哥：
通往全球最大毒品
消費國的中繼站

如果墨西哥能被視為毒品交易的樞紐，那是因為墨西哥販毒集團在1990年代成為哥倫比亞毒品生產者的仲介。當時，哥倫比亞政府在美國緝毒局的協助之下，掃蕩美德因（Medellín）的毒販，削弱其勢力。

巴拿馬：新絲路航線的關鍵地帶

在拉丁美洲，中國的勢力與日俱增。透過和巴西、委內瑞拉和阿根廷等國促成貿易鏈結，北京當局穩固了策略性資源的供給，包括石化燃料、礦產資源及糧食等，此舉不但能滿足內需，也可以替中資開拓新市場。今天，中國對加勒比海國家——尤其是巴拿馬運河周邊諸國——特別感興趣，因為巴拿馬運河是中美貿易的海運幹道。在十年之間，中國成為這個地區不可或缺的經貿和金融夥伴。根據聯合國拉丁美洲和加勒比經濟委員會（ECLAC）的統計，從1990年到2017年，對中國貿易額從100億美元攀升到2660億美元，和美國對該區諸國的貿易總額處於伯仲之間。除了貿易之外，中國借貸給該區國家的金額也雙倍成長，因為西方國家的發展型銀行在此時借給次大陸（subcontinent）的錢反而逐年遞減。繼2017年的巴拿馬之後，厄瓜多、古巴和智利也在2018年間紛紛靠向中國，為的是要在新絲路的願景中分一杯羹。可是，北京沒能說服拉丁美洲的經濟強權向中國靠攏。鑑於美方對中資借貸的透明性和成為中國債務國的後果提出批判，巴西、阿根廷與墨西哥無疑受到這份批判的影響，沒有跟進。眼看中國巨人涉足加勒比海地區，司馬昭之心不言自明，華盛頓當局不是滋味，生怕1823年門羅主義（Monroe Doctrine）賦予美國在傳統上享有的勢力範圍受到攪擾，緊盯該區動態。巴拿馬運河自然是其中關鍵，自從它在20世紀初開通以來，便一直是美國對外貿易的策略要道。

開通巴拿馬運河的構想，來自19世紀末一位名叫斐迪南・德・雷賽布（Ferdinand de Lesseps）的法國人。雷賽布因為開通蘇伊士運河而享有盛名。在施工期間，巴拿馬的營建權經過轉讓，由美國得手。1903年，美國先是承認巴拿馬獨立，並也讓哥倫比亞承認巴國獨立，最後在1914年完成巴拿馬運河的工程。這條77公里長的航道穿越巴拿馬海灣，連接太平洋、加勒比海和大西洋，在美國人眼中，是維繫內部經貿活動、通聯美國東西部各大港口必備的主動脈。巴拿馬運河讓紐約途經合恩角（Cape Horn）到舊金山的距離，從2萬2500公里減至9500公里。因此，巴拿馬運河深度改造了世界的海運和經貿樣態。今天，就算美國已在1999年12月31日將運河的主權移交給巴拿馬政府，巴拿馬運河仍是華盛頓當局一枚寶貴的棋子。

中國

日本

澳洲

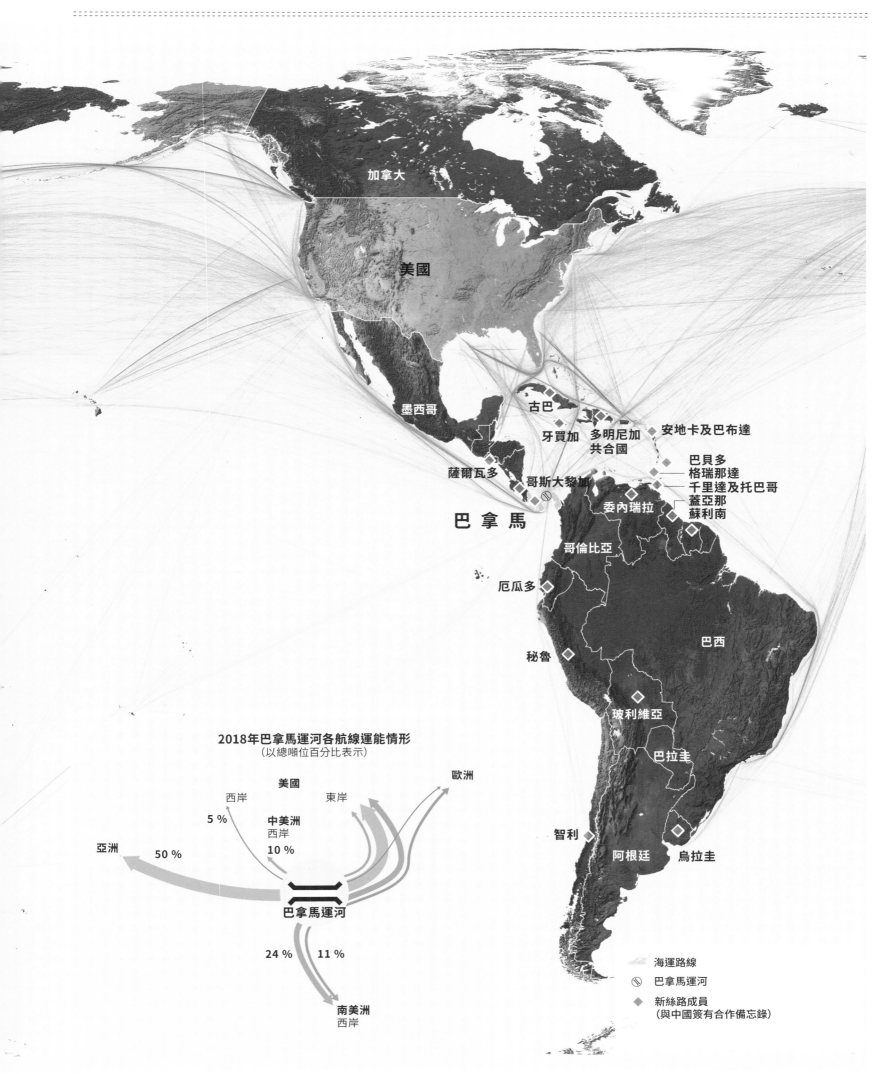

加拿大

美國

墨西哥

古巴

牙買加　多明尼加
共合國

安地卡及巴布達

巴貝多
格瑞那達
千里達及托巴哥
蓋亞那
蘇利南

薩爾瓦多

哥斯大黎加

委內瑞拉

巴 拿 馬

哥倫比亞

厄瓜多

巴西

秘魯

玻利維亞

巴拉圭

智利

阿根廷

烏拉圭

2018年巴拿馬運河各航線運能情形
（以總噸位百分比表示）

美國
西岸　　東岸

中美洲
西岸

歐洲

5 %

10 %

亞洲　　50 %

巴拿馬運河

24 %　11 %

南美洲
西岸

海運路線

巴拿馬運河

新絲路成員
（與中國簽有合作備忘錄）

目
的
地
9

蓬托菲霍

委內瑞拉境內的煉油廠不勝枚舉，這是其中一座。這個國家坐擁全世界將近18%的黑金礦藏，儲油量高過沙烏地阿拉伯。在查維茲主義（Chavism）[1]的領導之下，這份資源蘊含的潛力並沒有被善加利用。查維茲主義指的是委內瑞拉左派的威權體制，這個體制讓委內瑞拉負債累累，通貨膨脹指數節節攀升，不但物資短缺，還讓貧窮經年累月成為委內瑞拉的地方病，引發大量的移民出走潮。

委內瑞拉的現任總統尼古拉斯‧馬杜洛（Nicolàs Maduro）是查維茲主義的繼承人。經過2018年的爭議選戰之後，他的政權受到對手胡安‧瓜伊多（Juan Guaidó）的挑戰。瓜伊多批判當政者威權治國的本質，倡議委內瑞拉要步入民主的新時代，這個立場受到華盛頓和歐盟的支持。於是，拜登總統和卡拉卡斯當局斷絕外交關係[2]，並對委內瑞拉實施石油禁運制裁，希望能藉此加速當前政府的垮臺。

然而，烏俄戰爭改變了這個局勢。西方國家為了不再變相金援「克林姆林宮發動的戰爭」，矢志終結對俄羅斯石化燃料的依賴，並且抑制石油價格飛漲，開始和馬杜洛重修舊好，宛如一場重沐恩寵的復出。根據《紐約時報》2022年3月5日的報導，美國低調派遣高官代表團前往卡拉卡斯（Caracas）談判，研擬局部放寬對委內瑞拉制裁的方案。另外，包括美商雪佛龍（Chevron）、義商埃尼（Eni）及西班牙睿燦（Repsom）在內的石油公司皆獲得授權，獲准將委內瑞拉石油輸往歐洲大陸。

這對馬杜洛來說根本是喜從天降，儘管他公開支持俄羅斯出兵烏克蘭。可是，這位委內瑞拉的元首心知肚明，近十年來國家發展停滯，如果他無法帶領國家走出不景氣，還貪戀執政大位，根本是異想天開。

委內瑞拉
重沐恩寵的復出？

⇨ 石油與社會主義

在委內瑞拉，不能不認識兩個人，也就是烏戈‧查維茲（Hugo Chávez）以及西蒙‧玻利瓦（Simón Bolívar）。從1999年到2013年，查維茲領導委內瑞拉，發起名為「玻利瓦社會主義革命」（Bolivarian socialist revolution）的運動，和革命家玻利瓦遙相呼應。在19世紀，玻利瓦對南美洲脫離西班牙的殖民統治，有極大貢獻。因為他的緣故，委內瑞拉正式的名稱是「委內瑞拉玻利瓦共和國」（Bolivarian Republic of Venezuela）。

查維茲期許自己成為「21世紀社會主義」的理論家，奠基於參與式民主，以軍隊和石油壯大聲勢。可是，委內瑞拉當前的處境慘不忍睹，充斥飢餓問題，流行病肆虐，包括瘧疾和Covid-19，而且還頻頻鎮壓社會運動。在2020年由非政府組織「自由之家」（Freedom House）公布的世界民主與自由國家排行榜中，委內瑞拉跟2016年的排名相比，下滑了19個名次。

⇨ 彩虹民族

委內瑞拉座落於南美洲東北部，安第斯山脈北端的盡頭，北望加勒比海，奧里諾科河（Orinoco）向南延伸，穿入一望無際的亞馬遜叢林。委內瑞拉國土遼闊，面積有91萬平方公里，和法國、德國不相上下，目前估計有3100萬人。

委內瑞拉主要信奉基督教，在民族構成上像是一道彩虹。委內瑞拉人口有超過一半都是混血，混合西班牙與葡萄牙殖民者、非洲奴隸及印第安人，總人口有42.5%是白人，3.5%是黑人，而美洲印第安人只占2.5%。委內瑞拉九成以上的人口集中在都市，包括首都卡拉卡斯和其他沿海大城，諸如馬拉卡波（Maracaibo）、瓦倫西亞（Valencia）和馬拉凱（Maracay）。委內瑞拉人口除了群聚都市的特質，也十分年輕，超過一半小於25歲。委內瑞拉的教育也非常普及，根據聯合國兒童緊急救援基金會〔UNICEF，今為聯合國兒童基金會（The United Nations Children's Fund）〕的統計，將近92%的委內瑞拉人受過小學教育，在南美洲名列前茅。

⇨ 黑金，是資產還是負荷？

委內瑞拉人口之所以集中在北部，一方面是因為人口沿著海岸發展，另一方面是因為1914年人們在委內瑞拉東北部發現了石油。石油，是委內瑞拉的經濟命脈。委內瑞拉的石油礦藏高居全世界儲油量的17.6%，領先沙烏地阿拉伯（15.6%）和加拿大（10%）。

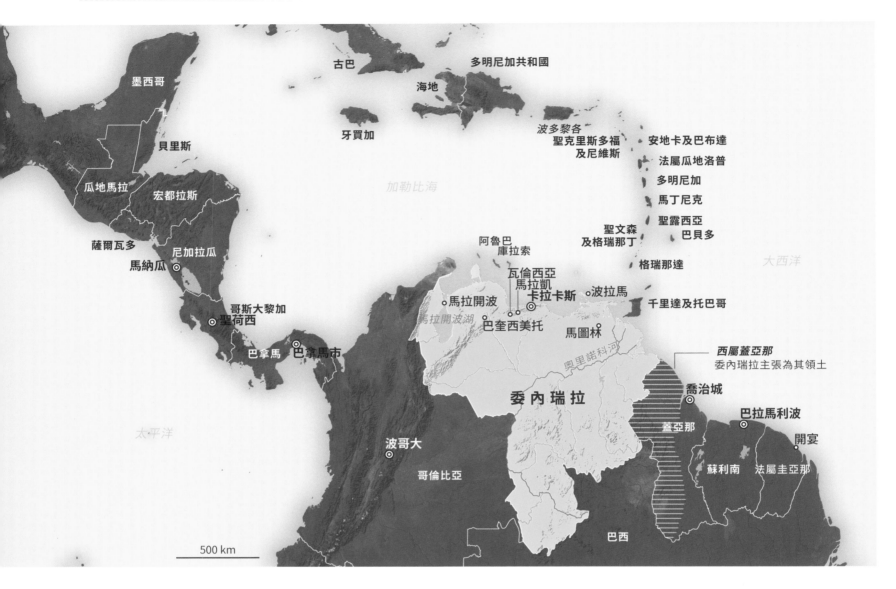

古巴

多明尼加共和國

海地

墨西哥

牙買加

貝里斯

波多黎各
聖克里斯多福
及尼維斯

安地卡及巴布達

法屬瓜地洛普

瓜地馬拉

宏都拉斯

加勒比海

多明尼加

馬丁尼克

聖露西亞

聖文森
及格瑞那丁

巴貝多

薩爾瓦多

尼加拉瓜

馬納瓜

格瑞那達

大西洋

阿魯巴
庫拉索

哥斯大黎加

瓦倫西亞
馬拉凱
卡拉卡斯

波拉馬

聖荷西

馬拉開波

千里達及托巴哥

巴拿馬

巴拿馬市

馬拉開波湖

巴奎西美托

馬圖林

奧里諾科河

西屬蓋亞那
委內瑞拉主張為其領土

委內瑞拉

喬治城

巴拉馬利波

蓋亞那

開宴

太平洋

波哥大

蘇利南   法屬圭亞那

哥倫比亞

500 km

巴西

「美洲威尼斯」

委內瑞拉位處南美洲大陸的東北角,海岸線長達2800公里,連接加勒比海。馬拉開波湖(lac Maracaibo)其實算是個巨大的海灣,是委內瑞拉命名的由來。克里斯多夫‧哥倫布的水手在馬拉開波湖附近見到有著干欄式建築的印地安村落,便管這個地方叫「委內瑞拉」(Venezuela,亦即「小威尼斯」的意思)。另外,奧里諾科河流經委內瑞拉許多地區,長達2140公里,穿入廣袤的亞馬遜叢林。

此外,委內瑞拉還是石油輸出國組織的創始國之一,該組織創立於1960年。

然而,石油的收益占委內瑞拉國民生產毛額的四分之一,讓委內瑞拉成也石油、敗也石油。國營的委內瑞拉石油公司(PDVSA)在全國經濟中舉足輕重,因為查維茲倡導的「社會契約」大大仰賴這份天賜厚禮的重新分配。這個社會制度讓國家得以施行教育計畫、對抗貧窮和救濟貧困的弱勢族群。查維茲的繼任者馬杜洛在2013年11月上任以來,持續推行這些政策。委內瑞拉的經濟坐吃豐厚老本,弊端恰恰來自對天然資源的仰賴。委內瑞拉的收入完全依賴石油,因為石油占委內瑞拉95%的出口貿易。委內瑞拉如此依賴石油,也因為它根本沒有發展其他領域的經濟,連將石油煉製為汽油的產業都沒有。煉油的事,統統交給委內瑞拉的主要對手和近年來的主要客戶——美國。2017年,官方說辭中所謂的「帝國主義洋基佬」買下了委內瑞拉39%的出口石化燃料,尾隨在後的大戶是中國(19%)、印度(18%)、新加坡(4%)和古巴(4%)。這些外匯收入讓委內瑞拉能向國外購買所有自己沒生產的消費品和器材設備。再一次地,美國作為委內瑞拉最大的貿易夥伴,占委內瑞拉進口貿易的四分之一,接下來是中國(14.5%)以及南美洲鄰國,包括巴西、阿根廷與哥倫比亞。

⇨ 失靈的機制

石油帶來的財富挹注委內瑞拉國庫,支付公務員體系的薪資,讓社會計畫得以運作。因此,委內瑞拉的國家預算高度依賴石化燃料的物價波動。油價低廉時,國家運作就會失靈;但如果每桶原油價格高於70美元,委內瑞拉想要繁榮,就不是問題。2008年,因為世界金融危機的緣故,油價曾經跌破這道大關,在2015年也有過同樣的情況,委內瑞拉便身陷經濟危機。

委內瑞拉錯在沒有多樣化跟現代化本國

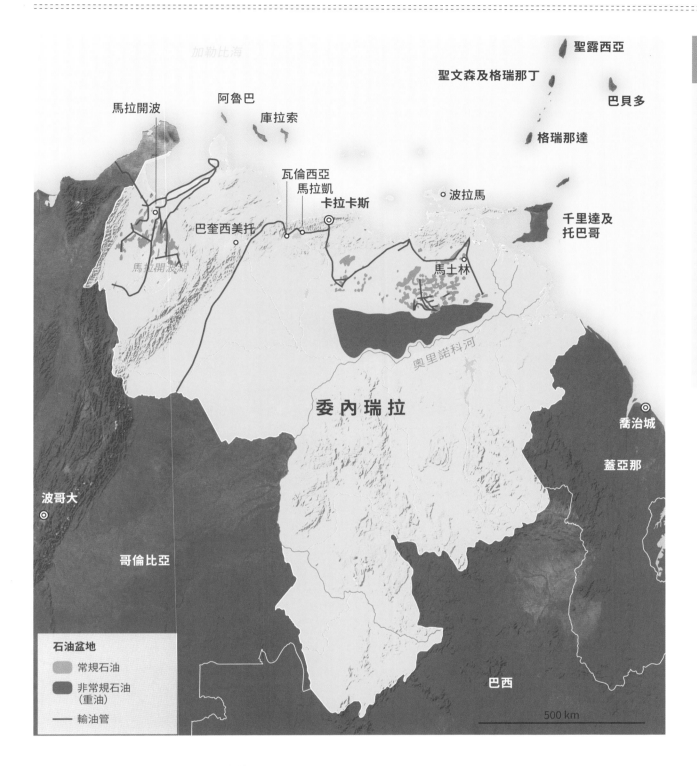

加勒比海

聖露西亞

聖文森及格瑞那丁

馬拉開波 阿魯巴 巴貝多

庫拉索

格瑞那達

瓦倫西亞
馬拉凱 波拉馬

卡拉卡斯

千里達及
托巴哥

巴奎西美托

馬拉開波湖

馬土林

奧里諾科河

委內瑞拉

喬治城

蓋亞那

波哥大

哥倫比亞

巴西

500 km

石油盆地

　常規石油

　非常規石油
　（重油）

──　輸油管

完全依靠石油產業的經濟

石油是委內瑞拉主要的天然資源。自從人們1914年在委內瑞拉北部發現石油，便著手開採。同時，委內瑞拉西部也蘊藏石油。西部的馬拉開波湖一帶有著最早的一批常規油井，是全國獲利最高的開採區，但到了今天儲油量趨近枯竭。委內瑞拉中部則有廣大的重質原油開採區，必須從奧里諾科盆地的瀝青沙土中分離出來。這麼做會對環境造成嚴重的傷害。

的經濟型態，於是經濟嚴重蕭條。而且，開採石油資源的國營企業──委內瑞拉石油公司，管理成效不彰而且舞弊猖獗，外加投資不足，導致設備破敗老舊，產能一年不如一年。委內瑞拉石油公司原本每天產出3100萬桶石油，在20年間，績效降至每天96萬桶，其中有76萬桶要外銷出口。委內瑞拉之所以深陷經濟泥淖，石油產業經營不善，並非唯一的原因──馬杜洛的治國災難，也難辭其咎。由於國家大肆徵收地主、企業行號及銀行的財產，又因為經濟政策朝令夕改，讓無所適從的外資紛紛出走，這些點點滴滴都摧毀了委內瑞拉的經濟。

可想而知，委內瑞拉各項指標滿江紅──國民生產毛額大跌，超過四分之一的人口失業，通貨膨脹指數破紀錄，國內更有82%的人處於貧窮。在委內瑞拉，錢一文不值（根據國際貨幣基金的統計，委內瑞拉的通貨膨脹率2019年飆到八位數）。而且委內瑞拉物資匱乏，尤其缺少糧食及醫藥，因為它負債累累，再也無法大量進口物資。委內瑞拉醫療體系崩潰，各種傳染病諸如肺結核、瘧疾再度流行起來，到了2020年，更有Covid-19疫情火上加油，全國陷入前所未有的人道危機，造成大量的人口出走潮，外移到鄰近國家、歐洲和美國。最後，由於石油

加拿大
21 000

西班牙
19 000

美國
465 000

多明尼加共和國
115 000

墨西哥
100 000

阿魯巴
17 000

庫拉索
17 000

哥斯大黎加
30 000

千里達及托巴哥
24 000

委內瑞拉

巴拿馬
120 000

哥倫比亞
1 740 000

蓋亞那
23 000

厄瓜多
430 000

秘魯
1 050 000

巴西
260 000

玻利維亞
10 000

巴拉圭
5 000

烏拉圭
15 000

智利
460 000

阿根廷
180 000

2020年底
委內瑞拉外移人口

前所未見的移民危機

委內瑞拉的政治與經濟危機造成將近550萬人逃出境外，也就是說，根據聯合國難民署的統計，每六個委內瑞拉人中就有一個選擇逃出國門。目前有170萬個委內瑞拉人身處哥倫比亞，超過100萬名逃入秘魯。墨西哥、美國、加拿大和歐洲數國（以西班牙為最）也有收容委內瑞拉難民，為數可觀。這些難民是委內瑞拉活動力的來源，多數低於30歲。

價格下跌和減產的關係，委內瑞拉原本慣用的治國方法毀於一旦。委內瑞拉要償還外債，變得愈發困難。2018年，委內瑞拉估計欠1500億美元的債務，債權人多半是美國私人投資戶，包括退休或銀行基金。

⇨ 國家四分五裂

委內瑞拉的經濟危機引發了政治危機，讓以馬杜洛為首的領導階層和力主改制的反對勢力兩相對立。這個政治角力發生在2017年，馬杜洛政府的反對者發動大型示威，遍地開花。政府出動軍事鎮壓示威活動，在數月間，造成120人死亡，7000人左右受傷。

2018年8月，委內瑞拉總統證實，他是一場攻擊事件的受害者。他開除了數位政府高層官員，也透過一連串的經濟措施試圖化解危機。為了對抗惡性通膨，委內瑞拉貨幣——玻利瓦（bolivar）幣值刪去了五個零，最低薪資上調將近三倍，同時也調升石油價格。

結果，委內瑞拉社會分裂成兩個陣營，一邊是馬杜洛總統的支持者，他在2018年5月挺過一場受到在野黨杯葛的選戰，勝選連任，另一邊則是以胡安·瓜伊多為首的反對勢力，代表「人民意志黨」（VP），在2019年1月23日自行宣布為委內瑞拉「臨時總統」。當時，瓜伊多是全國代表大會議長，受到在野黨控制，瓜伊多承諾組成「轉型政府」，並推行「自由選舉」。瓜伊多立即受到許多國家的承認，包括美國、加拿大、歐盟國家，接著幾乎所有拉丁美洲國家（除了阿根廷、玻利維亞及蓋亞那之外）都紛紛跟進。

然而，瓜伊多沒能取得軍方的支持，於是他的支持者統統變成政府鎮壓的受害者，委內瑞拉全國動盪不安，社會嚴重分歧，因為掌權者和變革者互相拉鋸而撕裂。2020年12月，委內瑞拉舉辦民意代表大選，這次的選舉再度受到在野黨杯葛。在野黨以溫和的手段動員，對當權政府進行問政諮詢。在這次的選舉中，馬杜洛領導的「委內瑞拉統一社會主義黨」（PSUV）和同盟黨派組成的聯合政府贏得68%的選票，但投票率根本不到31%。因為委內瑞拉長處經濟和公衛醫療的危機，委內瑞拉人似乎更關心活下去的日常，任憑分裂的政治派系爭奪天下。

⇨ 委內瑞拉政權的敵人與朋友

在區域的層級，南方共同市場的成員國（包括巴西、玻利維亞、巴拉圭、烏拉圭和阿根廷）指控委內瑞拉違反民主原則，將委內瑞拉排除在組織之外。這樣一來，馬杜洛總統只剩下一位忠貞不渝的盟友，那就是位處加勒比海的古巴。2000年，古巴的卡斯楚政權和卡拉卡斯當局發起「以油換醫」的交換計畫。可是，由於委內瑞拉醫療前線日常處境艱困，致使不少派至當地的古巴醫事人員曠職未到，這樣的情形愈來愈多，讓委內瑞拉的醫療體系雪上加霜。

在國際上，以美國與歐盟為首的國家雖然承認瓜伊多自行宣布為臨時總統的身分，但並未承認2020年12月最近一場議會選舉的結果。美國更是對委內瑞拉祭出數項金融及政治上的制裁，並從2019年起禁運委內瑞拉

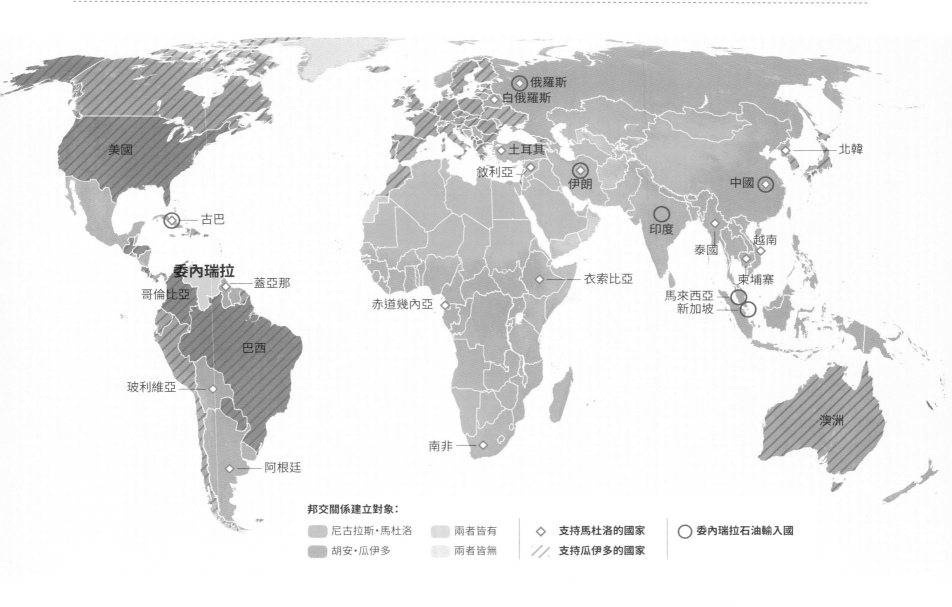

邦交關係建立對象：

尼古拉斯‧馬杜洛　　兩者皆有　　◇ 支持馬杜洛的國家　　○ 委內瑞拉石油輸入國

胡安‧瓜伊多　　兩者皆無　　╱╱ 支持瓜伊多的國家

石油，希望能拖垮馬杜洛的政權。

　　實際上，這代表委內瑞拉不但不能向美國（委內瑞拉主要客戶）出口原油，連使用美國銀行系統的其他外國客戶也無法跟委內瑞拉進行交易，這幾乎囊括石油領域所有大企業。

　　至於在歐盟，先前歐盟已經禁止對委軍售，還凍結多名委內瑞拉政府高幹的銀行帳戶，現在也施行多項制裁措施。2020年委內瑞拉議會選舉之後，歐洲宣布繼續支持舊有的委內瑞拉議會，認為選舉前一屆的議會是該國唯一以民主方式選出來的機構。此舉造成委內瑞拉和歐盟外交情勢緊張，並在2021年2月，歐盟駐卡拉卡斯大使撤離委內瑞拉。

　　不過，對美國和歐盟而言，烏俄戰爭讓局勢風雲變色。由於歐美決意停用俄羅斯石化燃料，為了維持供應，委內瑞拉石油變得不可或缺。馬杜洛總統原本在國際上眾叛親離，卻因此翻身，重獲重視。

⇨ 卡拉卡斯－莫斯科－北京軸心

在這樣的情況下，委內瑞拉還有兩個強大盟友可以依靠，那就是中國和俄羅斯。中俄各有理由支持一個公開反美的政權。今天，中國是委內瑞拉主要的債權國，對委內瑞拉投資或借貸超過500億美元，而且還款方式是直接獲得委內瑞拉讓渡出來的礦藏或油田。在油價走低之際，中國在委內瑞拉開採的原油數量愈來愈多，日趨可觀。這是這個世紀的國際政治趨勢之一，在美洲大陸（他處皆然），中國處處插旗埋樁。

　　Covid-19疫情肆虐期間，委內瑞拉跟中俄的盟友關係特別明顯。馬杜洛政權獲贈中俄製造的疫苗，分別是俄羅斯的衛星V疫苗（Spoutnik V）以及中國國藥疫苗（Sinopharm）。2021年6月，委內瑞拉還跟古巴訂購了1200萬劑新型疫苗，名為阿布達拉（Abdala）。那時，委內瑞拉全國疫苗施打率只有0.8%。

委內瑞拉的盟友有誰？

在經濟上，委內瑞拉依靠「美帝洋基佬」，到2019年之前，美國始終是委內瑞拉主要的客戶和提供者。2019年以後，因為美國禁運委內瑞拉石油，使得委內瑞拉必須尋求其他夥伴的支援。中國是委內瑞拉最大的債主，也是馬杜洛政權重要的臺柱之一。不過，隨著烏俄戰爭爆發，美國正在尋覓新的石油資源，這有可能讓委內瑞拉跟美國的關係回溫。

烏克蘭遭到入侵以來，
世上有1億人流離失所

根據聯合國難民署（UN Refugee Agency）的統計，全球目前有超過1%的人口流離失所，意思是他們為了躲避暴力、壓迫與戰亂，必須離開原本的家園。根據《世界人權宣言》（Universal Declaration of Human Rights）第14條，人如果遭受迫害，有權利尋求政治庇護，這是國際公認的人權。聯合國難民署的創立契機，是在第二次世界大戰之後，眼見歐洲出現大量的人口遷徙與流動，極需協助，於是設立這個機構，原本在運作三年之後便要關閉。

2021年底，全世界有8930萬人流離失所，其中有超過2700萬是難民，難民的意思是他們離開了原本的國境之外。在流離失所的人之中，多數其實是在原本國內「遷徙」（displaced，原意為「改變位置」、「異位」），約有5320萬人。這包括560萬巴勒斯坦難民，由聯合國近東巴勒斯坦難民救濟和工程處（UNRWA）專責救濟，另外還有440萬名逃出委內瑞拉境外的難民以及460萬名難民申請正在受理中（主要遷往西方國家）。不管是在境內流離失所或出逃境外，四成的難民年齡低於18歲。2021年底，世界上有超過三分之二的難民來自以下五個國家：敘利亞、委內瑞拉、阿富汗、南蘇丹以及緬甸。另外，還有其他地區的人民持續遭受威脅，像是剛果民主共和國、奈及利亞、葉門或是衣索比亞的提格雷地區（Tigray）。

2022年初，烏克蘭遭到入侵。根據聯合國難民署的調查，全球流離失所的人口超過1億人，也就是說，世界上每78個人裡面，就有一個要逃離家園。在這之中，有700萬名烏克蘭人在境內顛沛流離，680萬逃出境外，是1945年以來最嚴重的人口遷徙危機。

多數難民會到鄰國避難。提供難民收容服務的，多數是開發中國家。2022年初，主要的難民收容國離危機地區，近在咫尺，包括土耳其、哥倫比亞、巴基斯坦、烏干達以及波蘭，後者是烏克蘭難民的主要收容國。

在黎巴嫩，每八個人裡面就有一個是難民，是世界上難民與國民比例最高的國家〔扣除加勒比海的阿魯巴島（Aruba）；在阿魯巴島，每六個居民中就有一個是委內瑞拉人〕。在黎巴嫩，如果算入巴勒斯坦難民的數量，難民與國民比例就會變成一比四。在西方國家，德國在這方面非常突出，是世界上第三大難民收容國，境內有超過150萬名難民，主要來自敘利亞。

2020年以來，聯合國難民署除了提供難民人道救援，也因應新冠肺炎疫情，提供醫療救助，因為疫情對最為弱勢的人口族群傷害尤深，包括世界上因為流離而失根的人。

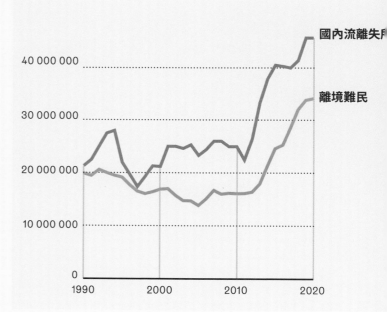

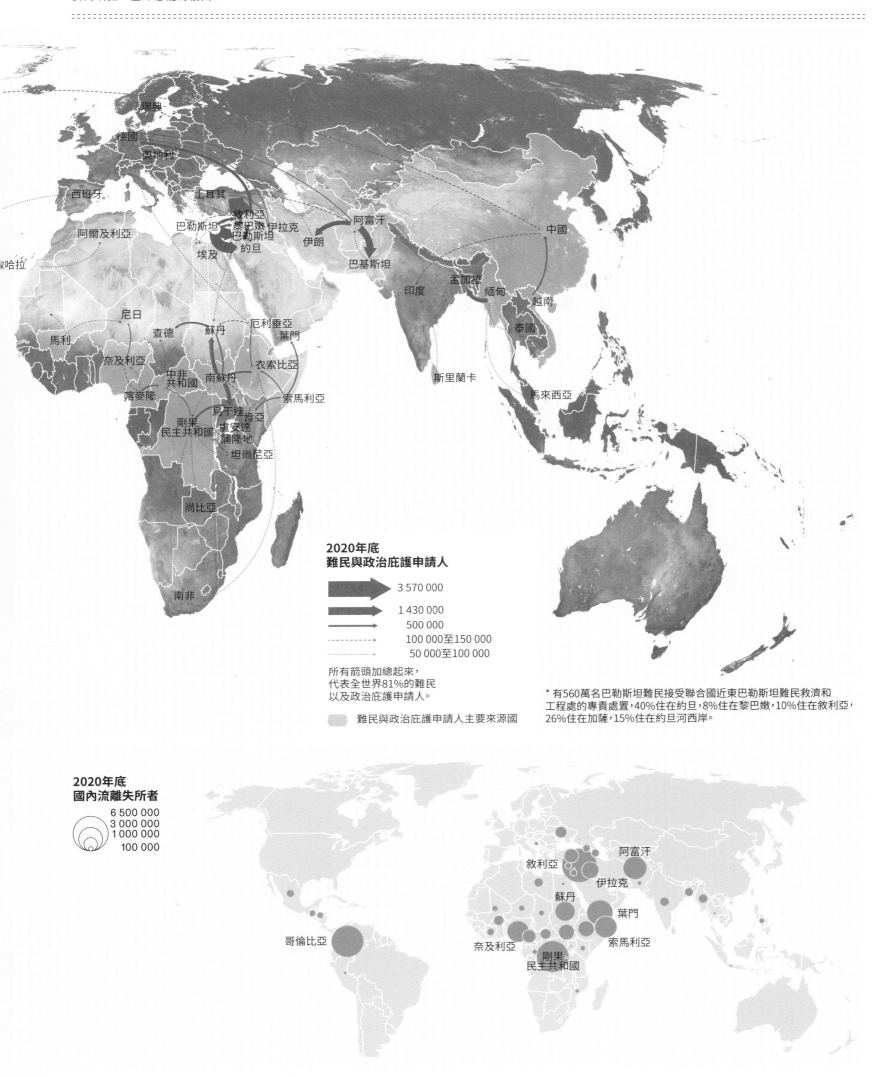

2020年底
難民與政治庇護申請人

3 570 000

1 430 000

500 000

100 000至150 000

50 000至100 000

所有箭頭加總起來，
代表全世界81%的難民
以及政治庇護申請人。

難民與政治庇護申請人主要來源國

* 有560萬名巴勒斯坦難民接受聯合國近東巴勒斯坦難民救濟和
工程處的專責處置，40%住在約旦，8%住在黎巴嫩，10%住在敘利亞，
26%住在加薩，15%住在約旦河西岸。

2020年底
國內流離失所者

6 500 000
3 000 000
1 000 000
100 000

III. 亞洲

未來世界
的中心

●

一直到2022年2月，俄羅斯入侵烏克蘭之前，專家學者注意到的趨勢，是國際關係的敏感地帶漸漸由西向東遷移。為了牽制中國的野心，美國的外交政策著眼於亞洲－太平洋地區的布局。

俄羅斯出兵烏克蘭之後，促使美國加重對歐洲大陸的經營，但它並不能對中國鬆懈警戒，因為中國公開和莫斯科當局表示友好。

當前的世界局勢處於多極角力的狀態，中俄兩個行為者皆希望這樣的局勢能逐漸去西方化。於是，從香港到臺灣，再到中國沿海，北京當局步步推展自己的霸權領域。此舉驅使該地區其他強權──從坎培拉、東京到新德里──紛紛找尋自身的定位。

北京

2022年6月23日，北京。在這天，中國主辦第14屆「金磚五國」（BRICS）高峰會。金磚五國創立於2011年，集結巴西、俄羅斯、印度、中國及南非。這場高峰會採線上進行，普丁也有在螢幕上亮相；這是烏俄戰爭爆發以來，他首度在國際高峰會的場合露臉。世界上仍有一大部分的國家持續和俄羅斯保持「交涉」，而且，金磚五國目前占有全球人民生產毛額的42%。

從俄羅斯出兵烏克蘭以來，習近平領導下的中國數度重申中方對俄羅斯的支持，拒絕在聯合國投票時譴責戰事，並再三肯定對中俄兩國的「友誼」。中國前任外交部長王毅更在2022年3月指出，北京與莫斯科當局兩方「合作前景廣闊」，友誼「堅如磐石」。中俄的共同利益，擺明了就是抵制美國在世界獨占鰲頭，重寫歷史和權利歸屬，將它們認為攸關國家安全的領土據為己有，一如烏克蘭之於俄羅斯，臺灣之於北京。不過，可別因為這樣就誤解了中俄關係的本質。假使莫斯科當局需要北京，為的是要彌補和歐洲關係破裂的缺失，諸如找到石化燃料外銷的買家，中方對俄羅斯友誼的依賴，並沒那麼重。

畢竟，中國非常現實。政治上，中國樂意支援俄羅斯；但到了經濟上，要是中國沒找到甜頭，便沒那麼積極地想要伸出援手。

中國
360度的全面權力欲

到了2022年春，習近平領導下的中國持續對抗Covid-19疫情，持續在「敘事戰」（Narrative Warfare）中衝鋒陷陣。這麼做的目的，是要展現中國共產黨政府效能高超，科興疫苗防疫有成，清零政策對症下藥。可是，計畫趕不上變化，而且中國有部分人口因為重新封城的實施手段蠻橫強硬，群起抗議。2022年下半年，第20屆中國共產黨全國代表大會即將上場，妥善防疫，是習近平的當務之急。

此外，中國透過建置新絲路，並對香港、臺灣及中國沿海地區加重壓力，在各方面鞏固其影響力，展現360度的全面權力欲，手段前所未見。中國夢想散布極權統治的典範，用經濟繁榮的承諾背書，濃妝掩蓋最黑暗的面向（例如對維吾爾少數族群的迫害），同時希望世界的價值去西方化。

⇨ 人口巨人

除了身為世界第二大經濟體，購買力平價指數（Purchasing Power Parity，PPP）更是從2014年起便領先世界，中國首先是個人口巨人，有14億人。這在歷史上源遠流長，從1800年起，中國人口便占全世界三分之一。同時，中國幅員遼闊，國土有960萬平方公里，分為22個省、四個直轄市（包含首都北京）、五個自治區（主要居民為少數民族）以及兩個特殊行政區（香港與澳門）。

中國的大，可見於國內景色氣象的變化萬千。大致上，中國能被粗分成乾燥的西部和肥沃的東部。西部有高原、沙漠和窪地，東部則以遼闊的沖積平原為主，孕育出中華

文化。中國東部只占國土總面積的40%，人口卻極為稠密，94%的中國人口聚居東部，主要分布在河海沿岸的大城。漢人在這樣的中國具有優勢地位，因為中國民族占比92%都是漢人。

⇨ 東部富裕且全球化，西部貧窮封閉

這些地理現象上的不均，其實有一部分是中國歷史造成的。中國的帝制形塑了政府體制的許多面向，一直到今日亦然，而帝制就誕生在中國的東部。一直要到清朝滿族的統治，乾隆離開所謂的「漢地18省」，也就是中國漢族聚居的中心，從1735年起東征西討，將邊陲等地包括滿洲、蒙古、突厥斯坦（新疆）、西藏、庫頁島（亦稱薩哈林島）以及福爾摩沙（今臺灣）納入帝疆。對許多中國人而言，這些區域本來就是中國的一部分。這也是為什麼從毛澤東掌權開始，共產中國便千方百計地要收復這些地方，納為中國領土的一部分。1949年，共軍拿下新疆。至於篤信佛教的西藏，實際上從1914年就保持獨立，但在1951年併入中國版圖。1997年英屬香港回歸，以及1999年原由葡萄牙治理的澳門回歸，標誌著中國版圖幾乎回到清朝的規模，只差蒙古、庫頁島以及臺灣。於是，對這些地方，中國持續伸張主權。

1978年，中國實施改革開放，這加劇了東西部發展的不均。中國在港灣設立經濟特區，接著擴及所有沿岸地區，以便吸引外資，這些措施嘉惠的對象，主要是長江三角洲和珠江三角洲地區的經濟發展。廣州、上

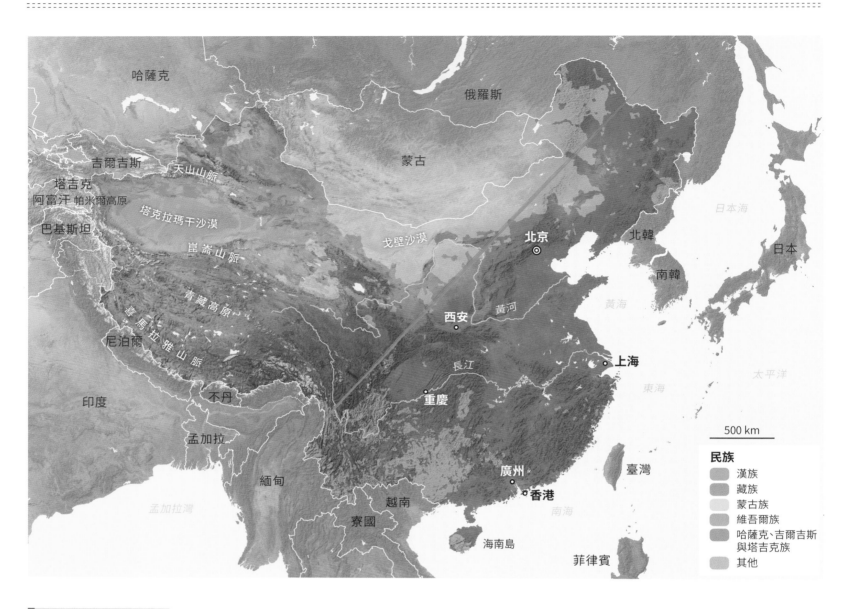

哈薩克
俄羅斯
蒙古
吉爾吉斯
天山山脈
塔吉克
阿富汗 帕米爾高原
塔克拉瑪干沙漠
巴基斯坦
戈壁沙漠
北京◎
北韓
日本海
日本
崑崙山脈
西安○
黃河
南韓
青藏高原
黃海
喜馬拉雅山脈
尼泊爾
長江
上海●
太平洋
不丹
重慶●
東海
印度
500 km
孟加拉
廣州●
臺灣
民族
香港●
緬甸
南海
漢族
越南
藏族
寮國
蒙古族
海南島
維吾爾族
哈薩克、吉爾吉斯
菲律賓
與塔吉克族
孟加拉灣
其他

一分為二的中國

就國土面積而言，中國是世界第四大國，和十四個國家互相為鄰。中國地理景觀多變，大致能分為兩塊來看。中國西部氣候乾燥，高原、沙漠和窪地座落其中。反之，中國東部丘陵起伏，還有肥沃的平原，歸功於兩條大河的滋潤，也就是長江和黃河。東部的中國，也是漢族的中國。平均起來，十個中國人裡面有超過九個是漢族，但其實中國西部散落著超過55個少數民族。

海、北京及天津等地，大港林立。光是廣州一省的國民生產毛額和購買力，就超過法國。中國改革開放，迎向全球化的潮流，就此成為世界工廠。雖然偏僻封閉的西部也隨之富裕起來，但幅度顯著較低。結果，中國幾乎消滅了貧窮。2019年，只有0.6%的中國人活在貧窮線之下，每天花費不到一美元[1]。可是，中國內部收入以及區域發展的不平等暴增——一個北京人的平均薪資是一個甘肅人的六倍。以人類發展指數（Human Development Index，HDI）而言，中國東部普遍富裕，HDI非常高，但在邊陲地區則持平居中。

　　從1990年代起，北京當局為了對抗區域發展不均及不平等的問題，推動數項政策加以因應。

　　但是，建設高速鐵路網，美其名是要打開偏鄉的大門，卻也成為漢族積極殖民西部的策略性手段。舉例來說，西藏占中國國土

的13%，富含鋰、銅與金礦，而新疆則占中國國土的17%，全國四成的煤礦都聚集於此，外加天然氣跟石油礦藏。西部經過開發之後，今天的拉薩有二成人口是漢人。而新疆穆斯林遭受到的外力壓迫，更是強烈。新疆的首府烏魯木齊，人口有至少四分之三是漢人。透過學校教育，北京強力推動少數民族的漢化。尤其是在2008年西藏發生武裝起義（北京奧運發生在即）之後，中國政府推動漢化，更是不遺餘力。至於在新疆，經過2009年的暴動之後，北京對這個地區嚴加監控，強化鎮壓措施。每20個維吾爾人裡面，就有一個被送進「再教育營」，根據國際特赦組織的估計，約有超過100萬人被送入再教育營。

　　2049年，中華人民共和國將屆百年國慶，著眼於此，習近平還想要將中國的影響力帶到領土的疆界之外。這就是新絲路計畫念茲在茲的目的，海陸並進，和2000年前的

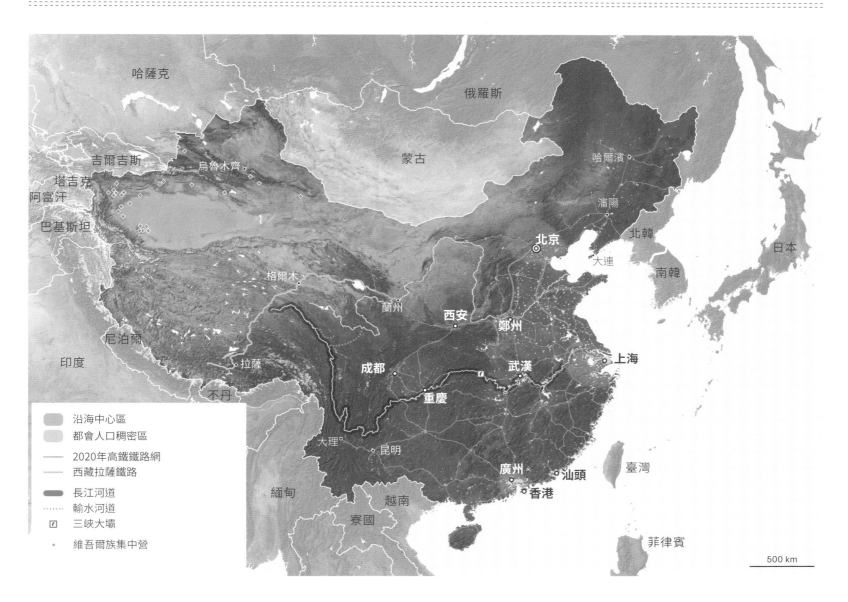

沿海中心區
都會人口稠密區
—— 2020年高鐵鐵路網
—— 西藏拉薩鐵路
—— 長江河道
......輸水河道
⬚ 三峽大壩
✦ 維吾爾族集中營

漢代絲路遙相呼應。不過，這個世界性的經濟網絡和中國的擴張計畫一樣，引發鄰國和對手美國的擔憂。

⇨ 中國的新擴張主義

在掌控西藏、香港及澳門之後，北京對臺灣虎視眈眈，在東海、南海布局的野心也昭然若揭。中國之所以認為這個海域具有戰略價值，是因為近50年來，它一直是世界經濟成長的核心地帶。世界上有數條主要海運幹道都穿過南海，是中國作為世界工廠的經濟命脈。每年會有10萬艘來自波斯灣的貨輪航經此處，向世界第二大經濟體提供石化燃料，或是讓它向世界輸出中國製造的產品。加總起來，這兩個海域的貿易量占全世界貿易量的三分之一。在全世界前十大海港之中，中國港口就占了八個，這並非偶然。

同時，這個海域漁業資源也非常豐富。中國是世界上最大的魚肉消費者，也是漁業

第一大國。最後，這個海域雖然不深，卻富含礦物和稀土資源，對中國構成第三項策略價值。人們已經在此開採重要的石化燃料礦藏。例如瀕臨東海的平湖市，早在1980年代，便搭建了長達300公里的輸油管向北京供油。至於在南海，根據國際能源署（International Energy Agency，IEA）的估計，此區的儲油量高達110億桶原油，同時還蘊含5兆4000億立方公尺的天然氣。

⇨ 當北京逍遙國際海洋法之外

當前的海洋法依據，是1982年簽訂於牙買加蒙特哥貝（Montego Bay）的《聯合國海洋法公約》（United Nations Convention on the Law of the Sea，UNCLOS）。這項公約規定，所有國家對其領海享有絕對主權，領海是領海基線外推12海哩之內的水域。同時，一個國家得在其領海基線起算200海哩內的水域主張其開發資源的權利，這個水域

跨區發展的邏輯

為了調和區域發展的不均，北京當局推動數項內部發展計畫。長江流域便成了中國國土整合開發的重要軸心之一，三峽大壩位處其中。從2000年起，國家發展政策重心西移，為了開發中國內陸，鋪設交通基礎設施。2010年起，開發計畫的另一項主軸則是高速鐵路網的建置。

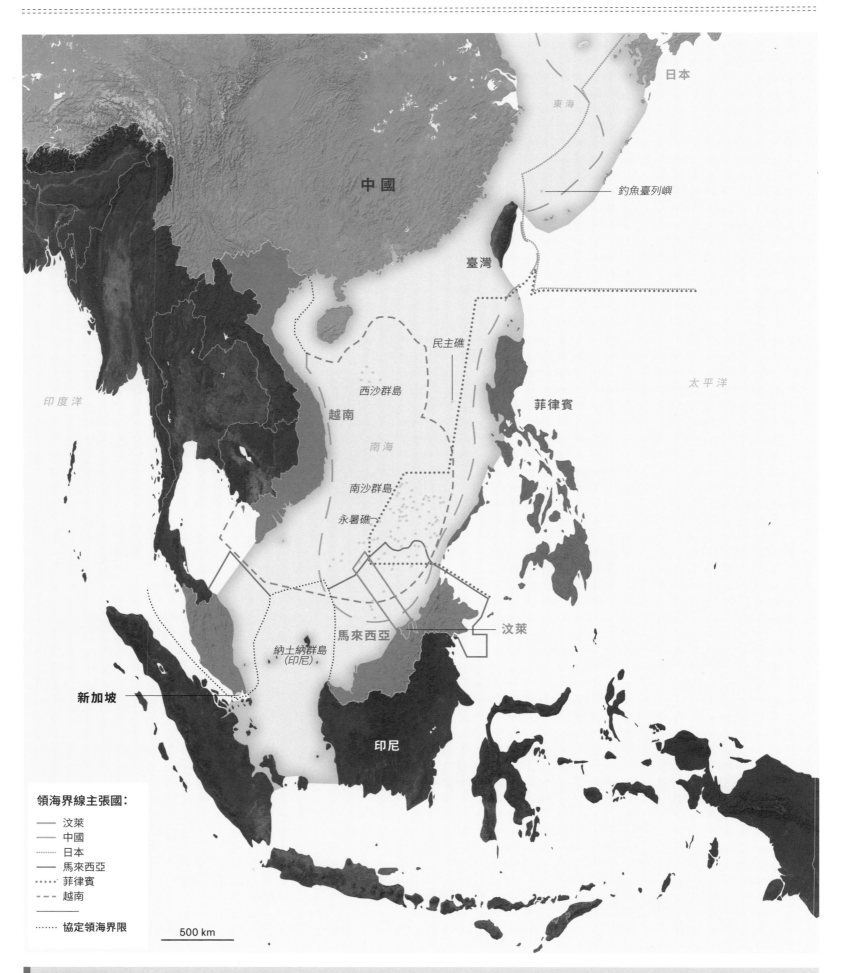

領海界線主張國：

—— 汶萊
—— 中國
∙∙∙∙∙∙∙∙ 日本
—— 馬來西亞
∙∙∙∙∙∙∙∙ 菲律賓
---- 越南

∙∙∙∙∙∙∙∙ 協定領海界限

500 km

中國南海

1947年，北京當局提出了「九段線」（亦稱為「牛舌線」）作為劃分南海國界的依據。中國在主張南海國界時，有時會將立論基礎建立在年代久遠的古地圖之上，或是援引年代上溯至12世紀的航海貿易路線。**2013年**，中國將九段線增為「十段線」，讓北京當局能將臺灣涵蓋在內。

稱為「專屬經濟海域」（exclusive economic zone）。在某些案例中，如果領海基線的計算牽涉到延伸水下的大陸棚（continental shelf），專屬經濟區的認定會外推到350海哩。國際海洋法名言規定，一個國家不得侵占他國的專屬經濟區，更不能將公海據為己有。

在中國沿海，中國鎖定的海域和數個臨海國家主張權利的區域互相抵制，包括日本、菲律賓、馬來西亞、汶萊和越南。因此，每個蕞爾小島或水落石出的群島鏈都成了權力棋盤上攸關利害的棋子，因為一旦經過整頓和人力進駐，這些小島就會將200海哩的專屬經濟海域往外推。這就是為什麼釣魚臺列嶼座落在日本沖繩和中國外海600公里之外，現在屬於日本管轄，卻時常上演中日兩國船艦對峙的戲碼。

同樣的情況也發生在南沙群島。南沙群島由180座島礁所組成，分布在菲律賓外海。越南占有其中21座島礁，菲律賓八座，馬來西亞七座，臺灣兩座。而中國則占了其中十座，進行高度軍事化的駐點，並且宣稱對所有島礁具有主權。但其實，南沙群島有36座島礁只有在低潮時會顯露出來，根據國際法，無法作為宣示主權的領土基礎，也不能用來劃分專屬經濟海域。所以北京當局就在這些島礁上建造降落點和軍事基地，夯實宣示主權的基礎。在南沙群島北部，中國無視菲律賓的抗議和國際仲裁法院的裁定，在2012年併吞了民主礁（中國稱黃岩島，Scarborough Reef）。

從2010年起，中國野心勃勃的建設計畫也在西沙群島展開。此處的衝突對象，主要是越南當局以及越南漁民。同時，北京還覬覦東沙島。東沙島屬於臺灣，是一座國家公園。另外，北京也在打納土納群島（Natuna Regency）的主意。為此，印尼在納土納群島部署海軍和驅逐艦，防衛中國染指該地。

⇨ 中國沿海會發生海戰嗎？
自從習近平在2013年上任以來，中國的海洋策略有日益強大的霸權傾向。與此同時，美國也決定將亞洲視為其外交政策的核心，也就是所謂的「重返亞洲」作為因應之道。從

那時候起，世界兩大海洋強權便開始互相競爭，愈演愈烈。1945年之後，標誌著日本在大東亞帝國勢力的瓦解。美國在此時扮演起「亞洲海洋警察」的角色。日本的戰敗和韓戰的爆發，接連使美國得以在這個地區建立雙重的軍事基地及設施網絡。

北京有著世界第二大的海軍，大過俄羅斯，在今天的區域局勢中挑戰「美式監護人」的角色。在這個區域，由於中國野心勃勃，新一波的軍事競賽就此開跑。不過，北京年度的軍事預算金額高昂，比所有鄰國的軍事預算加總起來乘二還要多，成為無庸置疑的區域強權。

中國盤算的比這還要遠。中國的第一艘航空母艦回收自一艘未完成的烏克蘭航母，在2011年啟用。中國第二艘和第三艘航空母艦，則分別在2018年及2022年6月下水，在2035年以前，還會有二至三艘新的航空母艦問世。中國海軍共有601艘軍艦，意圖「牢牢鎖住」中國沿海，將這片海變成「中國湖」，然後逼退美國勢力，逼到關島跟馬里亞納群島形成的防線之後，退到公海去。

為了制衡北京的擴張主義，美國派遣軍艦前往這個駐有1萬2000名中國士兵的區域，在此規律巡航，捍衛「自由航行權」，不時引發摩擦。從其他亞洲國家的角度來看，它們因為擔憂中國崛起，都指望美國護航，但是卻在經濟上靠向中國，透過簽署「區域全面經濟夥伴協定」（Regional Comprehensive Economic Partnership，RCEP）加強合作。這份協定有15國聯合簽訂，在2022年1月1日生效。

絲路：
中國強權的新配備

2013年，中國推出新絲路計畫，目的是要在超過60個國家中建造並現代化海陸運輸的管道（高速公路、鐵路、天然氣管、輸油管等），不但橫跨亞非，也遍及歐洲。從18世紀末開始，中國漸漸失去世界經濟活動要角的光環，新絲路計畫標誌著中國的回歸。

北京當局執行新絲路計畫的目的，還有保障天然資源及原物料供給無虞，中國出口順暢，刺激經濟成長，同時和政治經濟盟友締造新的經貿合作機會。因此，中國在東非出資整建海港，帶來巨大的經濟成長效益，範圍不但包括衣索比亞、肯亞和坦尚尼亞，也擴及南蘇丹、烏干達、盧安達及尚比亞。

近30年來，中國整頓內部鐵路系統，打通沿海地區前往西安的交通路線。西安是古代絲路的起點，也即將是新絲路的出發處。同樣地，從重慶、成都、四川、烏魯木齊以及拉薩出發的路線也會整合到這個計畫之中，銜接中國和全世界。新絲路鴻圖遠大，由於也包括5G網路的闢設，讓整體計畫具有數位科技的向度。新絲路計畫肯定了中國在國際上的強勢地位，也標誌著中國在各個領域舉足輕重，和領先者分庭抗禮。

就在全世界抵抗Covid-19疫情如火如荼之際，中國也在2020年推出「健康絲路」計畫，揭示中國透過健康公衛外交作為獲得國際影響力的企圖。其實，早在2017年，中國便聯合30多個國家，在北京舉辦健康公衛合作的國際會議，和聯合國愛滋病聯合規劃署（ONUSIDA）、打擊愛滋病、結核病和瘧疾全球基金〔The Global Fund to Fight AIDS, Tuberculosis and Malaria，簡稱「全球基金」（The Global Fund）〕以及全球疫苗及免疫聯盟（Global Alliance for Vaccines and Immunisation，GAVI）簽訂公約。這些公衛領域的策略手段，無非顯示中國不但想以模範之姿立足世界，還想要替國內防疫的困境粉飾太平，而且無疑地，也想沖淡中國作為新冠疫情發源地的疑慮。

新絲路成員
（與中國簽有合作備忘錄）

經濟走廊

歐盟

鐵路網
‑‑‑‑‑ 啟用
‑ ‑ ‑ 規劃中

高速公路網
═══ 啟用
═══ 施工中
═══ 規劃中

── 海路
⚓ 港口
◯ 中國投資

石油及天然氣管道
── 啟用
‑‑‑‑ 規劃中

目的地
11

銅鑼灣

所有住在香港的人都知道銅鑼灣——在19世紀，這是英國商人的落腳地；在今天，銅鑼灣則是香港的經濟主幹和商圈之一。對想要入住的人而言，銅鑼灣可是世界上最昂貴的地皮之一。銅鑼灣是購物聖殿，巨型商場林立。我們所處的香港繁忙奔竄，十足資本主義，2020年抵抗北京鎮壓的時光，無非已是舊事。

從那時起，基於在2020年6月生效的《國家安全法》，香港處處可見中國法警的身影。一國兩制原本是英國在將香港歸還中國時擬定的治理模式，但實際上，《國家安全法》標誌一國兩制的終結。

就算香港還沒完全變得和其他中國城市一模一樣，香港的民主派運動正在衰竭。凡是有人看起來是在跟北京當局的治港模式作對，不是遭到逮捕就是受到恫嚇，於是，原本從1990年起就會年年在銅鑼灣參加「六四悼念晚會」的人們，宛如過眼雲煙。2020年，這些集會初次遭禁，官方理由是基於Covid-19的防疫措施。那時，還是有數以萬計的人不顧禁令，出門集會，可是活動主辦者後來遭到法辦。然後，2022年7月時逢香港主權移交25週年，習近平抵港訪問，就任的香港特首李家超，比前任特首林鄭月娥還要聽北京的話，成為香港最高階的行政長官。這些都象徵著中國的新擴張主義羽翼漸豐，頻頻測試自己可以下手到什麼地步，毋須顧慮在西方民主陣營引發風波。香港的前車之鑑，有另一座島嶼正密切關注，那就是臺灣。這個「小中華」（little China）帶勁逆勢成長，面對Covid-19防疫成果良好，政治認同的眉目日漸清晰，仍在抵抗中國排山倒海的壓制。而且，可別忘了，臺灣手上握有一項舉足輕重的武器，那就是臺灣的半導體製造業。半導體是5G科技革命不可或缺的零件，也是中美競爭中的關鍵籌碼。

簡言之，臺灣還在抵抗北京，香港則正在讓步。結果，中國入手香港造成大規模的港人出走潮，為了不想受到中國政府統治，更不想被嚴厲的防疫清零政策牽絆。

香港
自由的終結

⇨ 國際經濟的一環

經過英國殖民150年，香港自從在1997年7月1日移交主權之後，以特殊行政區的方式成為中華人民共和國的一部分，和澳門一樣。由於香港的貨輪港口在世界排行第七大，機場的貨運流量世界第一，金融區有區域和跨國各大企業行號設點，使這座城市成為主要的國際經貿都會之一。同時，香港還是世界第三大金融大城，排在紐約和倫敦之後。另外，香港的金融透明度長期遭人詬病，主要外資來源正是兩大金融天堂——開曼群島和英屬維京群島。

香港經濟蓬勃發展的結果，可見於香港的人均生產毛額，在30年間成長了15倍，讓不少香港人變得比英國人、臺灣人和南韓人富有。香港其他的吸引力，在於人口的多元構成。2018年，香港有7%的居民是外國人，主要來自印尼、菲律賓和印度，從英國、澳洲與法國來的居民也大有人在。

⇨ 從資本主義的櫃檯到櫥窗

由於地理位置特殊，香港和新加坡、孟買、葉門的亞登（Aden）以及埃及的薩伊德港（Port Said）一樣，成為不列顛世界經濟體系的重要一環，也是不列顛與東方進行經貿活動的窗口。因此，香港在過去只是個小漁村和海盜據點，搖身一變成為世界經濟的命脈之一。

不過，這些都發生在1949年，由毛澤東領導的共產政府在北京掌權之後，這塊英國殖民地的重要性才與日俱增。

原本位處上海與廣州的企業行號紛紛移師香港，讓香港在1950年代之後成為一扇資本主義的櫥窗，迎向共產中國，同時也是中國與西方世界互通有無的中介。在香港，中國和非共產國家（諸如日本、英國、西德及馬來西亞等）進行交易，海外華人要匯款回中國，也是透過香港作為對口。香港一方面扮演上述角色，另一方面在1960、1970年代起開始發展紡織業，接著走向電子業，以充沛的人力低價出口產品，讓香港得以致富。每年有10萬中國農民逃離赤色大陸的苦難，奔向香港。從1945年到1980年，香港人口成長了八倍，居民從60萬人增長到500萬人。因為採取出口導向的產業模式，香港和南韓、臺灣、新加坡並列「亞洲四小龍」，代表這些國家走出未開發的狀態，獲取的財富和西歐不分軒輊。

⇨ 一國兩制

1978年，鄧小平繼毛澤東過世之後領導中國，讓中國走向市場經濟。此時，香港的商人對中國提供了經驗及資本——共計有數千億美元之多——不但在珠江三角洲一帶催生出數以千計的企業行號，也帶動中國經濟起飛。中國共產黨和中國人民解放軍一方面雖

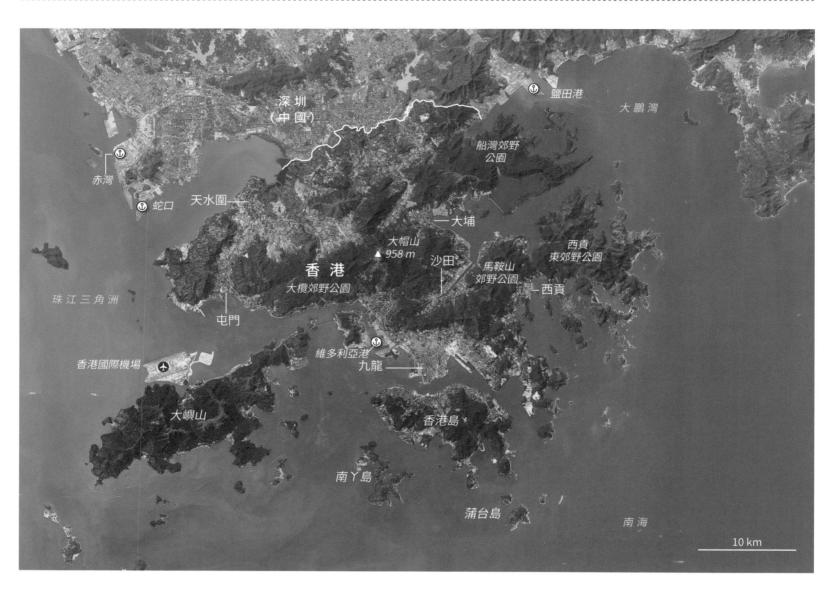

深圳
（中國）
鹽田港
大鵬灣
赤灣
蛇口
船灣郊野
公園
天水圍
大埔
大帽山
▲ 958 m
西貢
東郊野公園
珠江三角洲
香港
大欖郊野公園
沙田
馬鞍山
郊野公園
西貢
屯門
香港國際機場
維多利亞港
九龍
大嶼山
香港島
南丫島
蒲台島
南 海
10 km

策略意義非凡的迷你領土

香港由200多座大小不等的島嶼構成，其中有四分之三的部分山陵密布，不利營建。於是，香港730萬之多的居民統統聚集在280平方公里的土地上[2]，使香港成為世界上人口最為稠密的都會之一，平均每平方公里住了2萬7000人，摩天大廈的數量令人歎為觀止。也因為這樣，香港是世界上居住花費最高的都市，不足為奇。

然支持經濟開放政策，但也期望鄧小平毋忘中國「失土」，亦即臺灣、澳門及香港。

經過兩年的交涉談判，英國首相柴契爾夫人（Baroness Thatcher）1984年同意將香港殖民地的主權移交中國，不過有項條件，也就是香港在1997年歸還中國時，必須「在自由的政府體制之下維持資本主義經濟至少50年」。這就是出名的「一國兩制」意涵的所在。有了中英雙方的這份共識，香港受惠於一國兩制的半民主（semi-democracy）。香港的法律由議會投票制定，議會的70名成員之中，有35名由普選選出。香港特首則是由選舉委員會選出，這個委員會具有1200名成員，多數來自商界的親中人士。

⇨ 現狀的終結

香港主權移交20多年後，這個特殊行政區頻頻出現抗爭運動。尤其是學生族群以及中產階級，他們想要爭取更多民主，降低中國的干預。只是，2019年的香港不再是1978年的香港，經濟實力不再是有利的靠山，讓香港跟共產中國保持距離。面對強大的中國，香港人失去了經濟繁榮的優勢，而且中國只把經濟發展當作唯一的指標。此時，全球化的資本主義已經征服了全中國。這時候的香港，幾乎就跟其他中國城市一樣。2015年，鄰近的深圳港總吞吐量超越了香港。2016年，深圳證券交易所的股份集資總額是香港證券交易所的二倍[1]。不只如此，經過十年成長率呈兩位數的成長，今天的深圳和廣州各自生產的財富都比香港多。如今，香港正在衰老，頹態畢現，連作為特殊地區的生活水準也被深圳廣州迎頭趕上。若要概述香港的「正常化」，端看一份數據足矣，那就是國民生產毛額。1992年，香港的國民生產毛額占了全中國的四分之一，如今，它只占百分之三。

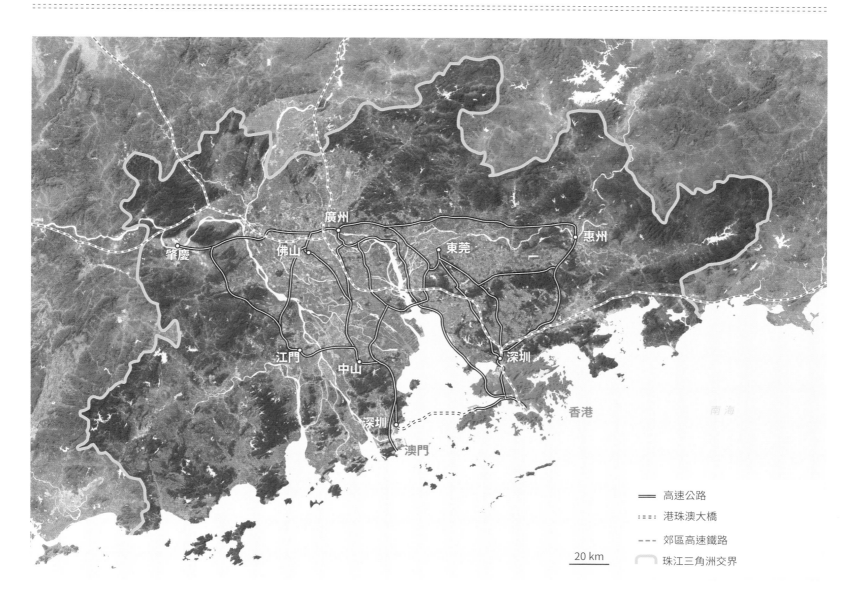

高速公路
港珠澳大橋
郊區高速鐵路
珠江三角洲交界

20 km

現在，北京著眼於將香港併入人口多達7100萬的珠江三角洲大都會圈。珠江三角洲都會圈有著和瑞士一樣大的規模，國民生產毛額和南韓或西班牙相等，產業路線效法美國矽谷，以新興科技業為主。事實上，扮演「世界工廠」角色的國家，已經漸漸從中國轉為孟加拉或越南。

⇨ 抗爭運動

香港人試圖避免遭到習近平中國的吞噬，尤其是當地的年輕族群，他們主張的身分強調香港的特殊性。

2003年，香港出現第一場抗爭運動。這場運動反對一項立法條文，該條文在《香港基本法》中禁止分裂領土的行為。2014年則出現了出名的「雨傘革命」，示威者紛紛占領商業經貿區，目的是爭取將香港行政長官的遴選制度轉向直接選舉。這些訴求，統統落空。

2016年，港獨派的民意代表遭到北京施壓，禁止列席香港議會。在香港，中央人民政府駐香港特別行政區聯絡辦公室（簡稱中聯辦）成為實質的平行政府，對所有民主化運動大加阻攔，就連地方的行政官員也多半出身商界，著眼於中港經濟的互相依賴，因此立場親中。

2020年6月底，香港歷經為時一年的政治危機，北京通過《香港國家安全法》，目的是要「防範、制止和懲治與香港特別行政區有關的分裂國家、顛覆國家政權、組織實施恐怖活動和勾結外國或者境外勢力」，標誌著中方掌控前英國殖民地的新階段。《香港國安法》引發一連串示威活動，譴責自由民主和司法獨立的倒退，也在西方民主陣營中造成激烈的回應。

和其他中國城市一樣？

2017年，習近平在視察香港時簽署了《深化粵港澳合作推進大灣區建設框架協議》。粵港澳是個超級大都會圈，居民多達7100萬人。北京當局計畫將這個地方發展成研發科技的前鋒，和美國矽谷分庭抗禮。此舉也透過與建珠港澳大橋——世界上最長的橋梁之一——將香港引入該區的高速公路運輸網，強化香港和中國的聯繫。

臺灣，下一個烏克蘭？

臺灣——「另一個」中國——在北京1997年收復香港，又在2020年制服這座城市之後，會不會是下一個目標？2019年1月初，習近平在紀念毛澤東《告臺灣同胞書》發表40週年時，曾經重申中華人民共和國統一這座小島的訴求，若有必要，會採取武力。就算中國總是宣稱臺灣是中國領土的一部分，直到今天，中國未曾提及，為了收復臺灣主權，會有爆發衝突的可能性。中國提及此事，讓樂見這座島嶼獨立的臺灣總統蔡英文以及臺灣主要的軍事盟友——美國，皆大為震怒。

臺灣座落在中國外海200公里之外，長期因為它居於中國沿海的戰略位置而受人垂涎。16世紀時，葡萄牙人曾造訪臺灣，稱它為「福爾摩沙」（Formosa，「美麗」之意）。接著，荷蘭人也曾在17世紀落腳臺灣。歷史上，臺灣主要的人口是來自福建廣東南部的中國移民，在1661年受到清朝控制。但是，經過外力施壓而開港之後，這座島嶼在1895年割讓給日本。臺灣在1945年重新成為中華民國的領土，成為國共內戰之中的關鍵地帶。1949年10月，中華人民共和國宣布成立，由蔣介石領導的國民政府撤退遷臺。對世界上多數的其他國家而言，在臺的國民政府是中國唯一且合法的代表，直到1970年代初，華盛頓當局承認中華人民共和國。因此，臺灣得將聯合國安全理事會的永久席次讓給中國。

2000年起，臺灣歷經政黨輪替，由傾向獨立的政黨執政，雖然兩岸經濟活動日益活絡，卻時常牽動跟北京關係的緊張神經。不過，真正讓局勢更加緊繃的，是習近平領導的中國在國際上抬頭，頻頻示強。對上臺執政的中國領導人而言，臺灣是其合法性的關鍵。在中美關係交惡之際，中國在臺灣海峽頻頻發出武力威脅，對香港的壓制不只衝擊臺灣，也影響盟邦美國，因為美國基於1979年通過的《臺灣關係法》，承諾對臺灣提供自我防衛的保障，也讓臺美關係更加緊密。臺灣政府甚至在2020年7月宣布，臺灣願意接納有意定居臺灣的香港居民。同時，在中美交鋒的科技大戰之中，臺灣作為世界第一的半導體（開發5G網路的必備元件）生產國，位居前線。最後，在烏俄戰爭的語境之下，有些專家意識到兩個威脅逐漸浮現。北京當局之於臺灣，就像莫斯科當局之於烏克蘭，為了抵制西方勢力的陣營，會把亟需捍衛的領土主權奉為圭臬。2022年8月，美國眾議院議長南西‧裴洛西（Nacy Patricia Pelosi）訪臺，使中國發動數項重要的軍事演習，讓北京與臺北、華盛頓的關係震盪頻頻，箭拔弩張。習近平堅決不放棄統一臺灣，使人擔憂「臺海現狀」（不統不獨）是否會就此終結。

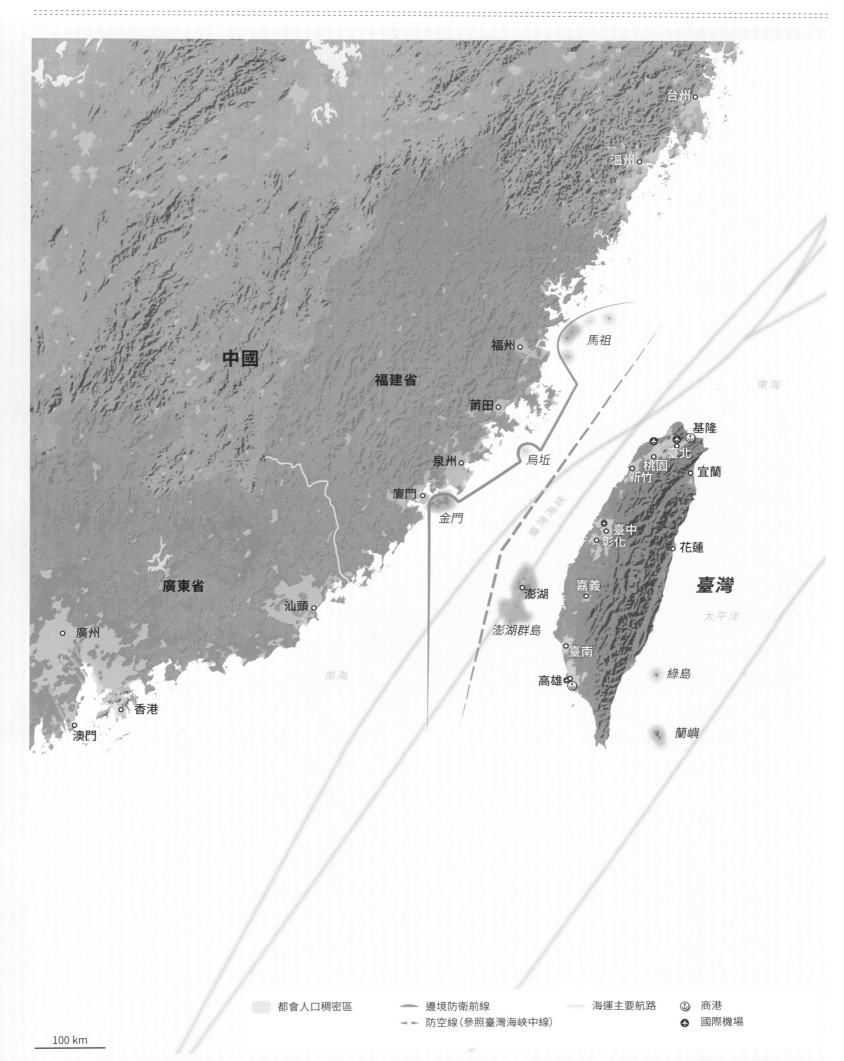

中國

福建省

廣東省

臺灣

台州

溫州

福州

馬祖

莆田

泉州

烏坵

廈門

金門

汕頭

廣州

香港

澳門

基隆

臺北

桃園

宜蘭

新竹

臺中

彰化

花蓮

澎湖

嘉義

澎湖群島

臺南

高雄

綠島

蘭嶼

東海

太平洋

臺灣海峽

南海

都會人口稠密區	邊境防衛前線	海運主要航路	商港
	防空線（參照臺灣海峽中線）		國際機場

100 km

目的地
12

南北韓非軍事區：兩韓邊境

這是兩個世界之間的非軍事區，南方的這邊是民主國家，北方的那邊，則是世界上最糟的獨裁者體制之一。

Covid-19疫情喚醒了北韓的偏執，加緊封鎖全國，在2020年1月起決定關閉邊境。南北韓既是民族手足，也是世仇，這場疫情刷新了兩國之間長期進行的衝突與競爭。平壤指控首爾讓病毒進犯國土難辭其咎，同時也開始宣稱北韓境內沒有新冠病毒確診案例。根據專家研判，北韓作為中國的盟邦，病毒沒有進入北韓境內是天方夜譚，因為中國是金正恩政權最大的經貿夥伴。

結果，聯合國在2020年夏天公布了一份報告。這份報告指出，北韓的糧食供應原本在21世紀狀況良好，現在卻出現警訊，因為北韓對中國關閉邊境，重創基本物資的運輸和供給。

與此同時，南韓的政府卻因為疫情而受惠。由於南韓管制Covid-19疫情得當，追蹤病毒的方法成為典範。平壤被疫情削弱之際，首爾卻好像因為治理有方且有科技加持，國力得到肯定。

不過，在川普執政的時期，金正恩似乎覺得自己首度爭取到國際社會的肯定。2019年6月，北韓國土首度有美國總統來訪。長期以來，金氏王朝尋尋覓覓的，就是受到世界頭號強權的承認及肯定，川普來訪是一大躍進。可是，18個月後，新任美國總統拜登上任，「微笑外交」（smile diplomacy）的時代便成了過眼雲煙。

另外，到了2022年3月，北韓對西方世界露出敵意的鋒芒，是聯合國之中拒絕制裁俄羅斯出兵烏克蘭的五個國家之一，包括俄羅斯、白俄羅斯、敘利亞和厄利垂亞。2022年7月，平壤甚至承認了頓內次克人民共和國（Donetsk People's Republic）和盧甘斯克人民共和國（Lugansk People's Republic）[1]，捲入烏克蘭戰事，再度和西方陣營為敵。

北韓
惱人的勢力

⇨ 被兩個政體分割的民族

朝鮮民主人民共和國（即北韓）占據半座朝鮮半島，面積約莫為12萬500平方公里，而另一半朝鮮半島的主權，則歸南韓所有。北韓有2500萬名人口，約比南韓少一半。北韓的首都──平壤──則有350萬人。

1948年9月9日，在大韓民國（即南韓）宣布獨立後三週，朝鮮共產黨的領導人金日成宣布北韓獨立。接著，北韓迅速推動農業改革，也因為威權體制上臺，造成100多萬名反對者逃離國境。在朝鮮半島南部，共產黨游擊隊員遭到掃蕩，喪失的人命數以萬計。當時正處於冷戰高峰，南北韓雙方秣馬厲兵，嚴陣以待，時時為國族的統一枕戈待旦。1950年6月25日，在蘇聯的支持之下，北韓決定攻打南韓。南韓受到美國的保護，加上聯合國安全理事會出動了16國聯軍（包括法國在內）協助南韓禦敵。在共產陣營，中國出動了20萬名軍力支持盟邦北韓。1951年，南北韓的戰況在開戰處陷入膠著，也就是離兩國分界的不遠處。為了逼退北韓，美國空軍到停戰前投下了63萬噸的炸藥，其中有3萬3000噸是燒夷彈（napalm）。北韓的

22座主要城市有18座遭到摧毀。當時，美軍將領麥克阿瑟（Douglas MacArthur）在遭到撤職之前，決定要將戰事升級，準備在北韓與中國的邊境投下26枚原子彈。

這個事件深度衝擊韓國和中國人民。美軍發動的空戰引發一種集體的感受，對外來的威脅感到恐懼，造成北韓當今的孤立鎖國，國防充斥著民族主權大義的內宣。

於是，戰爭的創傷逐漸滲入北韓民族精神的基底，但在滲入的同時也被共產政權大肆利用，合理化對美國帝國主義進行的種種反抗。

⇨ 北韓體制的燦爛與苦難

北韓多山，可以耕作的國土面積比南韓少。由於北韓農業機械化程度低落，全國勞動人口有四成屬於農耕，比南韓多了八倍。北韓種植稻米、小麥及薑，就算這個遠東國度霜雪嚴寒，還是能栽種這些作物。一直到1975年之前，北韓工業化的程度其實比南韓還高，因此比南韓相對富有，還是第三世界的發展典範[1]。北韓官方自詡國家可以自給自足，但其實大量仰賴蘇聯集團的物資供給。

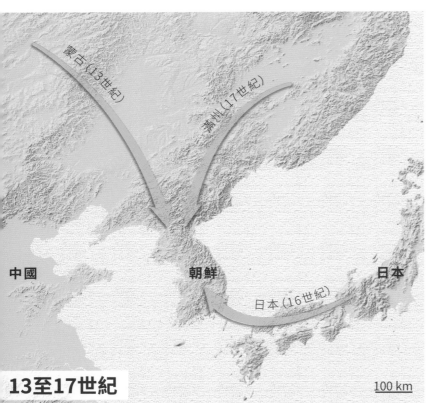

13至17世紀　　　　　　　100 km

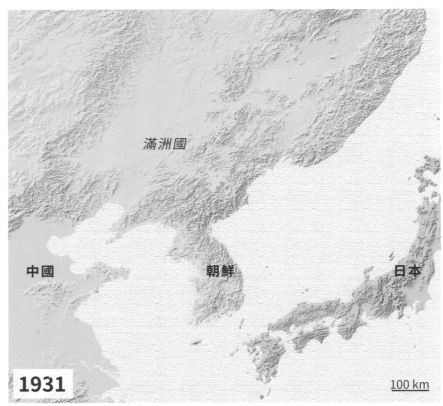

1931　　　　　　　　　　100 km

受人影響的歷史

在歷史上，朝鮮頻頻遭受外族入侵，包括蒙古人、日本人以及滿人。一直到19世紀，朝鮮都是中國的朝貢國，在1905年被日本占領。1945年，日本戰敗之後，朝鮮成為美蘇角力的棋子之一。為了區隔兩方的勢力範圍，北緯38度線（38th parallel north）成為一道人工邊界。1950年，冷戰的對峙在朝鮮地區引發韓戰，就此將朝鮮半島一分為二。

北韓有著閉關的半自足經濟模式，立足於重工業，而且重資養兵（1989年，北韓有100萬名軍人，規模排名世界第五）。但是，當蘇聯垮臺標誌著冷戰終結，北韓卻無法挺住國際經濟新秩序帶來的浪潮。南韓成了一條亞洲猛龍，一躍成為世界上發展程度最高的國家之一。平壤過往的合作夥伴及盟邦，紛紛缺席。俄羅斯不再能履行承諾，中國則轉向市場經濟，加入全球化。北韓無疑過度仰賴盟邦，於是在1994年出現飢荒。當時，有80萬至100萬名北韓人死於飢餓，北韓必須向國際社群請求緊急救援。

⇨ 把核武當救生索

同年，金正日繼承父業不久，不計一切地繼續遵循史達林的治國模式，也就是對軍隊和軍工產業孤注一擲。擴充軍力讓北韓重返國際舞臺，而且配備著北韓從此視為身分認同一部分的武器——核彈。

面對外侮威脅，發展核武成為北韓金氏政權的保命金牌，讓他們能從冷戰結束之後一直統治北韓到今天。打出這張牌，就能跟國際社群斡旋，尤其是要求糧食救援物資。

但是，對美國來說，如此的核子武裝是無法接受的。尤其是在2001年911事件爆發之後，小布希總統列出了一串名為「邪惡軸心」（axis of evil）的敵國名單，其中包括北韓，使局勢加倍緊張。由於擔心步上伊拉克和利比亞的後塵，平壤退出了《核武禁擴條約》（Treaty on the Non-Proliferation of Nuclear Weapons），並在2006年至2017年間發動六次核武試爆。這幾次測試，也伴隨核子彈頭導彈的研發。

金正恩在2011年掌權，加速了北韓核子武裝的腳步。單是在2017年9月，平壤當局射出的飛彈便超過2016年的總和。金正恩繼承的王朝篤信一件事，為了存續，只能靠核武。作為北韓當局的年輕領導人，金正恩對國際間的施壓視若無睹，並不打算重新檢視這項國防政策。就算2003年至2009年間，六國（包括南北韓、日本、中國、俄羅斯與美國）曾針對朝鮮核武問題召開協商，而且從2006年起，聯合國便投票通過對北韓進行日益嚴厲的制裁，北韓並未因為這些因素放慢發展核武的步調。不過，雖然接替小布希上任的歐巴馬政府這方面態度顯得較為溫和，也比較有耐性，但並沒有偏離反對核武擴張的大原則。

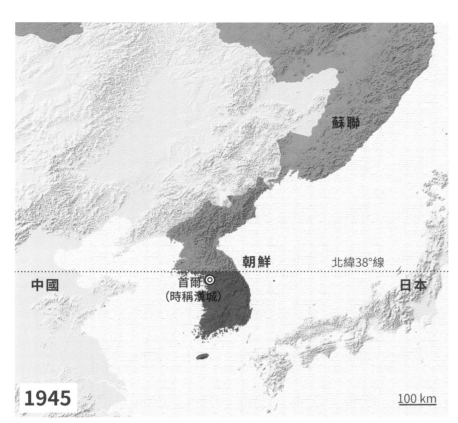

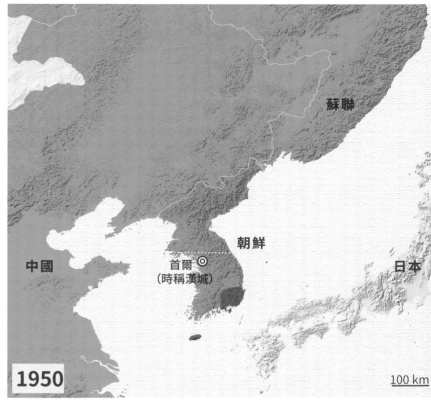

⇨ **北韓：在解放與壓迫之間**

2019年7月，北韓經過修憲之後，金正恩成為「北韓總統」[1]。根據新版憲法，金正恩是「代表所有朝鮮人民的最高領導人」，亦即他不但是國家元首，也是軍隊最高統帥。根據許多專家指出，這項改變顯示金正恩想要正常化國務委員長原先居於主位的軍事色彩，無非是想要跟外國地位對等的元首一樣，使用同樣的方式稱謂。

⇨ **在暗網（dark web）和正派外交之間**

在國際上，北韓除了以核武要脅，還會發動網軍攻勢，騷擾或勒索敵國。例如，北韓網軍曾經在2016年攻擊孟加拉中央銀行，而在2017年在150多個國家摧毀了約30萬臺電腦的勒索病毒Wannacry，人們也認為出自北韓之手。根據南韓統一研究院的專家研判，有1700名駭客替平壤當局工作，有些人在海外作業。

從2018年起，金正恩為了塑造一國之君的形象，多次和鄰國元首進行外交會晤，包括普丁、習近平以及南韓前總統文在寅。他極力希望眾人將他視為一個可敬的領導者，畢竟在北韓人的內心之中，拒絕受到外侮輕賤是核心的理念。

北韓跟俄羅斯的關係，日趨好轉。普丁將北韓上溯至蘇聯時期所積欠的債務一筆勾銷。而北韓則在羅先（Rason）設立經濟特區，聯通羅津跟海參崴兩港，促進北韓與俄羅斯之間的海上貿易。不過，共產中國作為北韓歷史和軍事上的盟邦，仍是經濟往來最為密切的合作夥伴，至少到Covid-19疫情爆發前，都是如此。北韓對中國輸出原物料，主要包括煤礦、鋅、鎂、鐵以及其他金屬或礦物，多達700種。除此之外，出口貨品也包括價值不斐的珍稀物產，要價可達數十億歐元。至於中國則對北韓提供糧食和石油。

2018年，南北韓雙方的領導人曾經啟動數次會談。其中，有個事件象徵意義非凡——在南韓舉辦冬季奧運時，兩韓運動員組成聯隊，一起進場。可是，在疫情爆發時，南北韓的緊張關係仍然持續。原先在北韓開城工業區（Kaesong）設有南北共同聯絡事務所，它因為疫情的緣故而關閉，之後在2020年6月遭到炸毀。近兩年，原先南北韓衝突浮現冰釋的契機，毀於一旦。

一座分裂的
核化半島

北韓占據的面積，比朝鮮半島的一半還要稍微多一點，另一半則是南韓。兩個韓國由北緯38度線代表的非軍事區隔開。北韓鈾礦礦藏豐富，在1990年代展開核化研究。2003年，北韓退出《核武禁擴條約》，接著在2006至2017年間，在豐溪里核實驗場進行六次核彈試爆。

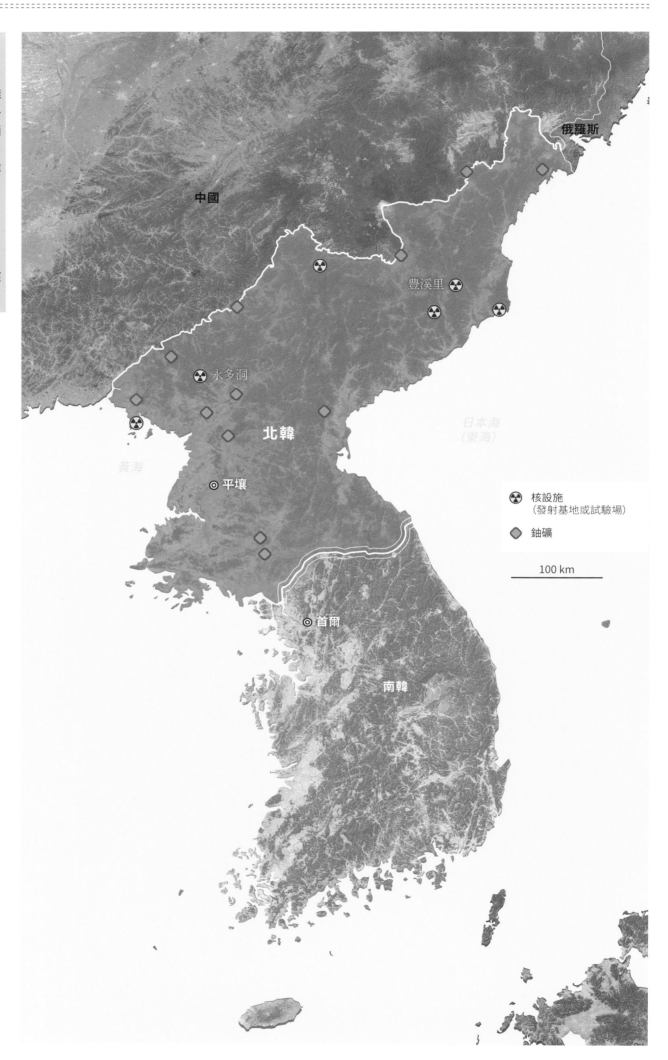

俄羅斯

中國

豐溪里

永多洞

北韓

日本海
（東海）

黃海

平壤

核設施
（發射基地或試驗場）

鈾礦

100 km

首爾

南韓

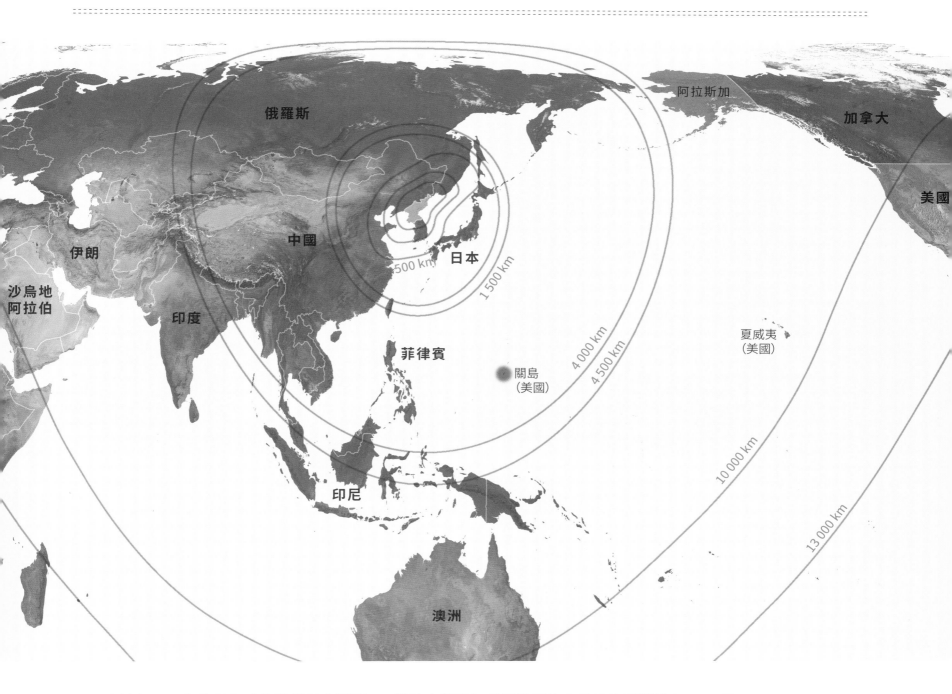

由於在1970年代曾經發生數起日人遭到北韓綁架的事件，而且北韓發射的飛彈常常不是非常逼近日本領土，就是穿越日本領土上空，造成北韓與日本長期交惡。另一方面來說，北韓跟美國（川普在任）的關係從2018年有好轉之兆。金正恩想要讓北韓脫離國際經濟制裁的負擔，針對朝鮮半島去核子化一事，曾和美國啟動協商。

⇨ 去核子化？

可是，我們必須認知到一件事，也就是川普施政恣意妄為，其實成效有限。川普政府領導下的美國並未成功阻止北韓核子化，到了拜登時期，美國就得試著限縮風險。鑑於北韓人民承擔種種犧牲，軍隊作風強硬，政府對於宣傳豪氣千雲的民族主義始終不遺餘力，而且對人民具有絕對的控制，北韓雖然能藉由擁核嚇唬世界，在國際上獲得一席之地，但要在短時間內擁有大量核子武器，其實是不太可能的。

於是，2022年5月，就在拜登訪問完南韓及日本不久，北韓發射了三枚飛彈，其中有一枚疑似是洲際彈道飛彈（intercontinental ballistic missile）。

全球威脅

從2017年春天起，北韓發射了五枚彈道導彈。這些中程導彈可以射到美國位於日本及關島的軍事基地。要是北韓成功掌握微型化技術（縮小核彈頭），那麼火星14（Hwasong-14）之類的長程飛彈理論上就能夠攻擊美國本土和歐洲。

東京

2019年12月底，東京。全世界的新聞都刊出了東京奧運選手村終於完工的照片。奧運選手村位於晴海，眺望日本首都，地勢狹長，伸進海域，儼然浮於海上，隆重歡迎數以千計的運動員前來參加2020東京奧運以及帕拉林匹克運動會（Paralympic Games，亦稱帕奧）。為了舉辦奧運，日本砸下價值等同17億歐元的重資籌備，過程引發關於勞工處境的爭議。

　　為了展現軟實力，各國會舉行大型文化及運動盛會彰顯國力，日本尤其如此。早在1930年代，日本便登記競逐1940年的奧運主辦權。此舉的目的是要向全世界證明，經過1923年摧毀東京的大地震，這個國家已走出陰霾，昂立於世。但是，中日戰爭和第二世界大戰隨後爆發，讓奧運必須停辦，讓日本經歷一番跌宕起伏。結果，歷史重演了。對日本前首相安倍晉三而言，2020東京奧運波瀾頻頻；該年春天，因為Covid-19疫情的緣故，他不得不宣布奧運延期。其實，安倍晉三指望這場奧運能修復他的個人聲望，並且提振日本作為世界第三大經濟體的形象，因為日本面臨諸多經濟與社會的難題。2022年7月，安倍晉三在一場選舉演說中遇刺身亡。安倍之死指出，日本政治局勢暗濤洶湧，而且統一教被捲入這場刺殺案之中，顯示其勢力不容小覷。此外，日本近30年來成長疲弱，沒有任何振興之兆，遇到安倍遇刺，徒增新傷。日本債臺高築，人口的衰退情況堪慮，同時處於自我認同的質疑之中，自問今天的日本強權究竟為何，因為「經濟巨人，政治侏儒」的範式喪失原先不證自明的合理性，已經不適合用來形容日本。

　　日本面對鄰近的中國野心勃勃，區域中的其他國家經濟茁壯成長，形成競爭。在這樣的情勢之下，日本必須重新檢視前首相吉田茂在1945年樹立的原則，也就是放棄所有軍事野心，專心拚經濟。

　　在後疫情時代，安倍晉三的繼任者有沒有辦法重新界定日本作為一介強國的身分認同？從福島核災爆發至今，日本人便以不配合政府聞名，這些繼任者有辦法帶領他們嗎？

日本
有待重整旗鼓的強權

⇨ 海上強權

日本位於亞洲大陸東部，由環狀火山群島構成，海岸沿線超過3000公里。在日本6852座島嶼中，只有430座有人煙居住。

日本人口有1億2600萬，在地形破碎的領土分配極度不均，集中在五座主要島嶼，也就是本州、北海道、九州、四國及沖繩。日本的主要城市皆分布於此，尤其是巨型都會。日本有八成的人口都凝聚在不達6%的領土上。但由於島嶼分布廣泛，日本坐擁世界上最大的專屬經濟區之一，面積有450萬平方公里，是日本露出水陸地面積的11.8倍。不過，包括韓國、中國及俄羅斯在內的鄰國主張它們對某些地區具有權利，因此帶來爭議。

⇨ 吉田茂模式

日本的發展模式，完全以外貿為導向。從第二次世界大戰結束以來，日本以自由且開放的經濟立足，佐以主張和平的外交路線。

1945年9月2日，日高見國[1]／太陽帝國向美國及同盟國投降，正式劃下第二次世界大戰的句點。經過廣島（1945年8月6日）及長崎（1945年8月9日）兩次原子彈轟炸，日本遭到重創，大受摧殘，必須一步步走出這場血腥的衝突。

在美國的施壓之下，日本在1946年採用了新版憲法。新版憲法從1947年起生效，其中第九條規定「日本國民永遠放棄以國權發動戰爭」，和東亞殖民與侵略者的身分分道揚鑣。

對當時在位（1946年至1947年）的首相吉田茂而言，日本除了一心重建經濟，放棄武力，將軍權拱手讓給占領的美軍之外，別無選擇。很快地，「吉田茂原則」奏效了。1960年代，日本國民生產毛額每年的增長率在10%到4%之間，而且從1969年起，日本躋身世界第二大經濟體。戰前日本企業的佼佼者如三菱、三井、東芝和日產汽車快速振興，先是在銀行跟電子領域重起爐灶，接著開展汽車工業及機器人技術。

首先，日本和東南亞國家協會（ASEAN，簡稱東協）的成員展開聯繫，建立第一道勢力可及的關係圈。不過，日本也和距離較遠的國家合作，包括太平洋沿岸的國家、歐盟和為數愈來愈多的非洲國家。目前，日本仍是世界第三大經濟體，排在美國與中國之後，並且和中國的經濟合作愈發緊密。

⇨ 支票外交

數十年來，日本的經濟奇蹟促成了「支票外交」，也就是將經濟作為工具的外交政策。日本的軍隊稱為「自衛隊」，基於憲法的規範，自衛隊的使命必須服膺和平主義的抉

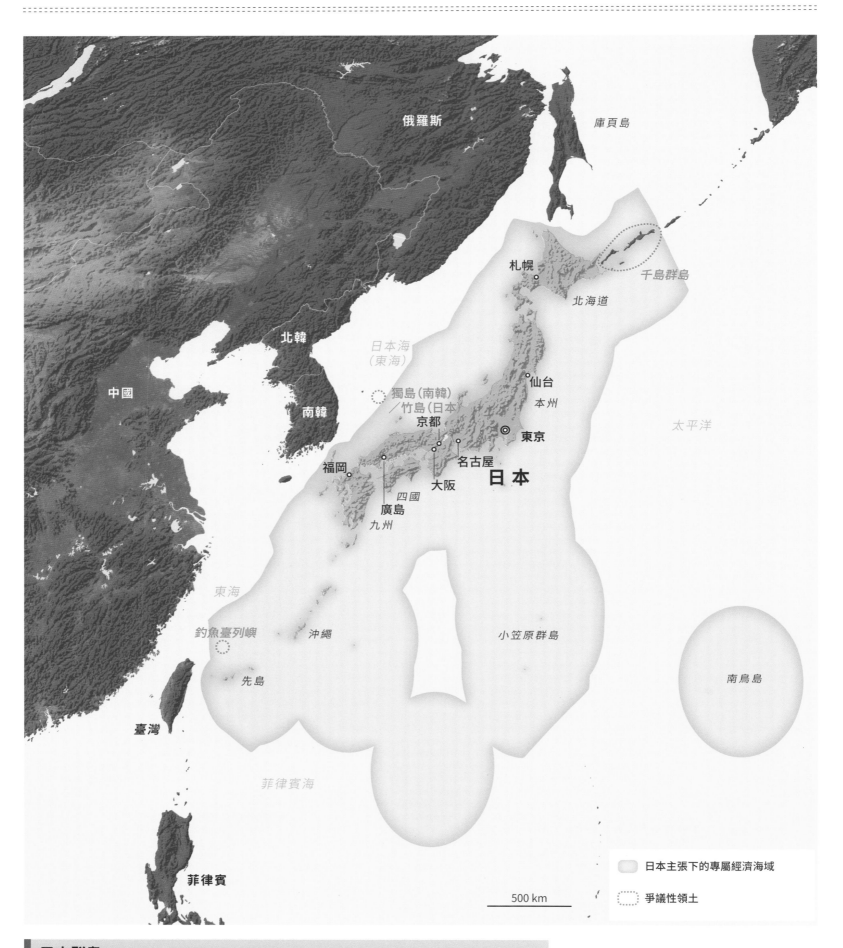

俄羅斯

庫頁島

札幌
北海道

千島群島

日本海
(東海)

北韓

仙台
本州

獨島(南韓)
／竹島(日本)
京都
名古屋
日本
東京
太平洋

中國

南韓

福岡
四國
大阪
廣島
九州

東海

小笠原群島

釣魚臺列嶼
沖繩

臺灣

先島

南鳥島

菲律賓海

菲律賓

日本主張下的專屬經濟海域

500 km

爭議性領土

█ 日本群島

本州、北海道、四國與九州位於日本群島中心，構成日本人所稱的「本土」。日本東望太平
洋，西臨亞洲內海，北濱鄂霍次克海，南銜菲律賓海。因此，日本和俄羅斯、北韓、南韓、
中國多處、臺灣及菲律賓分享海域的疆界。

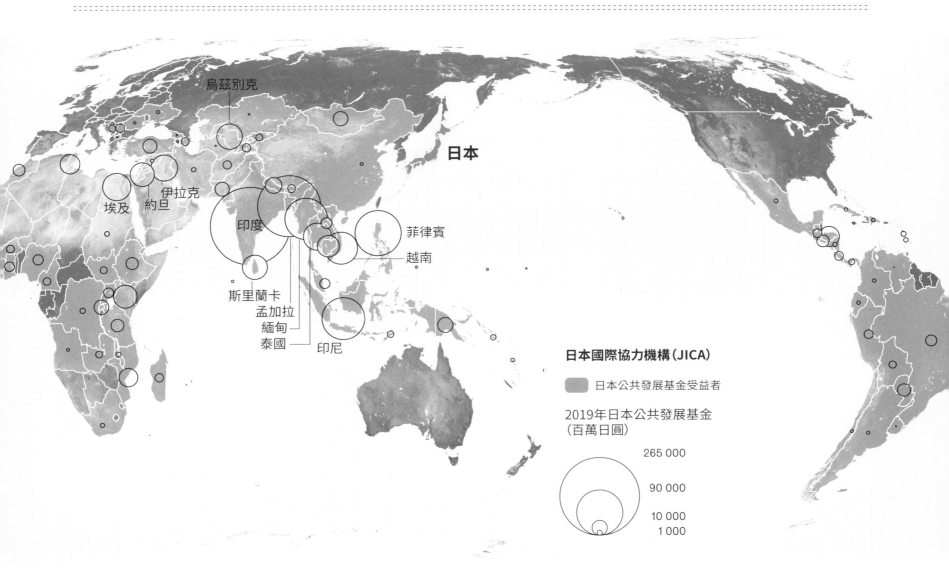

烏茲別克

日本

伊拉克
約旦
埃及
印度
菲律賓
越南
斯里蘭卡
孟加拉
緬甸
泰國
印尼

日本國際協力機構（JICA）

日本公共發展基金受益者

2019年日本公共發展基金
（百萬日圓）

265 000

90 000

10 000

1 000

擇，只能保護日本群島安全[1]。不過，選擇和平並不會阻礙日本在境外伸張影響力，不管是直接透過企業主，或是間接地收放發展資金。今天，日本是世界第四大公共發展資金的提供者，排在美國、英國與德國之後。

雖然日本能以經濟巨人自居，而且在國際上也是個非軍事強權，卻無法在亞洲鞏固第一把交椅的位置，因為日本的國防始終仰賴同盟的美國。1991年，波斯灣戰爭爆發時，這樣的外交態勢曾經受到國際社群的質疑，形成日本軍事外交正常化的契機。於是，1992年通過了一項法律，這項法律允許日本自衛隊參加聯合國維和部隊的行動。因此，日本從被動的和平主義者，成為「主動的」和平主義者，大大提升國際能見度。不管是2001年至2010年間日本海軍支援美軍出兵阿富汗，或是在2003年至2006年間支援伊拉克重建，其主動性可見一斑。至於對抗全球暖化，日本也不遺餘力。1997年，京都召

開了氣候會議，促成歷史性的《京都議定書》（Kyoto Protocol）。

日本軟實力大放異彩30年，在2012年安倍晉三出任首相之後，策略上出現了轉變。安倍想替日本追尋新的身分認同，希望能脫離1947年憲法的框架，讓日本的軍力不單單滿足防衛需要。首相身邊的幕僚也認為，是時候脫離吉田茂的原則，讓日本在國際上伸張自身的企圖，壯大軍力，打一流的外交牌。尤其是當中國作為日本自古以來的對手，在2010年超越日本，使日本退居世界第三大經濟體。如此勁敵嶄露頭角，日本必須面對。

⇨ **當北京讓東京擔憂**
中國展現強大海權，對日本形成安全上的挑戰，因為中國在某些海域對日本主權提出質疑。尤其是在釣魚臺列嶼周邊，在日本人看來，中國從2012年起侵犯行為日益頻繁。從

日本首要的發展基金提供者

亞洲首要的發展基金提供者日本透過它的國際協力機構（JICA），以出資或增資的方式金援許多國家，改善醫療照護環境，並打擊傳染病。日本用這樣的方式，在各大洲扮演活躍的角色。

2017年豐田汽車全球布局

　　　銷售駐點

汽車組裝廠區
（千座）

2 828
500
100

■　　零件生產廠區

**豐田汽車的世界
行旅**

豐田汽車誕生於19世紀
末的名古屋郊區，在
2017年成為世界第一大
汽車製造廠商。在那
年，豐田汽車賣出超過
1000萬輛汽車，營業額
高達2310億美元。

1895年起，釣魚臺列嶼便歸日本管轄，不過
北京當局也主張中國對這個區域具有主權，
將之稱為釣魚臺。雖然日本的海巡單位目前
只會登船查驗商船，東京當局著手加強中國
東海區域的監控及防衛。更重要的是，習近
平2013年在哈薩克宣布推行「一帶一路」（
也就是新絲路計畫），使日本如坐針氈，生
怕一帶一路挾帶中國的規範及典章制度，會
動搖1945年建立起來的自由秩序。有鑑於
此，日本立即加強和老字號同盟——美國的
關係。

　　由於第二次世界大戰的歷史遺緒，整座
日本群島處處可見美軍蹤跡。不過，日本人
希望美軍撤除的意見聲浪，日益高漲。但是
對安倍首相而言，顧及中國崛起，除了讓美
軍留駐日本，別無選擇。為了在這段軍事同
盟的關係中負起更多責任，日本政府增加了
軍事預算，並在2015年擴增日本自衛隊的職

能，讓自衛隊能支援盟邦，同時也增加對美
軍購。

　　不過，川普擔任總統時，曾讓東京憂心
忡忡，尤其是當美國在和北韓領導人金正恩
「談判」之前，「排除」了先和同盟日本協
商這一步。另外，當美國單方面退出《跨太
平洋夥伴關係協定》，也讓日本坐立難安。
《跨太平洋夥伴關係協定》是歐巴馬時期經
貿政策的基石，也是美國將策略核心轉向亞
洲的主軸，創設的目的是透過聯合太平洋沿
岸的12個國家（包括美國、加拿大、墨西
哥、日本、越南及馬來西亞等國），力克北
京。

　　中國氣焰高漲，美國卻在此時縮身，日
本便決定發展出更為自主的政策。自主的政
策包括採用11國版本的《跨太平洋夥伴關係
協定》，這個版本在2018年底生效，並在
2019年跟歐盟簽訂自由貿易協定，以因應美

國大行保護主義，在合作時舉棋不定。在策略布局上，日本展望的，是「自由開放的印度－太平洋地區」。

⇨ 「印度－太平洋」作為一個觀念

2016年8月27日，安倍晉三前往肯亞首都奈洛比，出席日本－非洲高峰會，並在那時提出了「印度－太平洋」的觀念。印太地區是一個巨大的經貿區域，從非洲東岸一路綿延到美國西岸，橫跨印度洋與太平洋。面對中國的擴張，安倍晉三為了維繫這個地區的穩定，主張遵守國際法，奉行多邊主義，提倡自由貿易和經濟發展。很快地，他和美國、澳洲、印度、歐盟、東南亞以及太平洋國家取得共識。

⇨ 日本強權的缺陷

今天的日本不管是對本身的資產或是侷限，都具有自覺。雖然安倍晉三承諾推動改革，但是日本的經濟成長從2011年以來都維持在1%上下，停滯不前（相較之下，中國的平均成長率是7.5%），而且債務日積月累，愈來愈多，現在債務達到國民生產毛額的230%。2011年，福島核災讓日本人受到重創。另外，日本人口還是世界上的獨特案例。每年，日本失去20萬至30萬名人口，如果照這樣的趨勢走，日本2020年有1億2700萬人，到2110年會跌破1億人的大關。這是一個人口危機，也是精神上的危機，遭逢Covid-19疫情更是雪上加霜，讓日本人心惶惶，也動搖了日本地緣政治策略布局的陣腳。2022年7月8日，再一道打擊。安倍晉三在卸任之後遭到刺殺。調查結果研判真理教涉入其中，顯示教派勢力在日本不容小覷。

　　而且，日本不管是在領土主權或是歷史記憶的領域，都和鄰國有不少摩擦，形成關係中的芥蒂。舉例而言，就算日本和俄羅斯貿易頻繁，卻因為日本北部千島群島的爭議，讓日俄兩國無法簽署和平協定。獨島／竹島之別[1]，牽連著日本的殖民歷史，相關的領土爭議變成日本與南韓關係中的遺毒。就算日本非常擔憂北韓的核武發展，而且1970至80年間被平壤綁架的日本國民至今下落不

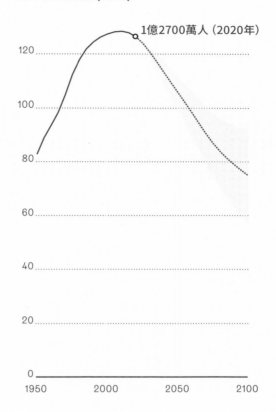

1950年～2100年
日本人口發展（百萬）

1億2700萬人（2020年）

人口變遷

根據人口預測，日本人口在2020年有1億2700萬人，到了2110年，將剩下9600萬人，如果採用最悲觀的估算模式，甚至會跌到少於4300萬人。

明，日本與南韓的關係不見起色，甚至在2018年變得更差。

⇨ 美日重拾信任

2021年春，美國總統拜登在白宮接見安倍晉三的接班人菅義偉，菅義偉是拜登上任後會晤的第一個外國領導人。華盛頓與東京當局的關係經過川普時期四年的飄搖擺盪，於是，新的美國政府希望可以讓這個亞太地區的策略夥伴吃下定心丸，重申美日同盟堅若磐石，並且兩相商榷如何透過多國合作來捍衛民主價值，制衡中國與日俱增的影響力。

　　2022年6月底，烏克蘭戰事如火如荼，拜登在出席北約辦在馬德里的領袖峰會時，會晤日本新任首相岸田文雄和南韓領導人，在北約同盟的框架之下，成為歷史性的三頭聚會。對華盛頓當局而言，美日韓三頭聚會著墨的，是美國在亞太地區「堅定不移的承擔」。

印度－太平洋地區：
制衡中國的影響力

印度－太平洋地區囊括的範圍，從非洲東岸一路延伸到美國西岸，橫亙印度洋及太平洋。面對中國海權崛起，並在亞非兩洲壯大聲勢，印太地區成為日本國家安全考量的核心地區。

因應這樣的情況，日本數年來提倡「自由開放的印度－太平洋」（Free and Open Indo-Pacific），確保該區航運自由，局勢穩定且經濟發展順遂。為了達成這些目標，日本努力和共享相同價值的國家促成盟約，加緊合作聯繫，這些共享價值包括自由且多邊主義的國際秩序。這項計畫納入了美國、歐盟、澳洲及印度。因此，東京及新德里當局一起擘劃出「亞非成長走廊」（Asia-Africa Growth Corridor）的計畫，連結印度西岸的港口賈姆訥格爾（Jamnagar）與東非的吉布地（Djibouti）。從2011年至今，日本在吉布地設有軍事基地。日印兩國這麼做，是想用成本更低的計畫、更透明的交易以及（更重要的）更優質的基礎設施，向東非提出「中國與非洲」的替代方案，以便讓東非地區的交通更為便捷。「印太地區」的觀念框架也加強了美國、澳洲、印度及日本的「四方安全對話」（Quadrilateral Security Dialogue）。伴隨四方安全對話開展的計畫，包括聯合海軍行動，例如2020年11月馬拉巴爾（Malabar）的軍事演習便受到北京強烈譴責。Covid-19疫情確實使中國與鄰國（包括臺灣、印度、日本及菲律賓）緊張局勢升溫，讓該地區的觀念與價值競逐，愈演愈烈。於是，中國的新絲路便和守衛西方價值的印太布局，形成對決之勢。

伊朗
巴基斯坦
新德里
阿拉伯
合大公國
亞美達巴得
印度
阿曼
孟買
孟加拉
緬甸
泰國
中國
南韓
日本
菲律賓
太平洋
斯里蘭卡
馬爾地夫
席爾
迪亞哥加西亞島
印度洋
馬來西亞
新加坡
印尼
達加斯加島
模里西斯
法屬留尼旺
澳洲

軍事基地		印度洋海港	
⊛	共軍基地	⊕	中資或 中船母港	海運航路
⊛	美軍基地			
⊛	印軍基地	⊕	印資或 印船母港	

巴羅莎谷

巴羅莎谷位處澳洲南部，是澳洲歷史最悠久的葡萄酒產區之一。巴羅莎谷是澳洲釀酒業的故鄉，該地的地中海氣候產出的酒，讓其他酒難以望其項背。澳洲的酒舉世聞名，每年產出的酒高達13億公升。澳洲是世界第五大產酒國，主要客戶——至少到2020年之前是如此——是中國。2020年夏天，澳洲向世界衛生組織要求針對Covid-19病毒起源發起獨立調查，被習近平政府視為挑釁，於是北京與坎培拉（Canberra）當局開始交惡。接踵而至的，是中方對澳洲的經濟制裁。中國指控澳洲廉價傾銷瓶裝酒，合理化其在2020年底對澳洲進口酒額外課稅的決定；這對澳洲酒商而言，形同災難。而且，中國還採取了另一項報復手段，也就是禁止澳洲牛肉進口，也對澳洲進口的大麥提高關稅，凡是原先以中國作為頭號大戶的澳洲產業，比照辦理。澳洲民主在文化上與西方親近，在經濟上卻仰賴中國，因為中

國是澳洲首要的經貿夥伴。在未來的這幾年，澳洲遭遇到的挑戰會非常艱鉅。自從澳洲試圖抵禦中國勢力介入，中澳關係的緊張就節節高升。2018年，澳洲通過一項法律，立意便是要抵制中國干預，坎培拉當局禁止國內政黨收取外國政治獻金（原先來自北京的金流愈來愈多）。同時，澳洲也阻止中國的電信巨頭華為在澳洲領土建置5G網路。對此，中國對澳洲祭出多杯罰酒，頻頻施壓。一方面，中國媒體開始抹黑澳洲，也對澳洲經濟連連掣肘。從此以後，坎培拉希望能加強和該區其他國家的關係，包括印度、日本及越南，隨著拜登上任，也對美澳軍事合作升級寄予厚望。因此，澳洲原先跟法國簽約購買核子潛艦，卻在2021年9月啟動了「澳英美三方安全夥伴」（AUKUS）之後，擬改買美艦，引發一場重大的外交危機。其中的來龍去脈，要這樣解讀。

澳洲
選邊站

⇨ 澳洲：西方的遠鄰

澳洲離歐洲有一天的飛行航程之遠，是世界上最大的國家之一，國體面積達760萬平方公里。作為名符其實的「大陸國家」（continent country），澳洲以大為美，自然生態繽紛多樣，內陸（稱為the outback或the bush）名聞遐邇，那裡草木稀疏，露出一片紅土。不過，澳洲人口只有2530萬人，多數是歐洲殖民者的後裔，而原住民只占了總體的3%。澳洲人口不斷增長，卻在此時出現顯著變遷。1947年時，移入澳洲87%的人生於歐洲，主要來自大英帝國；但是在今天，移入澳洲的人主要來自亞洲。這個國家年輕而且富裕，是個君主立憲的大英國協王國，名義上由英國女王伊麗莎白二世統治[1]。澳洲在1901年脫離英國既有的控制，現行政府由議會內閣組成。

基於歷史與政治的淵源，澳洲是西方世界相隔對蹠點之遙的手足[2]。由於澳洲位於印度洋之西、太平洋之東，這樣的地緣關係讓澳洲在實際上與亞洲相近。在這個區域，澳洲扮演著中堅實力派的角色，不過其實從1945年以來，它始終和第一世界強權站在同一陣線。

⇨ 美國：澳洲歷史上的「保護者」

為了保障國家安全，澳洲仰賴美國。《美澳紐防禦條約》（ANZUS）簽署於1951年，為美澳雙方的軍事同盟立下基石。起先，這份條約想預防的，是日本軍國主義東山再起。接著，它轉型成美國冷戰防堵政策的一環，抵制共產主義在亞洲的發展。依據《美澳紐防禦條約》，簽約三方針對涉及太平洋地區安全的議題，要共同協商。因此，美國因為冷戰的緣故，取代了英國，成為控制紐澳地區的勢力。

自2000年，中國的崛起使這份策略聯盟的關係愈發緊密。2011年，歐巴馬總統便是在澳洲首都坎培拉宣布「重返亞洲」的計畫，將美國外交政策的重心移向亞太地區，也讓這個地方成為軍事部署的重點區域。從此以後，美軍開始進駐澳洲達爾文（Darwin），每年輪調。

⇨ 中國：澳洲的「發展加速器」

倘若澳洲在戰後把國家安全交付給美國，那在經濟上，情況就大有不同。中國在地理上更靠近澳洲，成為澳洲首要的經貿夥伴。中國龐大的市場需求帶動了澳洲的經濟，澳洲經濟排行世界第13，因為中國的關係，2018

未知的南方大陸

「未知的南方大陸」
（Terra Australis
Incognita）長期以來
出現在地圖的記錄中，
卻沒有被實際探索，直
到1606年荷蘭航海家威
廉‧楊松（Willem
Janszoon）初次造訪澳
洲。英國殖民澳洲，始
於詹姆斯‧庫克
（James Cook）的航
海探險之後，年代已是
1770年。到了20世紀，
人們在澳洲相繼發現各
種天然資源，促進澳洲
經濟發展。澳洲之所以
定都坎培拉，其實是出
於一場妥協。為了不想
要在雪梨跟墨爾本之間
做取捨，於是選擇了坎
培拉。

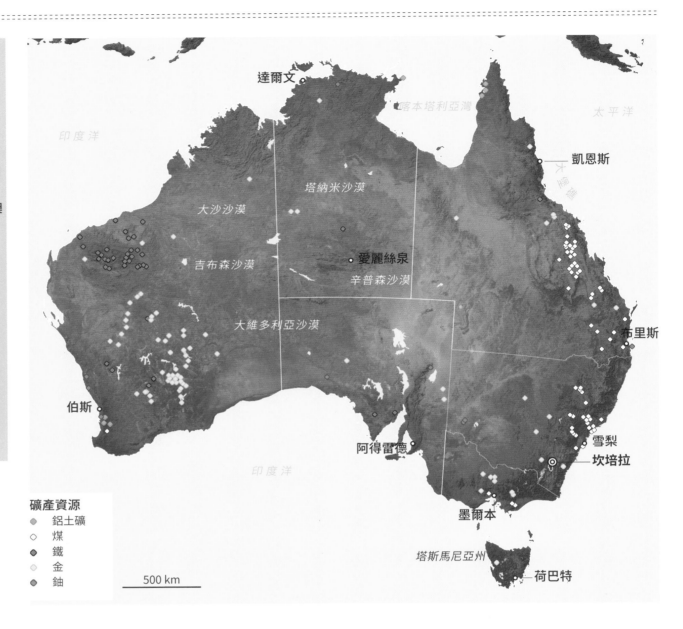

礦產資源
- 鋁土礦
- 煤
- 鐵
- 金
- 鈾

500 km

年經濟成長率接近3%。中澳雙方在2015年簽訂了自由貿易協定，讓2015至2019年間兩國的貿易量躍升四成。

澳洲礦產資源優渥，到2020年間，這些原物料主要向中國市場輸出，供應中國工業的持續成長。同時，澳洲也向中國出售農牧產品，尤其是穀類和牛肉。澳洲牛肉產自東部廣大的草原牧場，座落於昆士蘭、維多利亞以及新南威爾斯等區。

另外，中國也大量投資澳洲經濟，無論是澳洲的礦業，或是房地產、農業甚至是基礎建設，都是如此。基礎建設投資包括海港的建設，以達爾文港的案例為最。然而，由於中澳關係惡化，北京當局的投資銳減，同時也讓來自中國的觀光客、留學生以及移民數量少了許多。根據一份2016年的最新人口普查，澳洲有超過5%的居民表示他們來自中國。

近十年來，澳洲以劈腿之姿，夾在中美兩大強權的競爭之間。這道一字馬一邊代表澳洲的經濟利益，另一邊則是安全考量。從Covid-19疫情初期開始，澳洲要以同樣的姿勢維持平衡，愈加艱困。

⇨ 北京－坎培拉：日益緊張

面對中國，澳洲進退維谷，一方面由於近水樓臺之勢，澳洲經濟能活絡成長，另一方面又因為北京對這個區域的地緣政治野心勃勃，使澳洲在安全上備受威脅。北京當局在中國沿海地區處處伸張主權，咄咄逼人，此舉會殃及整個地區的穩定。

此外，中國在南太平洋地區和坎培拉正面交鋒，牽涉到諸多太平洋小島國家，它們原本都被坎培拉視為自家「後院」。中國透過金援資助和安全協定，逐步拓展自身的影響力，目的是要取得這些島國廣大的海洋資

源及專屬經濟區域，擴大中方的軍事勢力範圍。2018年4月《雪梨晨鋒報》（The Sydney Morning Herald）曾經提出這樣的問題：「如果中國在南太平洋落地生根？」這說的，是中國宣布出資援助萬那杜群島（Islands of Vanuatu）建設基礎設施的計畫。這部計畫共計至少有七個建設案，包括一座深水港和政府部門的電信傳輸網，後者可能涉及軍事用途。此事證明中國外交經營太平洋、密克羅尼西亞、庫克群島等地深謀遠慮，從溫家寶、胡錦濤等國家領導人便已成形，只是到了習近平手上，有了新的面向。

於是，坎培拉見到自己在太平洋地區慢了一步，有意急起直追，在該區提升澳洲外交活動，增加提供給該區島國的資金協助。不過，為了制衡中國在南太平洋的擴張野心，澳洲政府主要還是向牢靠的盟友──美國求援。2018年底，美澳兩國宣布要在巴布亞紐幾內亞的馬努斯島（Manus Island）建立新的海軍基地。

⇨ 美國同盟不可或缺

中國意圖染指南太平洋，使澳洲察覺自己對美國有著前所未有的需求。然而，川普在任時，美澳同盟受到削弱，因為川普領導的美國採取孤立主義，而且不按牌理出牌，遑論美國和中國之間爆發貿易戰，雙方頻下重手，讓澳洲如履薄冰。

舉例來說，中國針對潛伏於南海地區的各項爭端，抨擊澳洲在軍事上系統性支持美方。北京當局曾經數度警告澳洲，要澳洲在牽涉航運自由的問題時，別採取美方立場介入領土爭議，否則，澳洲親美只會「毒害」中澳關係，引來中國強力反制，後果只會壓抑澳洲的發展。但是，中國的威嚇並沒有讓

太平洋爭霸

中國在南太平洋日益擴張，尤其和斐濟、巴布亞紐幾內亞和萬那杜等國愈走愈近，使澳洲憂心忡忡。中國南太平洋的政策也包括壓制臺灣，因為在承認臺灣的國家之中，有三分之一位處南太平洋。為此，美國參與了澳洲在巴布亞紐幾內亞與建聯合海軍基地的計畫。

中美角逐
亞太龍頭

透過簽署《區域全面經濟夥伴協定》，中國能在中美的亞太地區的角力之中多拿幾分，因為這份協定在東協成員國、中國、日本、南韓及紐澳諸國之中劃出自由貿易區。這個自由貿易區規模龐大，總人口多達20億。不過，印度猶恐中澳廉價產品傾銷而入，拒絕簽署該協定。

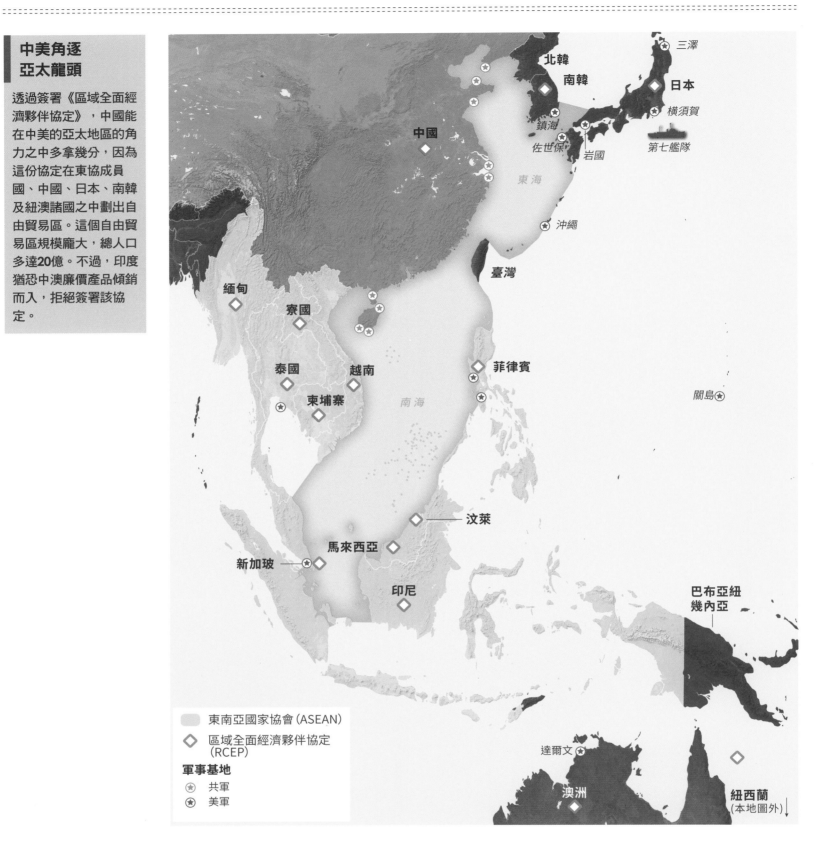

東南亞國家協會（ASEAN）

◇ 區域全面經濟夥伴協定（RCEP）

軍事基地

⭑ 共軍

⭑ 美軍

澳洲軍方的反中態度軟化，甚至指控中國操弄澳洲的數位網絡，以網軍進行刺探。接下來，澳洲政府基於這些指控，禁止中國電信業龍頭華為參與澳洲國家寬頻網絡（National Broadband Network）、5G以及雪梨－索羅門群島海底電纜網路的鋪設計畫。

中國在許多領域嶄頭露角，逐漸成為該領域的世界龍頭，長期以來，澳洲都把這些看在眼裡。澳洲為了保障自身安全，輸入美國軍購，並且加強美澳雙方的軍事合作。澳洲前總理史考特・莫里森（Scott John Morrison，2018年～2022年在任）曾多次重申：「中國人是我們的客戶，而美國人，他們是朋友。」一舉將經濟考量跟策略考量區分開來。

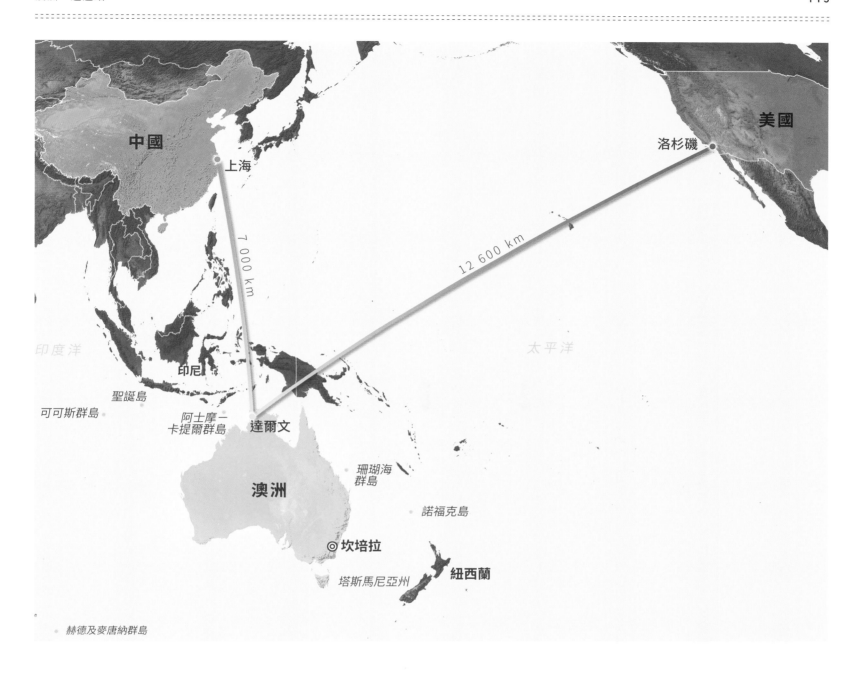

中國　上海　美國　洛杉磯

7 000 km　　12 600 km

印度洋　印尼　太平洋

聖誕島

可可斯群島　阿士摩一卡提爾群島　達爾文

珊瑚海群島

澳洲

諾福克島

坎培拉

塔斯馬尼亞州　紐西蘭

赫德及麥唐納群島

⇨ 中美之外的第三條路？

多年以來，澳洲為了脫離中美對決的火線，轉向新的亞洲夥伴，希望找到自主與自處的第三條路。在這個局勢之中，只有兩個國家屹立不搖，那就是日本和印度。於是，澳洲深化了跟日印兩國的關係，促成新的印太聯盟。

除此之外，印度也變成澳洲重要的經貿夥伴，在澳洲貿易夥伴中排行第五，在紐西蘭和英國前面。時逢中資企業遭到嚴重指控，說中資在澳洲領土進行產業刺探，印澳兩國一親近，便能讓坎培拉降低對中國生意上的依賴。另外，2018年間，雖然澳洲想要減少移入的人口數，卻准許3萬3000個印度人入境工作。於是，印度成為澳洲新移民的最大來源國。

2020年11月，中澳局勢愈發緊張，促使澳洲和日本簽署了一份歷史性的軍事合作協定。這份協定包含在日澳兩國領土的軍事調度（准許彼此進入對方領土）以及加強日澳雙方聯勤的互通性，包含在對方國內駐軍。

不過，面對中國在亞太地區崛起，澳洲對區域穩定跟安全的需求與日俱增，但經濟的實用主義並未就此受到抹煞。這可見於澳洲在2020年11月15日名列《區域全面經濟夥伴協定》的簽署國，這份協定的總召是北京當局，集合了15個國家加入協定。

太平洋地區之心

澳洲給人的印象地處偏遠，往往是「在那裡，遠遠的」，被放在地圖底端右下角。不過，近20年來，澳洲試圖親近亞洲新興國家，申明自己歸屬亞太地區。澳洲毫不猶豫地提醒世界，它銜接兩大洋，座落在印度－太平洋區域的中心。為了制衡中國與日俱增的影響力，日本、印度及美國十分重視印太地區，將它視為地緣政治的策略要地。

目的地
15

泰姬瑪哈陵

泰姬瑪哈陵無人不知，無人不曉。這座陵墓由白色大理石砌成，宏偉富麗，建造者是一位蒙兀兒皇帝，因為痛失愛妻，悲懷難遣，築樓追憶。泰姬瑪哈陵離新德里有200公里遠，位處印度的北方邦（Uttar Pradesh），是世界上最知名的紀念物之一。泰姬瑪哈陵屬於世界人類文化遺產，每年吸引上百萬名遊客造訪——當然，這是非疫情期間的盛況。但人們不太知道的是，作為穆斯林藝術的瑰寶、設有宣禮塔（minaret）和石刻《古蘭經》經文迴廊的泰姬瑪哈陵，卻受到世界第六大經濟體執政當局的鄙夷；對由印度總理穆迪以及他領導的印度人民黨（Bharatiya Janata Party）來說，泰姬瑪哈陵並不能代表印度教文化。印度的當權者現在念茲在茲的，是重新征服印度「真正的歷史」。可是，印度的穆斯林人口其實是世界第三。2017年底，當地的觀光局甚至把泰姬瑪哈陵從宣傳手冊中移除，不過為期並不久，因為欠缺觀光收益的後果太慘重了。因此，法國總統

馬克宏伉儷在2018年3月造訪泰姬瑪哈陵時，是以私人名義出訪，和官方行程切割開來。穆迪執政下的印度，將穆斯林族群以及廣義上的各種少數族群置之度外，對權力的制衡和各項自由漠不關心。

印度身為「世界上最大的民主國家」，使西方民主國家很難不跟它保持聯繫。眼見習近平領導的中國氣焰高漲，穆迪的印度在西方的同盟陣營中享有高人氣。不過，就算印度在西方吃得開，穆迪並不時時主打西方牌，有時會切換到「不結盟」（non-alignement）的印度政治文化。因此，穆迪並沒有譴責俄羅斯出兵烏克蘭，只有表達「擔憂」。在這裡必須點出的是，莫斯科當局從開戰以來便對新德里打折出售武器和能源，而且乘著烏克蘭小麥短缺，印度正巧能用自身農產在全球市場填補空缺。不料，2022年5月印度出現史上大旱，讓穆迪的如意算盤落空。

印度
穆迪帶來的轉折

⇨ **充斥嚴重不平等的經濟強權**

印度和中國一樣，是人口量體的巨人。2020年，印度總人口估計上看13億，高居世界第二，但領土面積幾乎只有中國的三分之一（約330萬平方公里）。印度是世界上人口最稠密的國家之一，它的領土比歐盟略小，人口卻比歐盟多出三倍，人口密度可想而知。在分布上，多數印度人居住在鄉村（66%）。

不過，印度在近20年間成為經濟強權，以資訊服務、生化科技和生醫製藥等產業領銜世界。印度的購買力平價排行世界第三，僅次於中國和美國之後，排在日本之前，在全世界生產毛額中的占比是6.7%。印度經濟成長強健有力，2010年至2020年這十年間，平均經濟成長率是7%。可是，這些都沒能防止印度成為世界上最不平等的國家之一。「樂施會」（Oxfam）是一個對抗不平等及貧窮的非政府組織，根據樂施會統計，印度人口中最富有的1%擁有全國42.5%的財富。雖然印度的經濟成長有目共睹，但印度有超過五分之一的人仍極端貧窮，尤其是農村地區一窮二白。而且，Covid-19疫情助長失業率的攀升，連具有大學文憑的都市青年人口也無一倖免。

印度的社會不平等根植在種姓制度之上。雖然種姓制度早已被官方禁止，但持續在印度社會沿襲血脈。婆羅門（Brahmin，祭司）是種姓制度中的最高階級，而首陀羅（Shudra，奴僕）則屬於下層階級。至於達利特（dalit，意即「穢不可觸」），顧名思義，因為從事的行業被視為汙穢不純，被排斥在種姓制度之外，是為賤民。

今天，多數印度人是否能取得教育、醫療照護、自來水跟電力都是重要的議題，尊重人權及民主亦然。

⇨ **政教分離的原則行將就木？**

印度具有多元文化和信仰，在1947年獨立，以法治國家原則去行民主議會制。印度憲法保障所有公民的平等與信仰自由，無論他們信奉什麼宗教。依據政教分離的原則，印度對所有宗教一視同仁，這項原則在1976年加入印度憲法序言。

可是，從2014年以來，印度由納倫德拉·穆迪（Narendra Damodardas Modi）領導。穆迪是印度教民族主義（Hindu nationalism）的死忠信徒，認為印度教高其他宗教一等。穆迪曾在古吉拉特邦（Gujarat）擔任地方首長，從此展開政治生涯，古吉拉特邦和巴基斯坦接壤，十分富庶。從2001年到2014年，穆迪將古吉拉特邦變成「印度教特性」（Hindutva）的實驗室，落實印度教高等的意識形態，也是穆迪所屬政黨——印度人民黨的黨綱。2014年議會選舉期間，穆迪承諾推動經濟改革，因此獲得大勝。2019年，穆迪光榮連任，從此開始推行系統性歧視穆斯林的政策，層級從印度人民黨執政的行政區擴及全國。這包括禁止殺牛（因為牛在印度教中是神聖的動物），訂定具有歧視性的移民法規，禁止來自鄰國的伊斯蘭移民取得印度公民資格。同時，印度人民黨還核准了一筆建案，也就是在北方邦城市阿約提亞（Ayodhya）一座清真寺的遺址上興建印

位處印度次大陸之心

印度位於南亞，是一座遼闊的半島，深入印度洋之中。印度北部環繞西馬拉雅山山脈，是三條河流的發源地，包括印度河、恆河以及布拉馬普特拉河。這些河流沖積出印度河－恆河平原（Indo-Gangetic Plain），是孕育出印度歷史的中心。印度首都新德里便位在這座平原上。到了東邊，平原開散成世界上最大的三角洲。往南，便進入德干高原，濱海沿線長達7000公里。

度教神廟。這座清真寺在1992年被印度教民族主義分子摧毀，在全國不同宗教社群之間引發暴力衝突。查謨及喀什米爾聯邦（Jammu-et-Cachemire）是印度唯一以穆斯林為主的行政區，靠近邊境，局勢不穩，牽涉印度、巴基斯坦與中國各項爭議，被憲法賦予特殊自治權。但是，印度政府卻在2019年8月猝然收回這項權利。印屬喀什米爾[1]就此被一分為二，成為拉達克聯邦屬地（Ladakh）和查謨及喀什米爾聯邦屬地，由新德里直接管轄。

⇨ 地緣政治第一環：鄰國

在國際上，印度為了鞏固勢力無所不用其極，祭出所謂的「三個同心圓」政策。印度地緣政治的第一環，便由接壤的鄰國組成，其中包括巴基斯坦、中國和斯里蘭卡。就算中國威震一方，印度從獨立以來，便也以區域強權自居，透過人口、經濟與領土關係疊加出的影響力，與中國分庭抗禮1985年，印

度偕數個鄰國以及阿富汗創立了「南亞區域合作聯盟」（South Asian Association for Regional Cooperation，SAARC）。不過，這個合作聯盟並沒有辦法為南亞局勢做出定論，因為印度較小的鄰國很快便對印度霸權心生排斥，而且許多承襲自過往的爭端根深柢固，對當今局勢的影響非常顯著。

舉例來說，印度與巴基斯坦的關係便是如此，因為巴基斯坦是印度的宿敵。英屬印度在1947年解體[2]，起初便是透過宗教信仰的區別——印度教或伊斯蘭教——進行人口與領土的分化與交換，是為「印巴分治」，最後衍生出兩個新的國家，也就是印度和巴基斯坦。草創初期的巴基斯坦包含兩個政治實體——東巴基斯坦（今天的孟加拉）與西巴基斯坦，由印度居中，分隔兩處。這些切割與區隔造成許多族群暴力衝突，使數百萬人流離失所，數千人喪生，形成印巴兩國的嚴重齟齬。印巴衝突有四次便是起因於此。其中兩次是因為喀什米爾的主權（分別發生於1947至1948年，另一次

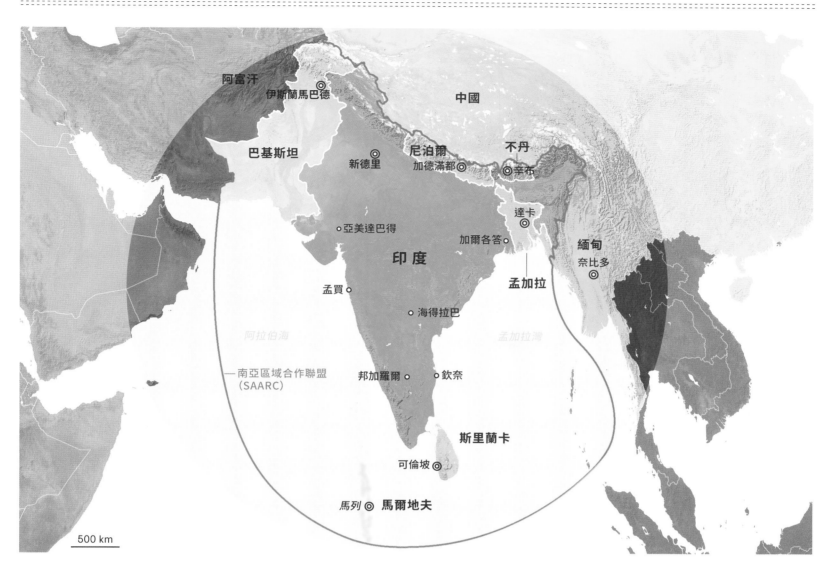

阿富汗
伊斯蘭馬巴德
中國
巴基斯坦
尼泊爾
不丹
新德里
加德滿都
辛布
達卡
亞美達巴得
加爾各答
緬甸
奈比多
印 度
孟加拉
孟買
海得拉巴
阿拉伯海
孟加拉灣
—南亞區域合作聯盟
（SAARC）
邦加羅爾
欽奈
斯里蘭卡
可倫坡
馬列
馬爾地夫
500 km

發生在1965年）。1971年則牽涉東巴基斯坦的分離，印度承認也支持東巴基斯坦的獨立事實，參加了戰役，促成孟加拉獨立。另一場印巴武裝衝突則發生在1999年，巴基斯坦軍隊進入由印度控制的喀吉爾高原（Kargil Plateau），引發駁火。

1998年，出於互相恫嚇的意圖，印巴兩國皆進行核子武裝行動。但這並沒有阻卻衝突繼續發生，例如在2001和2008年，來自巴基斯坦的伊斯蘭激進分子鎖定印度境內，發動恐攻。從此之後，雖然雙方數度想要透過規範的約束來化解爭端，但努力統統付諸流水，印巴衝突仍然一觸即發。這可見於2019年，穆迪收回喀什米爾施行了70年的自治權。這項決定觸動了印巴關係中的緊張神經。

在這樣的局勢之下，印度和阿富汗的關係具有顯著的策略價值，因為印阿關係可以牽制巴基斯坦這個勁敵。

印度跟孟加拉的關係也出現愈來愈多難

題。新德里時常怪罪達卡（Dhaka）當局並不系統性支持新德里的立場，也不樂見達卡跟北京愈走愈近。加上孟加拉支持印度東北部——阿薩姆（Assam）的分離主義運動，更是讓新德里跳腳。此外，印度也頻頻呼籲孟加拉要維持邊境秩序，這兩個國家共享邊境，總長超過4000公里。因為怠於監管，印度當前有2000萬名來自孟加拉的非法移民住在境內，其中有600萬落腳在阿薩姆。1993年至2013年間，印度築起長達3200公里的鐵絲圍牆，防止偷渡客潛入。2015年，印度和孟加拉曾達成一項協定，處理兩國境內百餘座飛地的法規問題。至於尼泊爾及不丹，這兩個國家雖然從古到今和印度關係緊密，如今則遇到中國競相拉攏。

⇨ 地緣政治第二環：印度洋

在地緣政治的第二環中，印度還是要顧及中國的競爭。縱然印度將印度洋視為其傳統上的勢力範圍，斯里蘭卡和馬爾地夫

**印度地緣政治
第一環：近鄰**

印度有八個鄰國，構成印度地緣政治關心的第一環。不過，總體來說，印度和多數鄰國的關係牽涉許多歷史淵源，盤根錯節，印巴關係便是最好的例證。加上印度行事氣勢凌人，讓小國覺得印度一副霸主派頭。

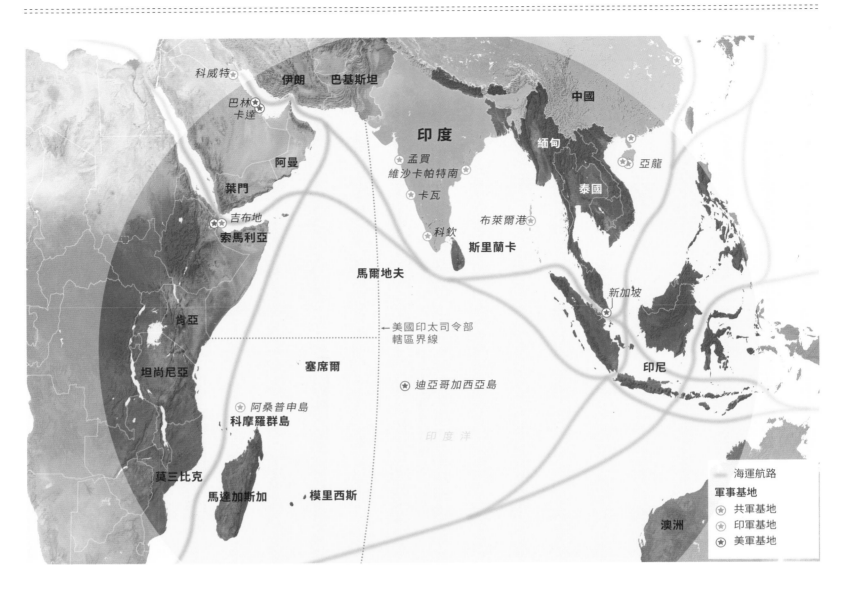

科威特 ★
伊朗　巴基斯坦
巴林 ★
卡達 ★
中國
印　度
阿曼
緬甸
葉門
★ 亞龍
孟買 ★
維沙卡帕特南 ★
泰國
卡瓦 ★
吉布地 ★★
布萊爾港 ★
索馬利亞
科欽 ★
斯里蘭卡
肯亞
馬爾地夫
新加坡 ★
美國印太司令部
轄區界線
塞席爾
坦尚尼亞
印尼
★ 迪亞哥加西亞島
印度洋
★ 阿桑普申島
科摩羅群島
莫三比克
海運航路
軍事基地
馬達加斯加　模里西斯
★ 共軍基地
★ 印軍基地
澳洲
★ 美軍基地

印度洋，地緣政治第二環

自古以來，印度總是將印度洋視為「自家的」海洋。今天，面對中國步步進逼，印度意圖加強海軍軍力。可是，印度無法以一己之力控制整片印度洋，於是和多國展開合作，合作對象包括美國、法國、泰國、印尼甚至數個非洲國家。鑑於中國在這個區域樹立門戶，川普政府決定將「印度－太平洋」納入國家安全的經略部署之中。

（Maldives）面對新德里時，卻別過頭去，看向北京。不過，為了要駕馭這塊海洋空間，印度在1997年連同其他印度洋沿岸的國家，創立了「環印度洋區域合作聯盟」（Indian Ocean Rim Association，IORA），結盟宗旨是要促進區域合作。印度洋是世界航運的輻輳之地，四通八達，看在它目前還是「美國的海洋」的分上，這樣的區域合作目標，仍大有可為。

美國透過位於吉布地、波斯灣沿岸國家以及新加坡的軍事基地（或設施），掌控著進入印度洋的主要海峽。美國之所以有辦法監控這片遼闊的海域，是因為迪亞哥加西亞島（Diego Garcia）軍事基地帶來的效益。可是，美國不再獨霸一方──中國正一步步拓點，意圖制衡印度的區域野心。中國的作為被稱為「珍珠鏈戰略」（String of Pearls Strategy），透過在印度洋沿岸設立中國軍用或民用設施，加上新絲路計畫的施行，串連區域影響力，被新德里當局視為一項圍堵

政策。

有鑑於此，印度加強海軍軍力，保障航運路線安全，因為印度九成的對外進出口貿易都依靠海運，尤其是石化燃料。於是，印度利用所屬島嶼，包括拉克沙群島（Laccadive Islands）以及安達曼－尼科巴群島（Andaman-and-Nicobar Islands）「監控」航向麻六甲海峽（Strait of Malacca）的航道。此外，印度還在塞席爾（Seychelles）和模里西斯（Mauritius）建造海軍與空軍基地，在馬爾地夫、塞席爾和模里西斯之間的海域航安中，逐漸取得主導地位。然而即便如此，印度能力有限，無法獨自控管整片印度洋。

自從冷戰結束以來，印度和東南亞諸國發起了稱為「東望」的政策（Look East policy），讓印度能向東南亞國家協會靠攏；其中，有某些東協成員國跟印度一樣，對中國的區域強權感到擔憂。另外，印度也打日本牌。為了牽制中國的新絲路，印度和

語言支系分布
- 南亞語系
- 達羅毗荼語系
- 印度－雅利安語系
- 藏緬語系

日本發起了一項反制計畫，名為「自由走廊」（Freedom Corridor）。自由走廊通聯亞非兩洲，是一道社會經濟發展走廊，印度想成為自由走廊的奠基者之一。同時，印度和日本也發起軍事及經濟的合作計畫作為配套。

⇨ 地緣政治第三環：放眼世界

印度作為聯合國的活躍分子，從1950年起便加入各項聯合國維和行動，在非洲活動。同時，印度也是G20以及金磚五國的成員。金磚五國是新興國家俱樂部，成員也包含中國。中印角力，影響層面擴及全球。

不過，中印兩國其實也有共享的關注面，首先就是人口問題。中國巨龍和印度巨象加起來便占去地表四成的人口，還有全世界國民生產毛額的18%。再來，是經濟。近20年來，中國成為印度首要的經貿夥伴，往來密切。中印兩國因為利益交匯，成為過從甚密的基礎，卻沒能因此化解所有緊張。2005年4月，溫家寶訪問印度時，新德里承認中國對西藏自治區具有主權，而中國則投桃報李，承認印度對錫金邦（Sikkim）[1]具有主權。2018年5月，習近平拜會穆迪，讓中印關係更上層樓。當時，北京當局正和川普的美國進行貿易戰，周旋正酣之際，極力在世界各地謀求支援，制衡日本和印度對中美貿易戰採取的因應之道。而在穆迪這邊，他需要的，是向選民展現外交手腕俐落有效。

從2017年起，印度也成為上海合作組織的一員。上海合作組織由中國和俄羅斯創立，和印度同期加入的成員國還包括巴基斯坦。

Covid-19疫情加劇了這個多方角力的局勢，讓印度和美國愈走愈近。除了中國崛起，印度與美國共同關切的議題還包括伊斯蘭主義恐怖攻擊、核武以及印巴關係的不穩定，這部分讓華盛頓當局憂心忡忡。

印度語言及宗教的馬賽克拼貼

印度文化多元紛呈，好比一幅馬賽克拼貼，境內保有1600種語言。印度最通行的語言是印度語（Hindi），每十個印度人有超過四個說印度語。印度語和英語並列印度的官方語言。因為文化多元的緣故，印度建國時採取聯邦制，便是依照各地的語種來進行分區。同時，印度也流行多種宗教，十個印度人裡面有八個信仰印度教，而穆斯林則構成印度15%的人口，讓印度成為世界上第三大穆斯林國家，僅次於印尼和鄰近的巴基斯坦。

印度：
戮力想成為世界強權的區域強權

要成為強國，印度具備的條件之完備，十足可觀。印度幅員遼闊，領土自成一塊大陸。它人口量體龐大，即將在世界上居冠。同時，印度享有豐富的文化遺產，也能融入全球化的潮流。另外，印度科技發達，強項包括核能與航太科技，向大型企業提供許多精英研發人才。印度真正的軟實力琳瑯滿目，不但有寶萊塢電影、音樂、觀光、印度教哲學和瑜伽，還要加上遍布全世界的印度僑民，他們的總數超過3100萬，不容小覷。在疫情肆虐期間，印度的另一項資產表露無遺，那就是它「世界藥房」的地位。60%的疫苗和43%的一般藥物，都是印度製造。

作為聯合國的一員以及其他國際組織包括G20、金磚五國和上海合作組織的一分子，印度在國際上享有愈來愈高的能見度。因為人口量體龐大，當今的印度爭取成為聯合國安全理事會的常任理事，和中國旗鼓相當。

但是，就算印度在四面八方進行外交經略，它仍然有許多弱點。在國內，印度要處理受到毛澤東思想啟發的納薩爾巴里起義（Naxalbari uprising），此事威脅印度數邦的穩定。同樣地，印度東北部落民族也有緊張情勢，2022年就任的印度總統——德拉帕迪·慕爾穆（Droupadi Murmu）[1]便來自這個地區。

此外，還要算上印度宗教的激進化傾向，這不但促使暴力事件頻傳，也讓廣大的貧窮問題持續惡化，分歧嚴重，撕裂社會。

對外，印度在世界貿易中影響力不高，區域外交關係時常受到印巴關係的牽絆和攪局。加上中國勢力龐大，在經濟和策略上都是印度的競爭對手，是印度想要成為世界強權的阻礙。雖然印度出於政治因素，和中國外交關係親近，中國壓路機式的制霸手段讓印度忌憚三分，因此跟新絲路計畫保持距離。印度之所以對新絲路敬而遠之，原因還包括新絲路有區段由喀什米爾經過巴基斯坦，牽涉到的區域跟印度持續伸張主權的地區重疊。2020年11月，印度拒絕簽署《區域全面經濟夥伴協定》，這份協定由中國主導，是世界上舉足輕重的自由貿易協定，全體協定國占世界國民生產毛額的三成，囊括的人口占全世界人口的兩成。

此外，喜馬拉雅山區的中印邊界並非昌平無事，阿克賽欽地區（Aksai Chin）便是中印領土爭議的焦點，曾數度引發中印交火，交火期間，印度指控北京當局進犯印度領土。

在未來的數十年，印度作為世界第六大經濟體，要是更上層樓真的指日可待，只能說它目前讓中國遙遙領先[2]。

美國

巴西

俄羅斯

中國

日本

印度

南非

G20

金磚五國

上海合作組織

聯合國安全理事會
常任理事國

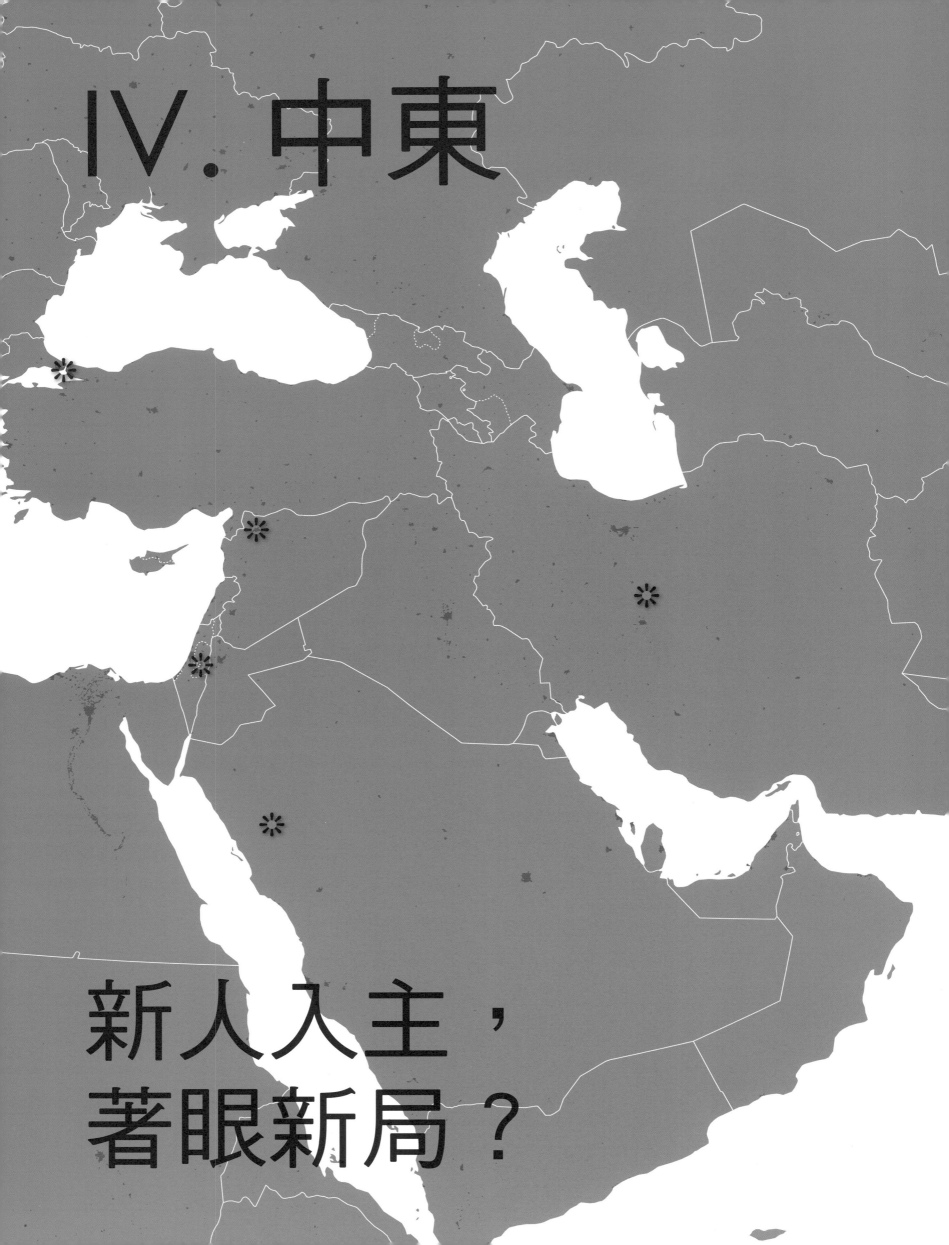

IV. 中東

新人入主，
著眼新局？

●

2021年8月，西方勢力從阿富汗倉皇撤退，標誌著中東改朝換代。新的行為者就此進場，其中包括普丁，從敘利亞對伊斯蘭國發動抗戰開始，便在這個區域下樁。中東其他不容小覷的勢力，莫過於土耳其的艾爾段。2018年，土耳其因為異議記者賈邁爾‧卡紹吉（Jamal Khashoggi）遇害而和沙烏地阿拉伯關係降至冰點。到了2022年春，土耳其和沙國重修舊好。艾爾段和沙烏地阿拉伯王國王儲穆罕默德‧賓‧薩爾曼（Mohammed bin Salman），並未對俄羅斯2022年2月出兵烏克蘭提出制裁，土耳其甚至提議要從中斡旋。

同時，以色列在維繫政治穩定時困難重重。經過納夫塔利‧貝內特（Naftali Bennett）和亞伊爾‧拉皮德（Yaïr Lapid）兩名政治人物的努力，雖然以色列和巴勒斯坦關係劍拔弩張，卻因為《亞伯拉罕協議》（Abraham Accords）的簽署，和阿拉伯諸國的關係得到緩解。

至於在德黑蘭，國際間正對伊朗核能的管制進行協商，管制的交換條件是經濟制裁的鬆綁，但下文仍懸而未決。

從2022到2023年，卡達會是舉世注目的焦點，因為卡達既是塔利班分子的仲裁國，更是世界杯足球賽的主辦國，又因為烏克蘭戰爭引發能源短缺的關係，讓卡達握有的天然氣資源炙手可熱。實際上，烏克蘭衝突讓中東的石油及天然氣資源重回聚光燈之下。歐洲人一旦少了俄羅斯的石化燃料，在未來的數年間，便會對這項資源出現前所未有的需求，趨之若鶩。

納坦茲

納坦茲是位於伊朗伊斯法罕省（Ispahan）的一座城市，是該國核能計畫的開發重鎮之一，也是進行鈾濃縮（uranium enrichment）的要地，以此聞名。2021年4月12日，伊朗政府指控以色列是納坦茲核能中心鈾濃縮離心機故障的始作俑者，揚言必定會在「適當的時候」進行報復。那麼，核設施故障到底是供電有差池，還是反核的蓄意恐攻呢？要歸結出個答案，十分困難，因為三不五時就會出現這種事故，形成德黑蘭與特拉維夫（Tel Aviv）當局衝突關係的標誌。對於某些伊朗領導人的發言，以色列人耿耿於懷，例如伊朗前總統阿赫瑪迪內賈德（Ahmadinejad）便曾援引大阿亞圖拉（Grand Ayatollah）與精神領袖何梅尼（Ruhollah Khomeini）的立場[1]，表示「占據耶路撒冷的政權應該要在歷史的篇章中消失」。而且，伊朗長期憎惡歐洲和美國，以色列作為歐美盟友，便是近墨者黑。在川普執政時期，更是如此。川普退出了2015年簽訂於維也納的《伊朗核協定》（Iran nuclear deal），這項協議原本會緩解對伊朗施加的制裁，換取伊朗讓國內核能發展符合規範。新任美國總統拜登和德黑蘭重啟協商，希望可以減低制裁，因為種種制裁手段對伊朗社會形成長期的負擔。

值得注意的是，伊朗在2021年6月選出了新的保守派總統——易卜拉欣・萊希（Ebrahim Raisi）。伊朗伊斯蘭共和國的核能問題並非陳年舊事，而是數十年未解的難題，使德黑蘭處於緊張情勢的核心地帶。這些緊張情勢牽動世界，讓伊朗從1979年革命爆發以來，就被西方世界與美國霸權視為寇讎。同時，這些緊張關係也跟區域局勢息息相關，因為伊朗與沙烏地阿拉伯作為中東雙雄，為了角逐領導地位，以不同的形式在各領域龍爭虎鬥。

另外，普丁在2022年7月造訪德黑蘭，出席伊朗、土耳其與俄羅斯的領袖峰會。根據美國從中取得的情報，這場峰會牽涉德黑蘭對莫斯科當局出售機器人，用於烏克蘭戰事之中。

最後，作家魯希迪（Salman Rushdie）在2022年8月遇刺未遂，和何梅尼下達的追殺令已經時隔33年。根據研究者克萊蒙・譚姆（Clément Therme）的觀察，這起事件讓大家看清了這個「伊斯蘭共和國的真面目。」

伊朗
緊張局勢的核心地帶

⇨ 伊朗，古時的波斯

伊朗有著大片國土，面積超過150萬平方公尺，幾乎是法國的三倍。伊朗地理向四方伸展，接壤的國家眾多，包括土耳其、高加索國家（亞美尼亞和亞塞拜然）、中亞突厥語區（土庫曼）、南亞（巴基斯坦和阿富汗）以及阿拉伯世界。伊朗與伊拉克相鄰，隔著波斯灣與阿拉伯諸王國相望。其中，沙烏地阿拉伯是中東另一大強國。

伊朗有眾山環繞作為天然屏障，包括阿勒布爾茲山脈（Alborz Mountains）、札格洛斯山脈（Zagros Mountains）以及莫克蘭山脈（Makran Mountains）。伊朗中央的高原孕育出一支中東的古老民族，歷史和埃及一樣悠久。西元前2000年，印歐民族、雅利安人（Aryans）在這片高原定居，波斯是其中一支大族。接著，波斯人成功主宰這片高原，催生出數個璀璨的王朝，包括阿契美尼德王朝（Achaemenid Empire，西元前559年～西元前331年）、安息王朝（Parthian Empire，西元前250年～西元226年）和薩珊王朝（Sassanid Empire，西元224年～西元642年）。

因此，伊朗是一個雅利安國家，可是身分認同奠基在波斯的文化成分上。在伊朗悠長的歷史中，波斯人和波斯語是國家的主體，海納其他少數族群，散落在國境邊陲，包括亞塞拜然族（Azeris，16%）、庫德族（Kurds，10%）、盧爾族（Lurs，6%）、阿拉伯（2%）、俾路支人（Baloches，2%）、土耳其及土庫曼人（Turks and Turkmens，2%）。今天伊朗有8300萬人，其中有61%說波斯語。

伊朗身分建構的另一座基石是伊斯蘭教，97%的伊朗人都是穆斯林。1501年，薩菲王朝（Safavid dynasty）的沙王（Shah）[1]伊斯邁爾一世（Ismail I）為了統一境內各部族，並和當時遵行遜尼派（Sunni）[2]的鄂圖曼帝國（Ottoman Empire）分庭抗禮，將什葉派（Shiism）[3]立為國教。

1979年，大阿亞圖拉何梅尼結束流亡返抵伊朗，發動伊斯蘭革命，推翻了伊朗的君主體制。在草創伊朗伊斯蘭共和國之際，什葉派信仰成為伊朗建國的核心，也是外交政策的工具。革命之後，伊朗採取伊斯蘭共和國作為其政府體制，希望能對全穆斯林世界輸出這樣的治國模式。伊朗雖然由共和國總統治理，但實際上大權在握的是最高精神領袖大阿亞圖拉何梅尼，目前則是大阿亞圖拉哈米尼（Ali Hosseini Khamenei），委任於1989年。這起革命深度衝擊區域地緣政治的格局，造成伊朗和阿拉伯鄰國以及美國關係緊張，因為美國從1950年代起便是伊朗沙王的主要盟友。

⇨ 美伊邦誼山窮水盡

冷戰期間，伊朗和沙烏地阿拉伯皆是美國防堵蘇聯的策略支柱。伊朗和蘇聯接壤，同時也是世界第二大石油輸出國，僅次於沙烏地阿拉伯，保障美國及西方世界供油無虞。當時的伊朗有華盛頓當局提供軍備，還在波斯灣地區扮演警察的角色。

1979年11月，擁戴何梅尼的革命黨學

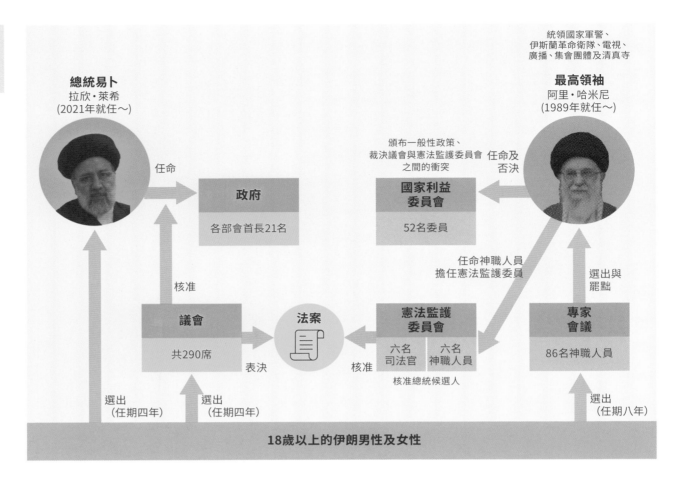

生占領了美國駐德黑蘭大使館，並且挾持人質，因此風雲變色，終結了美國與伊朗的外交關係。美國祭出的反制措施，是從1980年起對伊朗伊斯蘭共和國實施制裁。為了爭取釋放人質，美國凍結了伊朗新政府某些單位存放在美國的金融資產。不過，釋放人質根本沒有終結種種制裁措施，而且美國與伊朗的關係最後只剩下制裁行為1984年起，美國對伊朗施行軍火禁運，1995年禁運石油，1996年禁止所有價值超過4000萬美元的投資，2004年禁止所有科學研發合作。此外，伊朗還受到美國政府接連指控，說伊朗施行國家恐怖主義，不但是「流氓國家」（rogue state），也是「邪惡軸心」（axis of evil）的成員國，因為伊朗從2000年起開始發展核武。

⇨ 核子危機
1950年代，當時伊朗還是西方世界的盟友。在法國和美國的協助之下，伊朗在布什爾（Bushire）開始發展民用的核能計畫。期間由於爆發了伊斯蘭革命，核能計畫中止，接著在1990年代恢復發展，改由俄羅斯提供支援。不過，2002年人們在伊朗境內二處發

現了兩座核能發展中心，規避國際原子能總署（International Atomic Energy Agency，IAEA）的督察。其中一座核能發展中心，便是位於納坦茲的鈾濃縮廠。此事讓外界擔憂，生怕伊朗的核能計畫具有軍事目的，而且作為簽署《核武禁擴條約》的成員國，觸犯了條約的規範。於是，伊朗離核子武器看起來只剩一步之遙；也就是說，伊朗在未來的數年之內，有辦法自行製造有效核武。此般態勢擾動了區域局勢的平衡，有可能引發中東諸國大興核武。在阿拉伯世界中，以色列原本就具有核武，海珊執政時期的伊拉克也朝這個目標努力。

面對這項指控，伊朗首先矢口否認，對國際社群採取鐵腕外交，一派強硬。此處的「國際社群」以美國和歐盟多國為首，對伊朗軟硬兼施，不但啟動協商，也發動經濟制裁。在伊朗的邏輯中，取得核武的目的是要保衛國家領土，避免重蹈伊拉克的覆轍。伊拉克在2003年遭到美國入侵，而且入侵的名目在國際上不具有法理正當性。

伊朗核武危機長年處於中東局勢的緊張核心，已經超過十年（2003年～2015年），經過漫長的協商斡旋，才終於找到妥協之

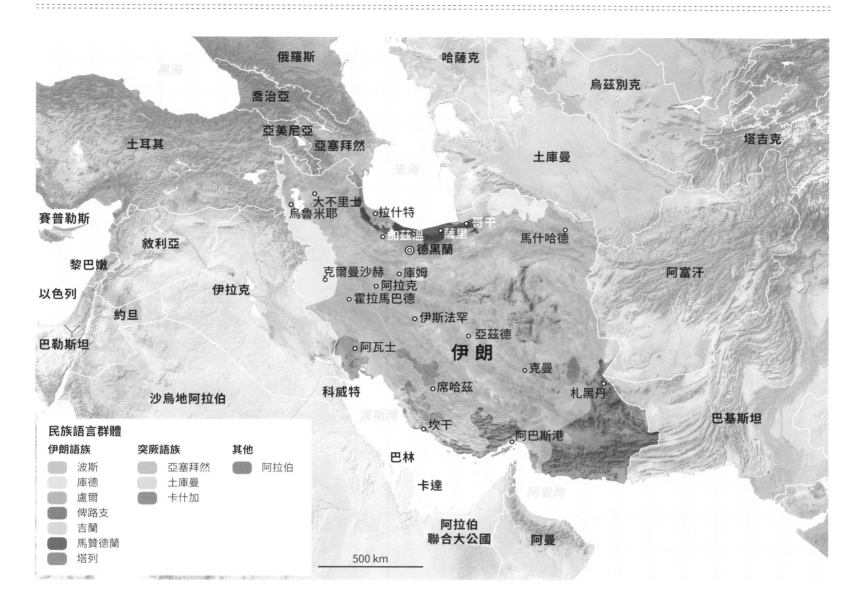

民族語言群體

伊朗語族	突厥語族	其他
波斯	亞塞拜然	阿拉伯
庫德	土庫曼	
盧爾	卡什加	
俾路支		
吉蘭		
馬贊德蘭		
塔列		

500 km

法，也就是2015年7月14日簽訂於維也納的一項條約。這項條約非常有名，牽涉伊朗、歐巴馬政府、聯合國其他常任理事國（中國、俄羅斯、英國與法國）以及德國。為了換取部分經濟制裁鬆綁，伊朗必須降低濃縮鈾礦的庫存。但是，川普上臺之後推翻了這項條約，在2018年公開否認條約有效，表示條約「不公平」。那時，伊朗才被局部解除部分的經濟制裁又被川普重啟。這項決定會另兩個美國盟友感到滿意，那就是沙烏地阿拉伯和以色列，以阿兩國皆把伊朗視為國安的主要威脅。可是，川普這麼做等於斷送了伊朗經濟開放的前景，畢竟伊朗是擁有8300萬人的廣大市場，在西方投資者眼中價值連城。

⇨ 被禁運掐住的資產

伊朗具有豐富的天然資源，天然氣探明儲量（proven reserves）高居世界第二，石油儲

量則是世界第四。同時，石油也為伊朗國庫帶來35%的進帳。不過，美國對伊朗施行制裁長達40年，嚴重影響伊朗的煉油技術和陸運系統的量能。事實上，伊朗只有原油能透過私運外銷，出口港包括錫里（Sirri）、阿薩魯耶（Asaluyeh）以及哈爾克（Kharg）。這對全國經濟發展形成莫大的限制。

2018年至2019年間，華盛頓當局對伊朗實施新的制裁。因此，伊朗只能重新調配石化燃料的出口，幾乎只剩中國是可行的出口對象。中國是伊朗最大的經貿夥伴，透過阿曼、馬來西亞的海港或橫越緬甸的輸油管，輸入伊朗的石化燃料。北京當局能就此跟美國唱反調，重啟以物易物的模式跟伊朗互通有無，取得伊朗的天然資源，並向伊朗輸出消費品，避免受到禁止的美元交易。2021年3月底，伊朗與中國簽署效期長達25年的經貿及策略合作協定，期望伊朗能透過交通、海運和能源等領域的投資，成為新絲路計畫

一個多種族國家

雖然伊朗和波斯的歷史密不可分，有四成的伊朗人母語其實並非波斯語。實際上，伊朗是種族和語言多元的國家，和波斯語並行的，還有其他伊朗語支系，像是分布在東部的俾路支語（baloutche）以及西部的吉蘭語（guilani）、分布在里海周遭的馬札德蘭尼語（mazandarani）、盧爾語（lori）、分布於札格洛斯山脈的巴克提亞利語（bakhtiari）以及庫德語（kurde）。除此之外，伊朗也有突厥語系的使用者，像是亞塞拜然語（azéri）和土庫曼語（turjmène），另外還有胡齊斯坦省區（Khouzistan）的阿拉伯族群。

**美國經濟制裁
時間軸**

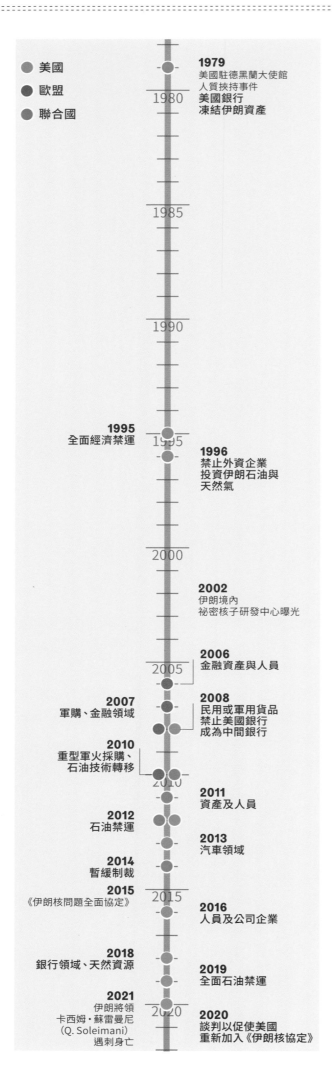

● 美國

● 歐盟

● 聯合國

1979
美國駐德黑蘭大使館
人質挾持事件
美國銀行
凍結伊朗資產

1980

1985

1990

1995
全面經濟禁運
1995

1996
禁止外資企業
投資伊朗石油與
天然氣

2000

2002
伊朗境內
祕密核子研發中心曝光

2006
金融資產與人員
2005

2007
軍購、金融領域

2008
民用或軍用貨品
禁止美國銀行
成為中間銀行

2010
重型軍火採購、
石油技術轉移
2010

2011
資產及人員

2012
石油禁運

2013
汽車領域

2014
暫緩制裁

2015
《伊朗核問題全面協定》
2015

2016
人員及公司企業

2018
銀行領域、天然資源

2019
全面石油禁運

2021
伊朗將領
卡西姆‧蘇雷曼尼
（Q. Soleimani）
遇刺身亡
2020

2020
談判以促使美國
重新加入《伊朗核協定》

的夥伴之一。

　　近十年以來，伊朗為了多樣化經貿往來的對象，頻頻向鄰國釋出善意，包括阿富汗、土耳其、阿拉伯聯合大公國以及伊拉克，這些國家都是伊朗主要的貿易出口國，排在中國之後。這些國家主要從伊朗輸入農產品，並讓伊朗在禁運的重重限制之中尋求出路。因此，阿聯酋的海港杜拜（Dubai）便以伊斯蘭共和國的「首要商港」之名著稱。而伊拉克的運油港巴斯拉（Basra）則收取伊朗的原油，跟伊拉克石油混合之後重新出口到全球市場，一筆抹煞產自伊朗的標記。而且，伊朗和伊拉克兩國邦誼日趨密切。伊朗總統哈桑‧羅哈尼（Hassan Rouhani）在2019年3月出訪伊拉克，可說是1980年代兩伊戰爭之後的破冰之旅。不過，目前美國設下了重重制裁，阻斷了兩伊加強交流的所有可能性，於是，兩伊關係中仍充滿緊張因子。2019年秋天，伊拉克爆發嚴重的示威活動，一方面反對美國介入，另一方面也抗議伊朗勢力在國內坐大，因為伊朗透過扶植什葉教派政黨和激進派什葉武裝團體，左右伊拉克國事。

⇨ 力克中東，立足中東

伊朗意圖加強自身的區域影響力，並不只限於經濟層面，也涉及政治。2003年，薩達姆‧海珊（Saddam Hussein）領導的遜尼教派政權垮臺，伊拉克就此走上民主化的道路，接著由什葉教派信徒執政，讓伊朗有機可乘。不過，伊朗在中東聲量真正壯大的時機，是從2014年起對抗伊斯蘭國在敘利亞與伊拉克的勢力。

　　伊朗和以美國為首的國際聯軍齊心合作，支持艾比爾（Erbil）的庫德族人不遺餘力，幫助他們抵禦恐怖組織侵犯領土。但是，在敘利亞，伊朗從2012年起就是執政者巴沙爾‧阿薩德（Bashar Hafez al-Assad）的主要盟友，透過黎巴嫩什葉派民兵組織真主黨（Hezbollah）支援阿薩德。真主黨是德黑蘭當局在1982年資助成立的武裝團體，從創立起便一直金援到今天。當時，真主黨的創黨目的是要從黎巴嫩支援巴勒斯坦人抵抗錫安主義（Zionism）的敵人——以色列，

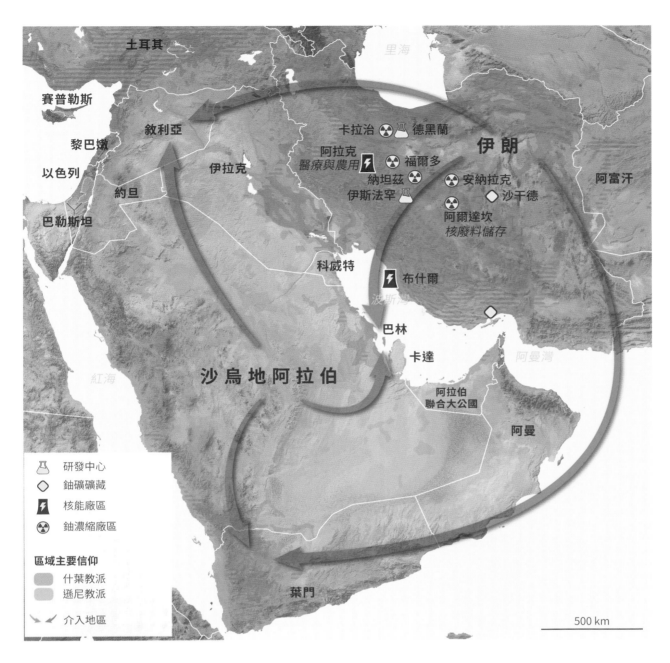

土耳其

賽普勒斯

黎巴嫩

以色列

巴勒斯坦

敘利亞

約旦

伊拉克

科威特

里海

卡拉治 ☢ ⚗ 德黑蘭
阿拉克
醫療與農用 ⚡ ☢ 福爾多
納坦茲 ☢ 安納拉克
伊斯法罕 ⚗ ◇ 沙干德
阿爾達坎 ☢
核廢料儲存

伊朗

阿富汗

⚡ 布什爾

波斯灣

巴林

卡達

阿拉伯
聯合大公國

阿曼灣

阿曼

沙烏地阿拉伯

紅海

葉門

500 km

⚗ 研發中心
◇ 鈾礦礦藏
⚡ 核能廠區
☢ 鈾濃縮廠區

區域主要信仰
■ 什葉教派
■ 遜尼教派
↘ 介入地區

擁核的伊朗與區域競爭

遜尼派與什葉派的宗教衝突，只不過是伊朗與沙烏地阿拉伯兩相較勁時，最明顯的衝突形式，因為兩國都想成為中東的區域霸主。要深入瞭解雙方的角力，必須回溯兩國人民的歷史和人口構成。在人口上，沙烏地阿拉伯位處劣勢，因為它的人口只比伊朗的三分之一還要多出一些。而且，沙烏地阿拉伯和伊朗雖然都信奉伊斯蘭教，卻有著截然不同的政府體制。體現伊朗國家主權的政體，是共和國，而沙烏地阿拉伯則是個專制王國。

伊斯蘭共和國頻頻揚言要摧毀以色列。伊朗在戈蘭高地（Golan Heights）附近駐軍，使當前的以色列如芒刺在背，時常對伊朗駐軍發動空襲。2015年葉門爆發內戰，引發沙烏地阿拉伯跟同盟阿聯酋出兵支援政府軍，伊朗則出兵支持推翻臨時政府的胡希組織（Houthis）[1]。

透過這些介入，伊朗尋求的不只是在區域伸張本國勢力，跟對手沙烏地阿拉伯互別苗頭，還要透過支持自己的盟友跟美國對峙。不過，伊朗自知面對美國軍力有限，所以伊朗政府採取間接的對抗策略，於是和阿曼蘇丹國（Sultanate of Oman）聯手控制荷姆茲海峽（Strait of Hormuz）。自從華盛頓當局在2019年全面禁運伊朗石油以來，伊斯蘭革命衛隊（Islamic Revolutionary

Guard Corps，或稱Pasdaran）的海軍就頻繁出沒荷姆茲海峽，進行打帶跑戰術（hit and run）襲擊油輪。這些軍事行動的目的是要提醒與伊朗為敵的美國，一旦對荷姆茲海峽施行禁運，會對油市造成什麼樣的負擔。這樣的情況在烏克蘭戰爭的背景下亦若是，來自中東的石化燃料因為戰事變得更加不可或缺。

美國與其中東同盟之於伊朗，雙方勢力懸殊，於是伊朗只好採取騷擾戰術。

黎巴嫩：
區域緊張的共鳴箱？

黎巴嫩會永遠受到中東國際角力的箝制嗎？因為地理、歷史和位置等因素的緣故，黎巴嫩位處風口浪尖，時而是避風港，時而是交匯輻輳，或是列強彼此傾軋的緩衝區。黎巴嫩位處地中海東岸，面積有10萬平方公里，和法國吉洪德省（Gironde）差不多大，有620萬人口，其中有許多是巴勒斯坦和敘利亞難民。有兩道山脈橫越黎巴嫩境內，包括最高點超過3000公尺的黎巴嫩山脈，是黎巴嫩國名的由來。另一座前黎巴嫩山脈（Anti-Liban）則和敘利亞接壤。黎巴嫩西部有一條狹長的沿海平原，是城鎮座落的地區，包括首都貝魯特。東部則有比卡谷（Beqaa Valley），以務農為主，可說是黎巴嫩的穀倉。

在西元第一個千禧年之中，泛稱為「黎凡特」（Levant）[1]的地中海東部有山陵起伏，成為基督教少數教派的避難所，後來也有其他穆斯林教派進入。這個歷史背景解釋了黎巴嫩的信仰多元性，這個國家有18個宗教族群，包括（主流的）什葉派、遜尼派、馬龍派（Maronites）、希臘天主教、希臘東正教、德魯茲教（Druze）等。黎巴嫩政局的平衡非常脆弱，因為它仰賴這些族群之間的權力共享和結盟，透過一個身分和共同語言——阿拉伯語，來維持團結。

而且，這些族群時常淪為政治操作的工具。在19世紀，法國選擇保護馬龍派的基督徒，而英國則選擇支持德魯茲教徒。第一次世界大戰結束之後，黎巴嫩整體領土大幅擴張，占去部分的敘利亞，為了成立（法國撐腰的）「大黎巴嫩」（Grand Liban）。1948年，以色列建國，黎巴嫩收容了為數可觀的巴勒斯坦難民，又在1970年代容許「巴勒斯坦解放組織」（Palestine Liberation Organization）在境內落腳。黎巴嫩支持巴勒斯坦的立場加劇了國內族群的分歧，也成為內戰的導火線，爆發於1975年4月。從那時開始，黎巴嫩成為外國列強互相角力的競技場。1980年，敘利亞軍隊進入黎巴嫩，把持政權一直到2005年。以色列軍隊曾在1982年進軍黎巴嫩，占領黎巴嫩南部一直到2000年。另外，還要加上西方勢力（法國與美國）以及某些阿拉伯國家（沙烏地阿拉伯）。在這方面，伊朗選擇獨惠黎巴嫩境內的什葉派，從1982年起就金援真主黨。

2011年起，黎巴嫩便受到敘利亞內戰的嚴重波及，境內收容的敘利亞難民約超過1500萬人。在這段時間，真主黨員支持統治敘利亞的阿薩德政權。真主黨自詡為「神的政黨」，可說是「國中之國」，見到黎巴嫩因為政府體制具有社群主義（communitarianism）色彩，導致國家效能低落而且貪汙腐敗，便乘虛而入。Covid-19疫情以及發生於2020年8月的貝魯特爆炸案，也都是重創黎巴嫩的巨浪。

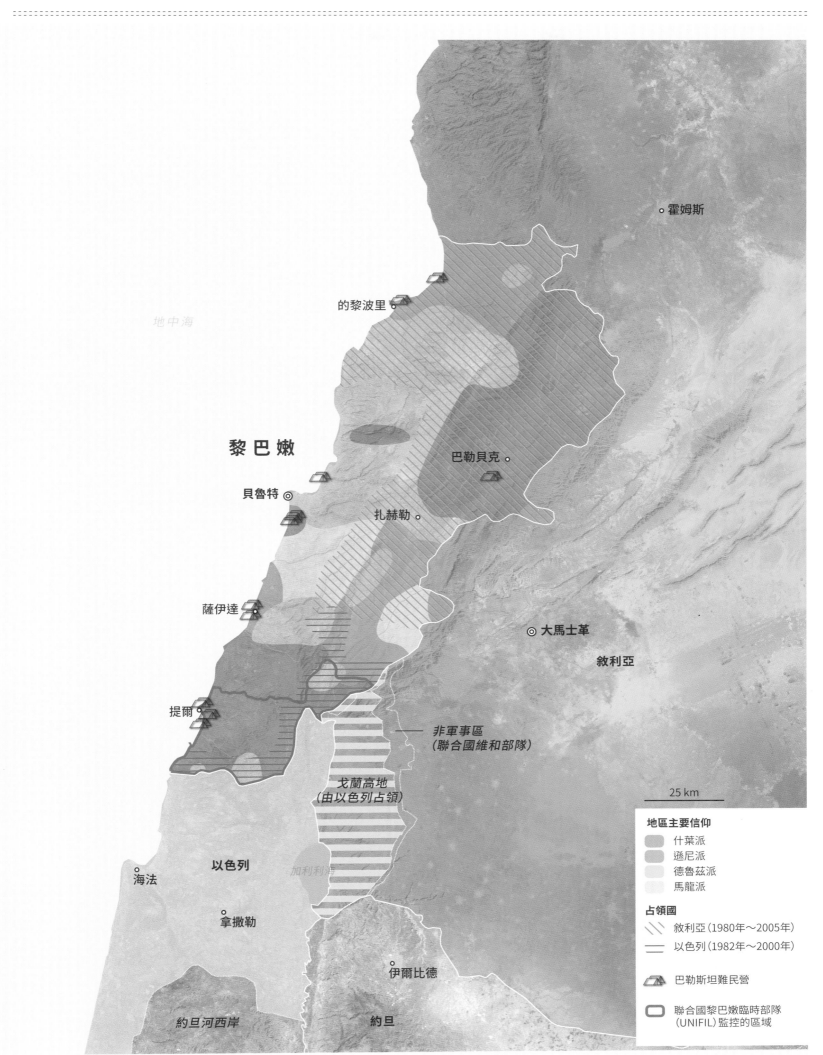

地中海

○霍姆斯

的黎波里○

黎巴嫩

巴勒貝克○

貝魯特◎

扎赫勒○

薩伊達○

大馬士革◎

提爾○

敘利亞

非軍事區
（聯合國維和部隊）

戈蘭高地
（由以色列占領）

25 km

以色列

海法○

加利利海

拿撒勒○

地區主要信仰
什葉派
遜尼派
德魯茲派
馬龍派

占領國
⟍⟍　敘利亞（1980年～2005年）
──　以色列（1982年～2000年）

🏕　巴勒斯坦難民營

▢　聯合國黎巴嫩臨時部隊
　　（UNIFIL）監控的區域

伊爾比德○

約旦河西岸

約旦

阿富汗：
塔利班回歸

從19世紀以來，阿富汗便是各國強權角力的競技場。阿富汗位處內陸，面積有65萬2230平方公里，人口約3500萬，而劃出阿富汗國界邊線的，是英國的殖民勢力。這說的正是大名鼎鼎的杜蘭線（Durand Line），它在1893年確立，位於普什圖族（Pashtuns）居住的區域。普什圖族是阿富汗人口的主要族群，也是參與塔利班運動的主力，有一部分的普什圖族受到巴基斯坦統治。

1979年，蘇聯入侵阿富汗，引發當地組織抗戰勢力，成為一批聖戰士（Mujahid）。聖戰士不但受到巴基斯坦的支持，也有沙烏地阿拉伯以及美國提供資金與軍備。十年後，蘇聯軍隊雖然撤退了，但衝突卻沒有因此平息，因為反抗軍中的各路軍閥各懷鬼胎，彼此較勁。1992年，由馬蘇德（Ahmad Shah Massoud）領導的「北方聯盟」（Alliance of the North）在喀布爾取得政權。巴基斯坦見狀，出力協助一個武裝團體的創立，這個武裝團體集結來自阿富汗的普什圖族青年難民，他們就讀於巴基斯坦的古蘭經學院，也就是「塔利班」（Taliban，意為「宗教學生」）的由來。1996年，塔利班組織控制了阿富汗全境，宣布創立「阿富汗伊斯蘭大公國」（Islamic Emirate of Afghanistan），由穆拉·歐瑪（Mullah Muhammad Omar）領導。塔利班政權設有宗教與道德警察，禁止女性參與公眾生活，也關閉女子學校。

由於塔利班政權庇護伊斯蘭激進分子如奧薩馬·賓拉登，經過2001年911恐怖攻擊之後，美國和北約盟軍經過聯合國批准，進軍阿富汗，推翻了塔利班政權。雖然政府垮臺，但塔利班勢力並沒有煙消雲散，反而在各方援助的裡應外合之下繼續運作。塔利班分子採取游擊戰策略，削弱了北約盟軍行動的成效，更讓美軍在2014年撤出阿富汗。2021年8月，塔利班組織成功收復阿富汗，加速西方勢力撤出，情勢倉皇失序。可是，雖然塔利班組織想要回歸法統，卻未排除伊斯蘭國的勢力。阿富汗的經濟和人權處境都慘不忍睹。對女人而言，塔利班的統治更是讓她們苦不堪言，因為她們被迫穿上布爾卡（burqa）長罩袍，還被限制在家。

100 km

🏳️ 道路基礎設施

‥‥‥‥ 杜蘭線（巴基斯坦與阿富汗分界）

民族語言群體

- 普什圖族
- 塔吉克族
- 俾路支族
- 哈札拉族
- 土庫曼族
- 烏茲別克族
- 吉爾吉斯族
- 伊斯瑪儀族
- 努里斯坦族

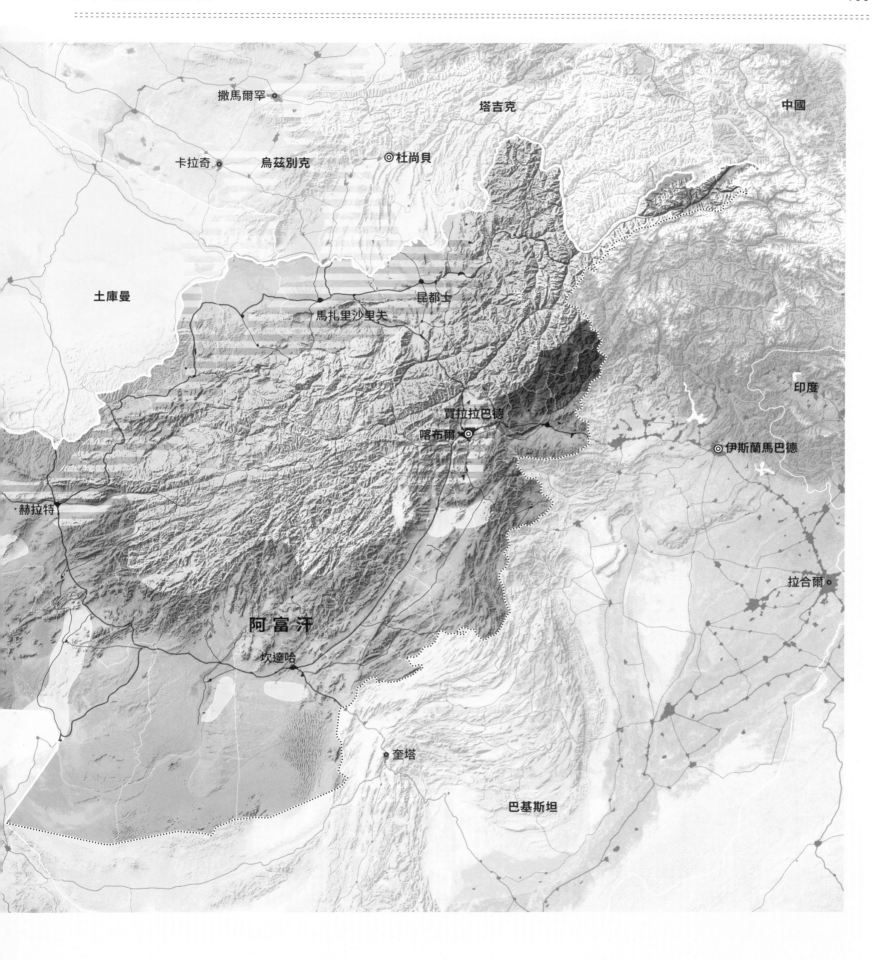

目
的
地
17

烏拉

烏拉，沙烏地阿拉伯。2019年秋，沙烏地阿拉伯邀請了世界各地的記者，前來這座位處沙國東北的巨大沙漠，觀賞大漠的峽谷風光，雜揉紅赭與土黃，還有石雕遺跡的鬼斧神工，宏偉威儀，令人想起約旦的佩特拉（Petra）古城。

這次記者會其實有個目的，也就是宣布沙烏地阿拉伯從今以後要發放觀光簽證。對一個以封閉程度享譽世界的國家而言，這個轉折非同小可，觀光簽證和發給虔誠穆斯林來麥加朝聖的簽證，不能相提並論。沙烏地阿拉伯的王儲穆罕默德·賓·薩爾曼希望王國能脫離對石油的依賴，而且對鄰近阿拉伯聯合酋長國（阿聯酋）的產業模式頗為眼紅，對發展本國經濟野心勃勃。畢竟，沙烏地阿拉伯因為異議記者賈邁勒·卡修吉遇刺事件而醜聞纏身，形象受挫。

儘管如此，沙烏地阿拉伯王儲想說服全世界，讓世人知道他的王國不只有石油和伊斯蘭教。於是，他開始講述歷史，追溯根源，描繪出沙烏地阿拉伯文化的過去，招攬觀光客。他強調利哈揚人（Lihyanite）、達丹人（Dadanite）與納巴泰人（Nabataean）有

過的文明創舉，這些都保存在烏拉地區。他甚至也提及在前伊斯蘭時期古羅馬人留下的足跡。沙烏地阿拉伯整頓觀光文化產業，因應的是名為「遠見2030」（Vision 2030）的全國總體改造計畫。在推行觀光的計畫之中，烏拉位處核心。同處「遠見2030」重心的城市，還有新未來城（Neom）。新未來城構思前衛，都市模型和杜拜如出一轍，只是更高科技，結合沙烏地阿拉伯紅海（Red Sea）沿岸的觀光建設。沙烏地阿拉伯在經營這些觀光景點時，願景遠大。計畫預估，單就烏拉一處，2035年吸引的遊客會高達200萬人次。可是，任憑沙烏地阿拉伯王儲一心推行改革，2020年卻給這片熱忱澆下一大盆冷水。在大環境中，石油價格走低，區域情勢緊張，Covid-19疫情肆虐，衰退危機迫在眉睫；不容忽略的，還有川普在11月敗選。不過，烏克蘭戰爭可說是峰迴路轉，讓沙烏地阿拉伯重拾分量。從拜登政府到歐洲諸國，西方世界無不跟沙烏地阿拉伯交好，因為他們為了擺脫對俄羅斯石化燃料的依賴，紛紛轉向沙國。

沙烏地阿拉伯
與阿拉伯聯合大公國
盟友與對手

⇨ 軍刀與《古蘭經》之盟

阿拉伯半島上總共有七個國家，而沙烏地阿拉伯占據了半島五分之四的面積。沙烏地阿拉伯領土有200萬平方公里，是法國的四倍大，但人口數只有法國的一半。在這將近3300萬人之中，有38%是外國人，居住在遼闊沙漠的星點綠洲之中。

沙烏地阿拉伯的首都——利雅德（Riyadh）是當今沙烏地王朝的發跡之處。這個王朝在1925年征服了希賈茲地區（Hedjaz）和受到鄂圖曼帝國統治四個世紀的各大聖城，並在1932年統一半島上各部族，創建沙烏地阿拉伯王國。沙烏地阿拉伯是世界上唯一一個國名包含統治家族姓氏的國家。

18世紀起，穆罕默德‧伊本‧沙烏地（Muhammad bin Saud Al Muqrin）在宗教領袖穆罕默德‧伊本‧阿布杜勒‧瓦哈卜（Muhammad Ibn Abd al-Wahhab）的輔佐之下，統領阿拉伯各部族。瓦哈卜提倡回歸到純粹嚴明的伊斯蘭教條。沙烏地王朝軍力雄厚，瓦哈卜學說的意識形態舉足輕重，兩相結合之下，可說是軍刀和《古蘭經》之盟，構成沙烏地王朝身分認同的基礎，正如沙國國旗標誌所象徵的那樣。沙烏地阿拉伯建國文化的特徵，強調回歸《古蘭經》字面意義上的解讀，排斥通俗的伊斯蘭信仰，時常號召聖戰。

伊斯蘭教誕生於西元7世紀的希賈茲地區，源自麥加與麥地那（Medina），今天是穆斯林最主要的聖城。因為這份文化傳承的緣故，沙烏地阿拉伯在國際上一部分的正當性源自於此。沙烏地阿拉伯自封為聖地的守護者，也以遜尼派的領導者自居。遜尼派是伊斯蘭的主流教派，法統根基於「聖行」（sunna），也就是先知穆罕默德的言行表率。伊斯蘭決定了沙烏地阿拉伯的社會形貌，嚴格區隔兩性，婦女（包括外籍女子）必須披戴面罩，而且完全禁酒。

沙烏地阿拉伯王國統治的根基也來自其石化燃料資源（占全世界探明儲量的22%），儲量長期以來高居世界第一，但目前次於委內瑞拉。這些資源位於沙烏地阿拉伯東部的哈薩（Hasa）地區，是沙烏地阿拉伯富有的國本，讓它能在國際上舉足輕重。沙烏地阿拉伯扮演的國際角色，便是世界石油市場的護衛及規範者，引領石油輸出國組織的運作（Organization of the Petroleum Exporting Countries，OPEC）。沙烏地阿拉伯的石油發現於1930年代，瞬間將這個傳統以遊牧為主的社會改造成一群定居都會的人。

如果說沙烏地阿拉伯的政治重心處於內志（Nedj）地區的首都利雅德，那麼希賈茲和哈薩兩個活躍的地區則是沙烏地阿拉伯的財力來源。

⇨ 以教扶政

石油的財富除了讓沙烏地阿拉伯能有耀眼的發展，也讓它在世界各地廣發《古蘭經》宣揚教義，資助「伊斯蘭會議組織」〔Organization of the Islamic Conference，現稱「伊斯蘭合作組織」（Organisation of Islamic Cooperation）〕，祕書處設於吉達市（Djeddah），並透過「穆斯林世界聯盟」（Muslim World League）廣建清真寺和伊斯蘭文化中心。穆斯林世界聯盟

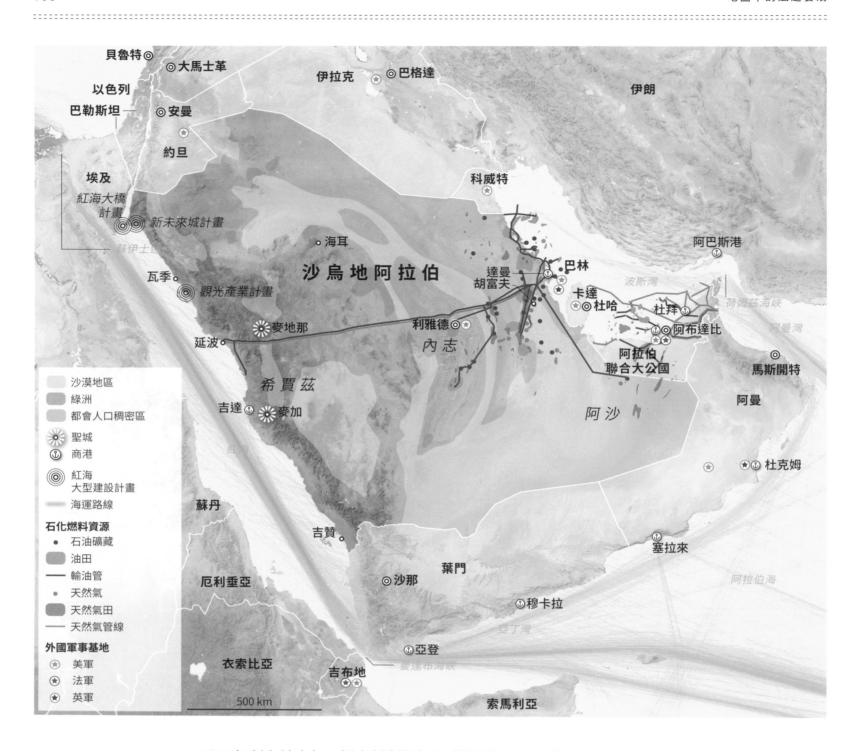

貝魯特　大馬士革　伊拉克　巴格達　伊朗

以色列　安曼

巴勒斯坦

約旦　　　　　　　　　　　　　　　　　科威特

埃及

紅海大橋
計畫

新未來城計畫　　　　　　　　　　　　　　　　　　　　　　　阿巴斯港

蘇伊士運河　　　　海耳

瓦季　觀光產業計畫　　沙烏地阿拉伯　達曼　巴林
　　　　　　　　　　　　　　胡富夫　　　　卡達　波斯灣　　荷姆茲海峽

麥地那　　利雅德　　　　　　　杜哈　杜拜

延波　　　　　　　　　內志　　　　　　阿布達比　　阿曼灣

希賈茲　　　　　　　　　　　　　阿拉伯　　　　馬斯開特
　　　　　　　　　　　　　　　　聯合大公國

吉達　麥加　　　　　　　　　　阿沙　　　　阿曼

　　　　　　　　　　　　　　　　　　　　　杜克姆

蘇丹　　　　　　　　　　　　　　　　　塞拉來

厄利垂亞　　　吉贊　　　　　　　　　　　　　阿拉伯海

　　　　　　　　　　葉門
　　　　　　　沙那

　　　　　　　　　穆卡拉

圖例

沙漠地區
綠洲
都會人口稠密區
聖城
商港
紅海
大型建設計畫
海運路線

石化燃料資源
石油礦藏
油田
輸油管
天然氣
天然氣田
天然氣管線

外國軍事基地
美軍
法軍
英軍

500 km

亞登　　　　　曼德布海峽

衣索比亞　吉布地　　　　　　　　　　　亞丁灣

　　　　　　　　　索馬利亞

阿拉伯半島，黑金國度

1962年創立於麥加，旨在抵制阿拉伯世界世俗化和對外開放的浪潮，尤其是埃及總統納瑟（Gamal Abdel Nasser Hussein）率先提倡的「泛阿拉伯主義」（Pan-Arabism）。起先，穆斯林世界聯盟的活動範圍僅限於非洲和亞洲，但隨後漸漸拓展到穆斯林社群林立的歐洲國家。透過這個網絡，穆斯林世界聯盟傳播深受瓦哈卜學說影響的沙烏地阿拉伯伊斯蘭教條——最恪守基本教義的伊斯蘭教派之一——甚至讓利雅德當局以教扶政的行徑受到指控，懷疑它教唆國際伊斯蘭恐怖主義。2001年911事件的19名主嫌之中，有14名來自沙烏地阿拉伯，譬如奧薩馬·賓拉登。賓拉登創立了蓋達組織，也是911恐攻

的推手。

⇨ **脆弱的食利國家（rentier state）**[1]
雖然石油對沙烏地阿拉伯的發展帶來長足的挹注，但也由於依賴石油的緣故，王國的財富同時也是它的弱點。沙烏地阿拉伯有83%的國庫收益來自石油產品的出口。石油帶來的收入讓國家能慷慨出資，讓沙烏地阿拉伯國民免費受教育，並享有免費的醫療服務。同時，公領域具有不少工作機會，國民無論是在住房、民生食貨和能源消費上，都有補貼。

可是，從2014年起，原油價格下跌而且持續震盪，這樣的油價區間，使沙烏地阿拉

穆斯林世界聯盟

穆斯林世界聯盟贊助行動(興建清真寺)主要國家	穆斯林世界聯盟總部
穆斯林世界聯盟作為觀察員的組織	歐洲夥伴單位及協會
	穆斯林世界聯盟曾居中斡旋或提供支援的主要衝突或運動

伯國庫縮水，原本以重分配為導向的政策，頓時形成沉重的財政負擔，難以持續。若不改變，國家社會經濟的穩定會受到動搖。這個局勢解釋了為何年輕的沙烏地阿拉伯王儲薩爾曼要在近年推行政治和經濟改革。自從薩爾曼的父親沙爾曼國王（Salman bin Abdulaziz Al Saud）在2015年登基之後，支持改革不遺餘力。

薩爾曼受封為王儲，標誌著新世代權力階級的興起，有意改變沙烏地阿拉伯王國的保守形象。薩爾曼取消了會在路上巡邏的道德警察，放寬公領域的性別隔閡，核准女性開車，允許開設電影院，也讓國家開放觀光旅遊。在經濟層面上，薩爾曼在2016年發起「遠見2030」。這是一個規模宏大的發展計畫，目的是要多角發展沙烏地阿拉伯的經濟，吸引外資，提升國家競爭力，為坐吃山空的後石油時代未雨綢繆，並且創造工作機會。從此時起算，到2030年時，利雅德當局期望將沙烏地阿拉伯的非石油收入提升六倍，並且為沙烏地阿拉伯國民創造45萬個私領域工作機會，讓失業率降至總人口的12%、青年人口的30%至

40%。沙烏地阿拉伯商界素有腐敗之名，透過整肅商界，薩爾曼王儲打造出保護沙烏地阿拉伯人民的形象，而非和王公貴胄、商賈巨富站在一起。

不過，在改革者形象的背後，藏著一個威權強人。若遇到反對勢力，以全面性的鎮壓消音異議分子，他早有準備。2018年10月，薩爾曼王儲下令在沙烏地駐伊斯坦堡大使館刺殺記者賈邁勒·卡修吉。卡修吉以針砭沙烏地阿拉伯當局施政聞名。這項舉動令人髮指，讓拜登政府於2021年1月上任之後便跟王儲保持距離，著重跟沙烏地阿拉伯國王的關係。這跟川普的作為大相逕庭，川普基於兩國從1945年便維繫至今的盟邦關係，對於薩爾曼王儲殺害異議分子一事始終保持寬縱。

薩爾曼王儲之所以要壓制政敵，是把2011年接二連三的阿拉伯之春（Arab Spring）運動視為前車之鑑，擔憂沙烏地王國治理根基受到動搖。為了抵禦政權的威脅，沙烏地王國安內攘外，兩者兼顧。在這點上，和薩爾曼王儲站在同一陣線的盟友舉

伊斯蘭，沙烏地阿拉伯影響力的槓桿

什葉派新月帶：一股地緣政治的勢力

阿拉伯地區遜尼教派的政府包括約旦、埃及和沙烏地阿拉伯等國，它們一致認為，由什葉派構成的新月狀地區，在上述國家邊境蠢蠢欲動，對中東的區域穩定帶來威脅。當什葉派政權在伊拉克上臺，改變了中東的權力關係，更凸顯遜尼派對什葉派的觀感。伊拉克的什葉派政權在國內占有多數，2003年，海珊領導的遜尼派政權垮臺，什葉派便乘機而起。同樣值得注意的，是德黑蘭對黎巴嫩真主黨以及敘利亞阿薩德政權的支持。

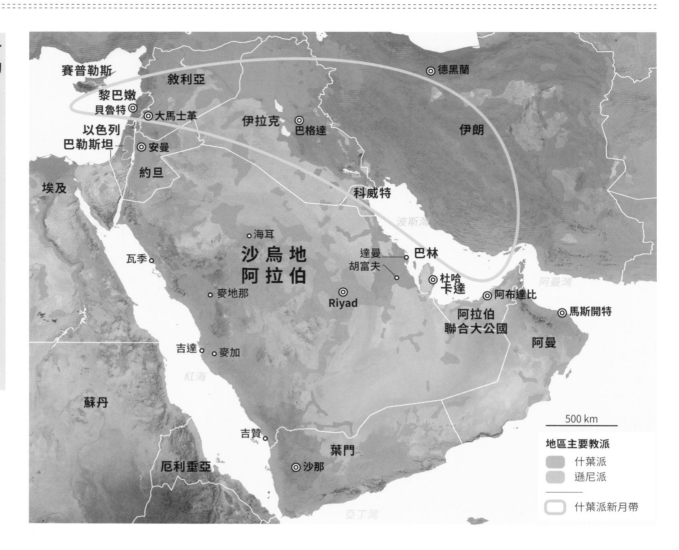

足輕重，也就是阿布達比的謝赫（Sheikh）[1]穆罕默德·賓·扎葉德·阿勒納哈揚（Mohammed Bin Zayed Al-Hahyane）。

⇨ 阿聯酋，盟友或是楷模？

有些專家學者認為，阿聯酋的謝赫與總理穆罕默德·賓·扎葉德·阿勒納哈揚是薩爾曼親王的導師，也就是要向他看齊的楷模。阿聯酋酋長從2014年起，便擔任阿拉伯酋長國協會的會長。阿拉伯聯合大公國建國於1971年，這個小小王國是中東第二大經濟體，也是經濟體質最多元化的一個。阿聯酋的經濟之所以生機蓬勃，是因為它奠基於石油收入的重分配，交通基礎設施建置出色，讓阿聯酋能融入全球化的潮流。杜拜的港口傑貝阿里（Jebel Ali）在世界上排行第九，而杜拜機場的國際旅客流量高居世界第一。索邦大學（Sorbonne University）和羅浮宮在阿布達比設立分校及分院，替阿聯酋的國際吸引力增澤，而杜拜則處於阿聯酋軟實力興起的浪尖，一方面有世界最高塔哈里發塔（Burj Khalifa）作為門面，另一方面還有觀光業的發展，以及在2021年至

2022年舉辦世界博覽會。

長期以來，阿拉伯聯合大公國針對區域安全問題態度並不積極，不過在2011年阿拉伯之春發生之後，其外交政策的干預企圖，比以往高出許多。這樣的轉變，目的是要防範所有可能殃及區域穩定的威脅，例如穆斯林兄弟會（Muslim Brotherhood）或是伊朗。這項經略區域的方針，落實在「半島之盾」（Peninsula Shield）的合作協議。半島之盾發起於2011年3月的巴林王國（Kingdom of Bahrain），聚集海灣阿拉伯國家合作委員會（Gulf Cooperation Council，或稱波灣六國），立場倒向沙烏地阿拉伯這邊。巴林作為一個小王國，與沙烏地阿拉伯與阿聯酋為鄰，國內以什葉派信徒為多數。發起「半島之盾」，目的就是要剷除王國內部什葉派信徒的抗議聲浪，並且鞏固遜尼派哈里發國王的政權。

⇨ 朝向新的區域策略軸心

2015年3月，由於現任阿聯酋謝赫以及沙烏地阿拉伯薩爾曼親王當時皆為兩國的國防部

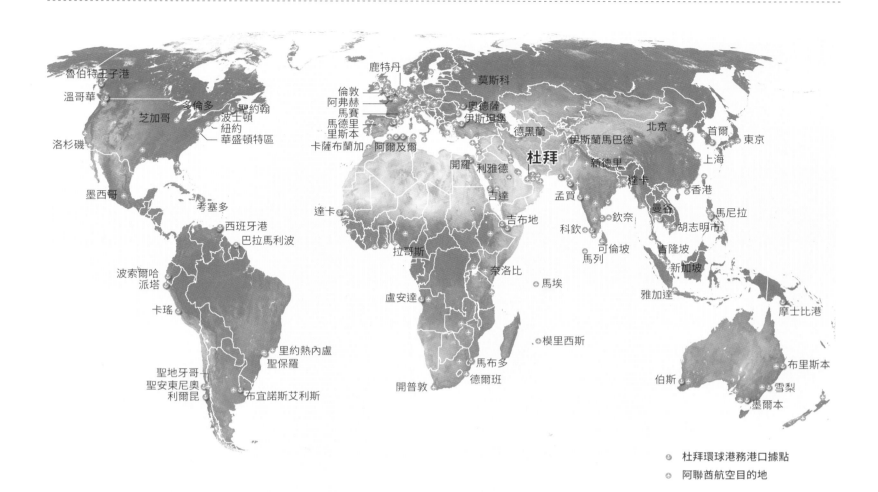

杜拜環球港務港口據點

阿聯酋航空目的地

長，兩人所見略同，一起出兵葉門進行軍事介入。他們認為，葉門胡希運動的叛亂成員屬於什葉派的宰德支派（Zaydism），這些人背後有伊朗撐腰，推翻了葉門過渡時期的政府。為了反制德黑蘭當局藉此插旗拓點，必須鎮壓宰德教徒的叛亂。對沙烏地阿拉伯而言，伊朗是什葉派的頭號宿敵，深怕伊朗一染指葉門，煽風點火，便會殃及沙國自身領土。其實，沙烏地阿拉伯絕大多數的人口是遜尼派信徒，而什葉派只占總人口的10%到15%，聚集在哈薩地區，位處波斯灣沿岸，沙烏地阿拉伯幾乎所有的石油及天然氣資源都蘊藏於此。假使沙國東部動蕩不安，就會使全國陷入艱鉅的挑戰，讓全國國政和經濟寸步難行。

2017年，阿布達比與利雅德當局形成的策略軸心加速了兩國集團跟卡達的決裂，因為沙國與阿聯酋認為卡達和穆斯林兄弟會以及伊朗過從甚密，走得太近。沙國與阿聯酋兩國結盟，一同參與了赴伊拉克征討伊斯蘭國的軍事行動，出資協助塞西（Abdel Fattah el-Sisi）執政的埃及，也向利比亞軍政府首腦哈里發·哈夫塔（Khalifa Haftar）

提供軍備。沙國與阿聯酋原本在安全上高度依賴兩國的軍事主要夥伴美國，一旦它們形成同盟軸心，便能從這樣的依賴關係中獲得部分的自主性。

美國總統拜登一改前任總統川普的作風，從2021年上任起，便想重建波斯灣地區的安全和穩定。這可見於葉門戰爭的結束，以及美國停止支持沙烏地阿拉伯的軍事行動，並和伊朗重啟協商，令沙國在往後的合作關係中採取較為柔和的治理手段，更積極採取多邊主義。美國的意思，沙國心知肚明。2021年1月，沙國和卡達重修舊好，並在同年2月釋放女權主義政治犯魯嘉因·哈德洛爾（Loujain AL-Hathloul），在3月向葉門的胡希運動分子提出停火協議。為了讓世人淡忘謀害卡修吉一事，沙烏地阿拉伯重新調整政治立場和軍事部署，動作頻頻，滿足的還僅止是必要的底線。

2022年夏，薩爾曼親王跟拜登總統關係回溫受到了證實。美國與沙國達成的最新協議包括因應烏克蘭戰事增產石油、美國保護中東區域安全以及沙國與以色列關係正常化。

杜拜：全球化空間之最

杜拜一方面由於阿聯酋航空拓展全球航線，另一方面有傑貝阿里構成的工業海運中心，成為商務經貿跟觀光旅遊不可錯過的目的地。「杜拜環球港務」（DP World）是杜拜的港務發展集團，採取的布局策略可說是「商行外交」的落實，同時具有軍事部署的潛力。杜拜的商行外交旨在打造一座「海洋帝國」，不但能活絡經貿，也能施展阿聯酋介入性愈發強烈的外交政策。

葉門：這場戰爭以何為名？

葉門在1990年統一，素有「快樂阿拉伯」之名，卻從2014年起，因為族群派系和區域強權掛鉤，發生衝突，腥風血雨。葉門戰情險惡，顯德難以力挽狂瀾，因為地區利益衝突反映出淵源久遠的社會分歧。

葉門位於阿拉伯半島南端，在2011年時，阿拉伯之春遍地開花，葉門抗爭四起，逼得時任葉門總統沙雷（Saleh）下臺，由副總統阿卜杜拉布・曼蘇爾・哈迪（Abdrabbo Mansour Hadi）繼任。接著，在哈迪執政的過渡期，葉門展開了一連串體制改革，卻引發各種反對聲浪，其中包括葉門北部宰德派的胡希運動分子（或稱胡希分子）。胡希運動分子是葉門特有的什葉派支流。他們不滿新上臺的政權將他們邊緣化，也不喜歡新的選舉制度，於是在2014年7月進軍首都沙那。由於前總統沙雷共謀相助，胡希運動分子成功占領沙那。2015年1月，總統哈迪被迫辭職，逃亡至沙烏地阿拉伯，並向沙國尋求軍事支援。

2015年3月，沙烏地阿拉伯發起名為「果斷風暴」（Operation Decisive Storm）的軍事行動，帶領一支國際聯軍出兵葉門。可是，「果斷風暴」並未如預期地馬到成功，反而使總統哈迪信譽掃地，讓胡希運動分子聲勢如日中天，深度滲透國家機器的齒輪機件。在這段期間，南葉門還出現了分離主義運動，掌控了亞登港，繼續累積戰力。南葉門的分離主義分子背後有阿拉伯聯合大公國撐腰，反對總統哈迪的態勢愈發明顯，但在理論上仍是沙烏地阿拉伯的同盟。

葉門領土上，除了有上述這三方勢力交鋒，還要加上第四方，也就是阿拉伯半島的蓋達組織（Al-Qaeda）。2015年1月，法國《查理週刊》（Charlie Hebdo）發生恐怖攻擊事件，阿拉伯半島蓋達組織宣稱他們是這起事件的元凶。

要是多方派系嫌隙傾軋，足以解釋為何葉門爆發內戰，那這場內戰之所以持久不停，不能不提及伊朗、阿拉伯聯合大公國以及沙烏地阿拉伯的介入。它們讓葉門成為多國角力的競技場。除此之外，包括歐美諸國在內的國際列強向這些波灣王國提供軍火，也被指控是其中的共犯。

不過，鑑於利雅德與華盛頓當局關係回溫，拜登總統在2022年春天跟沙國達成葉門停火的協議，可見拜登將葉門的和平視為其外交政策的要務之一。

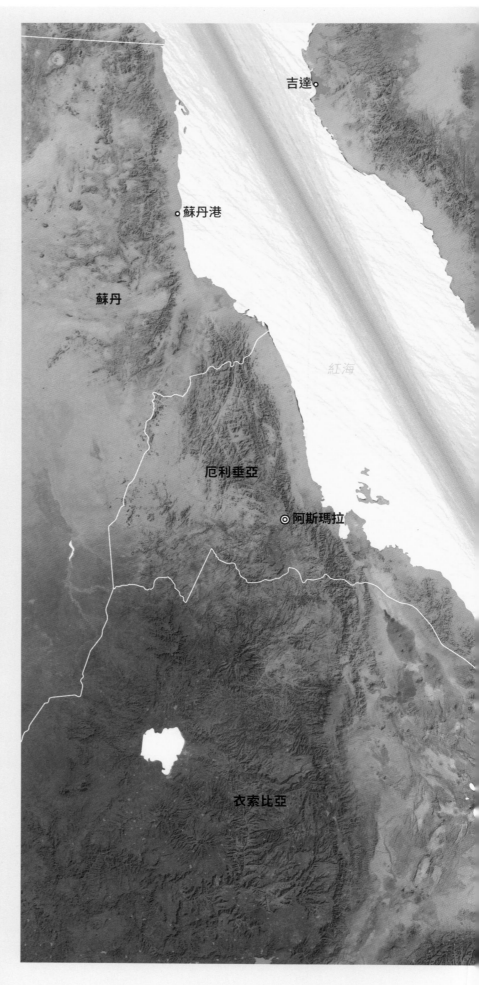

吉達。

蘇丹港

蘇丹

紅海

厄利垂亞

◎阿斯瑪拉

衣索比亞

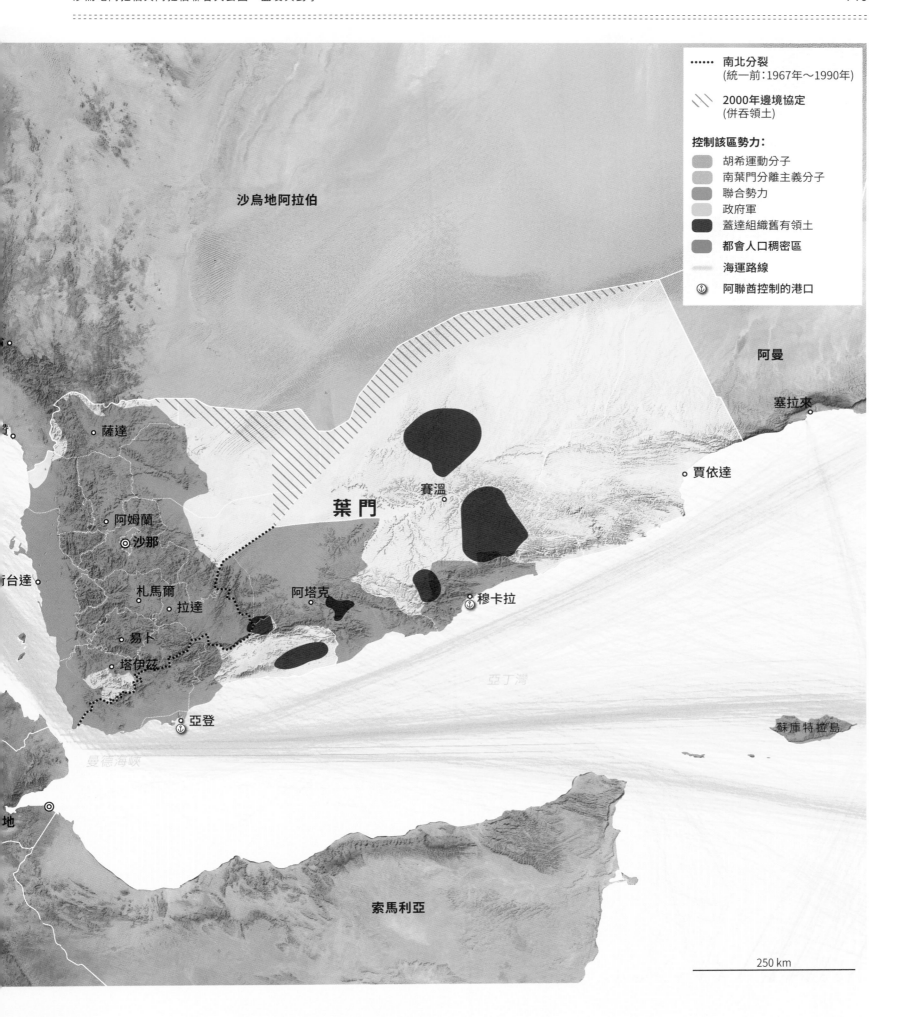

南北分裂
(統一前：1967年～1990年)

2000年邊境協定
(併吞領土)

控制該區勢力：
- 胡希運動分子
- 南葉門分離主義分子
- 聯合勢力
- 政府軍
- 蓋達組織舊有領土
- 都會人口稠密區

海運路線

阿聯酋控制的港口

沙烏地阿拉伯

阿曼

塞拉來

薩達

賈依達

阿姆蘭

沙那

賽溫

新台達

葉門

札馬爾

拉達

阿塔克

穆卡拉

易卜

塔伊茲

亞丁灣

亞登

蘇庫特拉島

曼德海峽

地

索馬利亞

250 km

目 的 地 18

阿勒坡

阿勒坡，戰爭爆發前：人們能欣賞傳統的木屋，徜徉在數座市集，這些情景都已成過眼雲煙，若是要回溯過往，無憑無據。那時，阿勒坡是敘利亞經濟和產業的重鎮，而大馬士革（Damascus）則是政治和金融的首都。阿勒坡是敘利亞第二大城，位處敘利亞西北部，離土耳其邊境只有數十公里之遙，從古到今一直是戰略輻輳。阿勒坡坐擁豐厚的文化資產，以古城為最，被聯合國教科文組織（UNESCO）列為世界文化遺產。跟其他敘利亞城市一樣，阿勒坡充斥社會不平等，有時髦富裕的布爾喬亞（Bourgeoisie）城區，也有東部較為貧窮的地區，這裡就是2011年人民反叛阿薩德威權政體的發源地。由於阿薩德政權實施無聲的恐怖手段，這群人希望可以終結威權的箝制。阿勒坡一城，便足以道盡敘利亞十年內戰經過的兵馬倥傯。從2012年到2016年，敘利亞發生過人稱「阿勒坡之役」（Battle of Aleppo）的戰爭。阿勒坡一分為二，城西由政府軍掌控，城東則是叛軍的勢力範圍。2013年，伊斯蘭國逐漸成形。2014年初，敘利亞叛軍和伊斯蘭國交戰，但後來開始和伊斯蘭國合作。後來，伊斯蘭國被國際各方勢力組成的聯軍殲滅，而俄羅斯的軍事介入則讓阿薩德陣營在2016年奪回阿勒坡全城的控制權。在敘利亞內戰之中，阿勒坡之役死傷最為慘重，因為各方勢力發動大型空襲，期間還使用了化學武器，造成超過2萬名平民喪生。阿勒坡變成象徵全敘利亞的烙印，講述著一場爭取自由的抗爭如何轉變成內戰，接著變成國際衝突。

敘利亞內戰爆發，距今已經超過十年。阿薩德陣營有俄羅斯的支援，繼續掌權。2022年3月，在拒絕譴責俄羅斯出兵烏克蘭的國家中，敘利亞也是其中一個。甚至，敘利亞還出兵支應普丁的軍力。莫斯科與大馬士革的盟友情誼有著一段歷史，早在蘇聯時期，巴沙爾·阿薩德（Bashar Hafez al-Assad）的父親海飛茲·阿薩德（Hafez al-Assad）就受到蘇聯的幫助。

敘利亞
仗打了十年，然後呢？

⇨ 地中海與沙漠之間的國度

敘利亞位處地中海的最東邊，北接土耳其，東衛伊拉克，南部跟約旦相鄰，西部則和以色列、黎巴嫩接壤。敘利亞國土面積有18萬5000平方公里，主要由石灰岩高原構成，東北有幼發拉底河（Euphrates）流經，發源自土耳其。這部分的敘利亞稱為「上美索不達米亞」（Upper Mesopotamia），或稱Djezireh（阿拉伯文「島嶼」之意），是一塊過渡性的草原區，連結敘利亞沙漠和沿著土耳其邊境發展的灌溉農業區。敘利亞西部是海岸山脈區（Coastal Mountain Range），降雨豐沛，澤惠兩座相鄰的平原，也就是面向地中海的賈卜萊平原（Jableh）和查伯平原（Chab）。敘利亞只有三成的國土可以耕作，其他都是旱地。

　　一直到2011年內戰爆發前，敘利亞的經濟以農業為主，全國有25%的勞動人口從事農業。雖然敘利亞的石油儲量逐年下降，但還是挹注了四分之一的國庫收入。從1960年起，敘利亞在國家的資助之下開始發展工業，以煉油、磷肥加工和混凝土工業為主。

⇨ 敘利亞的多元種族及族群

2011年敘利亞內戰爆發前，敘利亞人口有2100萬名，集中在西部，首都大馬士革（Damascus）就占了500萬，大馬士革郊區也人口密集。敘利亞人口不管是在種族或是宗教信仰上，都具有很高的多樣性。九成的敘利亞人都是阿拉伯人，遜尼派教徒占了64%，10%信奉阿拉維派（Alawite），3%是德魯茲（Druze）教徒，1%是什葉派教徒，另外還有5%的基督徒，分屬不同支派，

包括希臘東正教、希臘天主教、馬龍尼教派、聶斯托里派（Nestorian）[1]以及敘利亞教會（Syriac Church）[2]。雖然阿拉維教派和德魯茲教派傳統上被視為什葉派的支流，但他們被某些穆斯林視為異端，形成區隔。不過，阿薩德家族是阿拉維教派的成員，海飛茲·阿薩德從1970年起擔任國家元首一直到2000年逝世為止。他的兒子巴沙爾·阿薩德便在那時繼任掌權。除了上述的阿拉伯族群，敘利亞還有其他信奉遜尼派的種族，例如庫德族和土庫曼族。敘利亞的庫德族人集中在東北部，占敘利亞總人口的14%。土庫曼族約占1%。另外，敘利亞還有一個重要的族群，也就是信奉基督教的亞美尼亞社群。

⇨ 世俗的獨裁政權

跟鄰國黎巴嫩一樣，敘利亞從1920年起受到法國管轄，在1946年獨立。從此之後，敘利亞在建立有效政府的路程中，舉步維艱，想在多元人口及信仰的拼貼群像中謀求國族團結，困難重重。法國管轄敘利亞的期間，對多種信仰族群的治理採取「認信主義」（confessionalism），在法理上融合政治及宗教原則，依照族群大小比例分配政治資源。敘利亞的各路宗教社群甚為習慣這樣的治理方式。此外，阿勒坡和大馬士革有著大城之間的瑜亮情結，兩兩爭鋒之下，團結一國必得牽涉一定程度的中央集權過程，因此受到阻滯。這些情勢解釋了為什麼敘利亞獨立以後，國家長期動盪不定，讓敘利亞軍隊因此坐大，政變連連，一直到海飛茲·阿薩德在1970年11月成功掌權為止。海飛茲·阿薩德施行獨裁統治，為了全面掌控敘利亞人

「有用的」敘利亞

直到內戰爆發前，敘利亞總人口有2100萬人，多數聚居在沿海都市，例如塔爾圖斯（Tartus）和拉塔基亞（Latakia）或是俄倫特斯河（Orontes）的河谷都市，包括哈瑪（Hama）跟霍姆斯（Homs），至於幼發拉底河的河谷都市則包括代爾祖爾（Deir ez-Zor）以及拉卡（Raqqa），最後當然還有首都大馬士革。這些地區構成了敘利亞「有用的」區域，其他地區被沙漠覆蓋。今天，約有700萬名敘利亞人成為難民，逃往鄰國，其中有一半置身土耳其，其他則四散歐洲、北美跟澳洲等地。

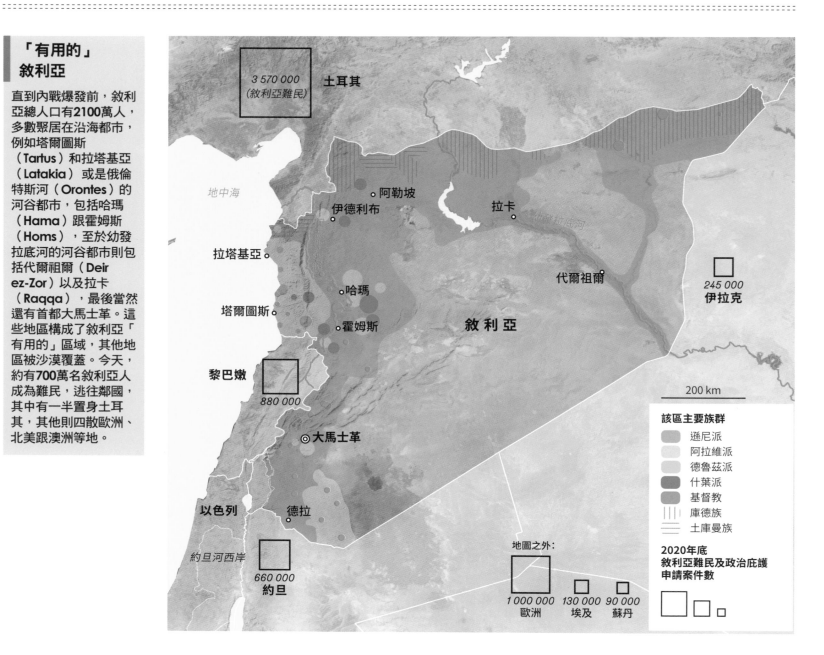

民，仰仗阿拉伯復興社會黨（Baath，音譯為巴斯黨）的龐大勢力，這個政黨從1963年起就在敘利亞執政。阿薩德政權獨惠本身信仰的阿拉維教派，可是，阿拉維教派不管是在敘利亞將領集團、國家維安或是行政官僚的要員，都屬於少數。

　　一直到內戰爆發前，敘利亞恆處永久性的「緊急狀態」。這句話的意思是，敘利亞施行審查制度，透過敘利亞國家情報處監控社會，並用刑罰嚇阻超過五人以上的集會。敘利亞剷除所有反對聲音，像是1982年哈瑪（Hama）爆發了穆斯林兄弟會（遜尼派）的叛亂，國家便出動軍隊，暴力鎮壓。

　　在經濟的層面上，巴沙爾·阿薩德在2000年間推動經濟開放政策，其中的左右手，不能不歸功於阿薩德的幕僚，包括他的表弟拉米·馬赫盧夫（Rami Makhlouf）。

馬赫盧夫是一名富商，成為敘利亞最大的私人投資者，領域囊括銀行、電信、石油和營建產業。在這段發展過程中，其他的敘利亞人留在邊緣地帶。2011年內戰爆發前，敘利亞有三成的人口活在貧窮線之下，全國失業率徘徊在20%和25%，失業的青年人口比更為年長的勞動人口多出六倍，要知道敘利亞有一半的人口低於20歲。令人驚愕的是，到了2011年間，敘利亞出現五年大旱，全國遭殃，農產品價格因此飛漲，鄉村人口大量外移，重創敘利亞經濟。在這段期間，敘利亞有1500萬人遷居到都市外環地區。

⇨ 敘利亞無春天

2011年初，突尼西亞、埃及、利比亞和巴林接連發生了阿拉伯之春的運動，後來葉門也發起響應。敘利亞具有所有發起運動的因

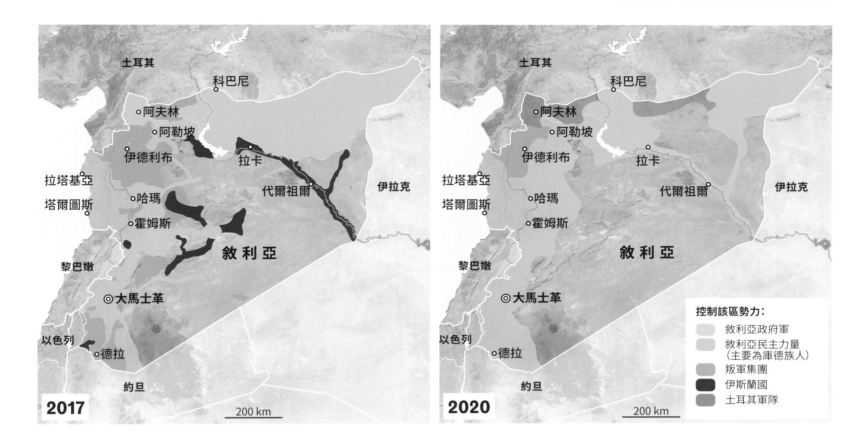

控制該區勢力：
- 敘利亞政府軍
- 敘利亞民主力量（主要為庫德族人）
- 叛軍集團
- 伊斯蘭國
- 土耳其軍隊

子，逐漸醞釀成一股社會運動的力量，隨時要爆發開來，反抗被視為暴政、貪腐和不平等的當權政府。

「敘利亞革命」（Syrian Revolution）發生於德拉（Deraa）。德拉是敘利亞南部一座農業小城，靠近約旦邊境。在德拉的某座牆上，有青少年塗鴉出「人民要政府下臺」的字眼。塗鴉的人立即遭到逮捕，並且被情資單位拷打質問。針對此事，人們以改變為訴求，發起示威活動，全國進而響應。這些示威屬性和平，可是受到敘利亞軍隊鎮壓，對示威者開槍，大量逮捕和拷問參與者，激發出新一波的抗議聲浪。2011年一年到頭，無不是這些事件的萌發與承轉，無論維安軍警如何壓制，抗議仍持續進行。

2011年7月底，有一批敘利亞軍官脫逃，流亡至土耳其，創立了敘利亞自由軍（Free Syrian Army）。敘利亞就此陷入內戰的地獄迴旋。2012年整個夏天，效忠巴薩爾政權的勢力面對敘利亞自由軍團來勢洶洶，不得不退讓，失守阿勒坡。敘利亞的庫德族數十年來受到政府踐踏，也加入起義，讓政府軍節節敗退，拿下敘利亞西北部幾乎所有領土。

可是，巴沙爾·阿薩德不像突尼西亞的班·阿里（Ben Ali）或是埃及的穆巴拉克（Hosni Mubarak），他毫無遜位之意。相反地，他加重軍事鎮壓的力道，因此人民起義轉變成一場內戰。阿薩德先是動用坦克與直升機，接著加入戰鬥機甚至是彈道飛彈，打擊自己的人民。受到反抗軍勢力掌握的地方就會受到轟炸，轟炸對象專挑麵包店、糧食供給的倉儲、醫院及學校，讓人們的正常生活過不下去。在敘利亞南部，零星的反抗勢力四起，2013年8月21日，阿薩德毫不猶豫地下令動用化學武器打擊該區叛黨，目標包括大馬士革東部郊區古塔（Ghouta）。時任美國總統的歐巴馬曾在美國對外政策中劃下數道紅線，包括化學武器的使用，可是最後卻沒決定對敘利亞用兵。於是，阿薩德持續鎮壓人民，而敘利亞國內情勢的惡化，逐漸讓反抗軍立場愈趨激進。

⇨ 衝突激化導致國際勢力介入

敘利亞自由軍資源有限，而且不夠團結，逐漸被伊斯蘭激進分子和聖戰士構成的各路勢力取代，例如自由沙姆人伊斯蘭運動（Ahrar al-Sham）、伊斯蘭軍（Jaysh al-Islam）和蓋達組織的敘利亞分支——努斯拉陣線（Al-Nusra Front）。這些武裝團體的金主包

內戰的各路勢力

在敘利亞內戰中，和敘利亞政府軍交戰的集團有三方，各自立場不同，包括敘利亞自由軍的反抗軍（遭到激進伊斯蘭勢力與聖戰分子滲透）、伊斯蘭國以及以庫德族為主的人民自衛隊。2020年，敘利亞政府受到俄羅斯盟友的支援，重新掌控敘利亞全境。

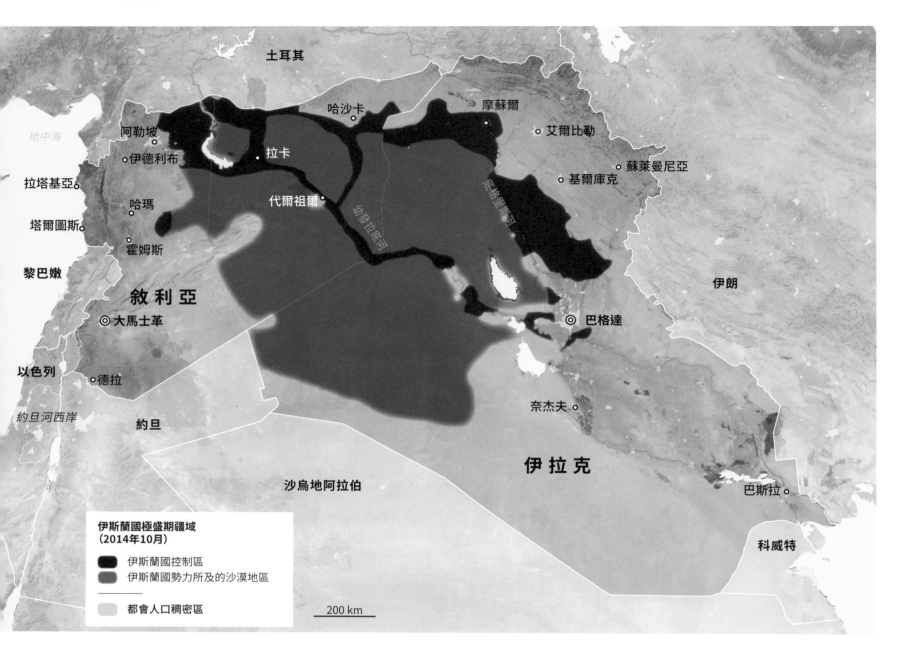

伊斯蘭國極盛期疆域
（2014年10月）

■ 伊斯蘭國控制區
■ 伊斯蘭國勢力所及的沙漠地區
□ 都會人口稠密區

200 km

伊斯蘭國：從伊拉克到敘利亞

伊斯蘭國創始於伊拉克，趁敘利亞爆發內戰，從中得利，進而開疆闊土，最後在2013年春天建立「伊拉克和黎凡特伊斯蘭國」。2014年，伊斯蘭國自立為哈里發國[1]。在全盛時期，伊斯蘭國控制的領土範圍跟英國一樣大。透過恐怖主義活動，伊斯蘭國也遍及全世界。

括卡達、沙烏地阿拉伯和土耳其，在敘利亞徵集到不少外國人加入，成員的國籍包括突尼西亞、利比亞、土耳其、沙烏地阿拉伯，甚至也有歐洲人（包括法國、比利時和德國）。

除了有這些組織的分化，還有發跡於鄰國伊朗的伊斯蘭國。伊斯蘭國眼看敘利亞爆發內戰，便趁火打劫，在2013年春天宣布成立「伊拉克和黎凡特伊斯蘭國」（Islamic State of Iraq and Levant）。伊斯蘭國希望可以和努斯拉陣線結合，可是遭到努斯拉陣線拒絕，因為努斯拉陣線向蓋達組織效忠，引發兩個聖戰組織內鬨交戰。伊斯蘭國取得了勝利，並占領敘利亞東部和伊拉克西北部，接著在2014年6月29日自行宣布建立哈里發國（Caliphate）。

2014年9月起，為了打擊伊斯蘭國，以美國為首的聯軍組織了起來。這支聯軍集結了來自歐洲、澳洲、加拿大、沙烏地阿拉伯、約旦、卡達、巴林以及阿拉伯聯合大公國的士兵。從2014年到2016年，國際聯軍在敘利亞發動了超過4000次空襲，在陸路上則和庫德族武裝團體、人民自衛隊（People's Defense Units）聯手合作。2015年1月，庫德族勢力在科巴尼（Kobanî）取得第一場勝利。接著，在2017年10月，他們乘勝追擊，拿下被伊斯蘭國視為其敘利亞基地的城市——拉卡。

在敘利亞政府軍這邊，巴沙爾・阿薩德從內戰爆發開始便在財源及軍力上受到伊朗的支援，連伊朗在黎巴嫩的軍事觸角——真主黨，也拔刀相助。在外交上，阿薩德政權

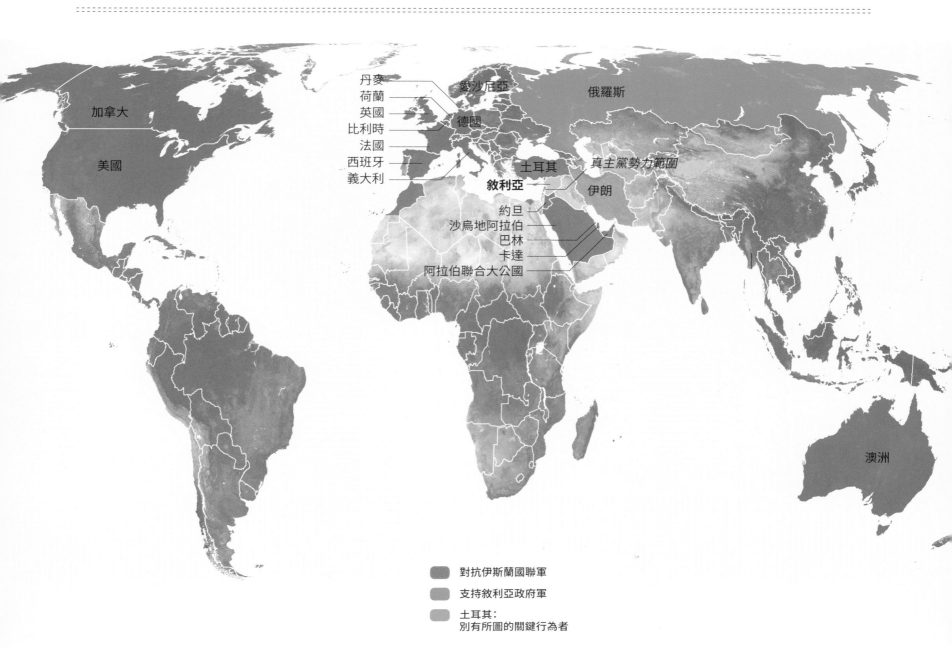

加拿大

美國

丹麥
荷蘭
英國
比利時
法國
西班牙
義大利

愛沙尼亞
德國

俄羅斯

土耳其
敘利亞

真主黨勢力範圍
伊朗

約旦
沙烏地阿拉伯
巴林
卡達
阿拉伯聯合大公國

澳洲

- 對抗伊斯蘭國聯軍
- 支持敘利亞政府軍
- 土耳其：
  別有所圖的關鍵行為者

有俄羅斯撐腰，長期在聯合國杯葛各項相關提案。不過，自從伊斯蘭國涉足敘利亞局勢之後，俄羅斯從2015年9月起便決定出兵介入，扭轉戰情。普丁將火力集中在反抗軍的巢穴——也就是阿勒坡、德拉和大馬士革東部郊區古塔，目的是要讓政府軍能夠收復敘利亞「有用的」關鍵國土，否則阿薩德政權可能會因此垮臺。

⇨ 驚人的數據

2021年，敘利亞經過十年烽火，可說是燕雀處帷幄，衝突的結束卻遙遙無期。表面上，巴沙爾・阿薩德贏了這場內戰，因為他成功保留統治者的大位。可是，他旗下的派系內部關係緊張，暗潮洶湧，愈發依賴莫斯科和德黑蘭當局的支持。加上美國通過《凱撒敘利亞平民保護法案》（Caesar Syria Civilian Protection Act），該法案在2020年6月生效，對敘利亞實施經濟制裁，使戰後經濟的重新起步舉步維艱。

敘利亞內戰造成50萬人喪生。犯下化學武器攻擊、集體屠殺、戰爭罪行和反人道罪行的兩個主要集團，包括敘利亞政府軍和伊斯蘭國。

700萬敘利亞人逃離了這個國家，占總人口的三分之一。根據聯合國估計，有將近800萬名敘利亞人糧食短缺，這幾乎是留在國內總人口的一半。

敘利亞衝突「國際化」

因應伊斯蘭國竄起，多國組成以美國為首的國際聯軍。至於俄羅斯和土耳其官方雖然反對恐怖主義，但實際上各有自己的利益要捍衛。俄羅斯和伊朗同為巴沙爾・阿薩德政權的支持者，而土耳其則要力抗庫德族在邊境建立自治團體。

永遠的庫德族問題

庫德族分布在敘利亞和伊拉克，在兩國對抗伊斯蘭國以及捍衛各自領土
的過程中，扮演要角。可是，庫德族內部管理的自治性與日俱增，讓土
耳其的領導者傷透腦筋，因為在土耳其境內也有一小撮庫德族人，雖是
少數，卻影響重大。

庫德族的語言雖然和波斯語相近，但庫德族人既不是阿拉伯人，也不是
土耳其人，更不是波斯人。多數的庫德族是遜尼派的穆斯林，不過也有
少數信奉什葉派、雅茲迪教（Yazidism）甚至基督教。西元前9世紀左
右，庫德族人定居於札格洛斯山脈，是米底亞王國（Medes）的後裔。
今天，庫德族人口估計在2500萬至3500萬之間，散落在四個國家，包括
伊朗、伊拉克、敘利亞及土耳其。庫德族是個沒有國家的民族，和巴勒
斯坦人一樣。不過，在第一次世界大戰結束之後，《賽夫赫條約》
（Treaty of Sèvres）允許庫德族創立庫德斯坦自治區（Kurdistan
Region）。但是因為穆斯塔法·凱末爾（Mustafa Kemal）在土耳其鼓
吹民族主義，讓建立庫德斯坦的承諾化為泡影。而且，歐洲殖民列強也
受到自身利益的驅使，將庫德族自治的提案擱置一旁。於是，法國取得
了敘利亞的上美索不達米亞以及庫德山（Kurd Mountain）地區的庫德
族屬地，英國併吞了伊拉克的摩蘇爾（Mosul）和基爾庫克（Kirkuk），
兩地皆蘊藏豐富的石油。至於伊朗地區的庫德族之於德黑蘭當局，則處
於接近完全自治的狀態。今天，庫德族人主要居住於上述這四個國家，
屬於這些國家內的少數民族。他們的地位和處境各有不同，所以會因為
各國憲法規範、各國對權力的重視程度和近期地緣政治走向而有所變
化。

分布在土耳其境內的庫德族人數最多。在土耳其，每五個人裡面就有一
個是庫德族（共有1500萬人），而且土耳其有三成的國土是庫德族的
居住地。一直到2000年間，土耳其拒絕承認庫德族的身分，並將他們
視為「山區土耳其人」。這樣的情勢，驅使庫德族人在1970年代末創
立庫德斯坦工人黨（Kurdistan Workers' Party）。庫德斯坦工人黨是一
個游擊團體，反對土耳其政府。土耳其政府則對庫德斯坦工人黨進行軍
事鎮壓和強制拆遷。在歐盟的施壓之下，土耳其實施了一些改革，包括
核准在國內使用跟學習庫德族語。可是，自從美國在2003年出兵伊拉
克開始，土耳其便十分顧忌深處伊拉克聯邦內部的庫德族群體。伊拉克
的庫德族在政治和經濟上處於自治狀態，土耳其深怕伊拉克庫德族的思
維會觸及國內的庫德族群體。基於這個立場，土耳其軍事介入敘利亞內
戰。結果，敘利亞的十年內戰加強了庫德族的自治，甚至出現了一個宣
稱為「民主聯邦」的區域。庫德族力抗伊斯蘭國聖戰士，使庫德族成為
西方陣營不可或缺的夥伴。然而，美國在2019年撤軍讓庫德族頓失羽
翼，讓土耳其能順利落實名為「安全地帶」（safe zone）的計畫，這
個計畫要沿著土耳其邊境築起30公里長的安全區。

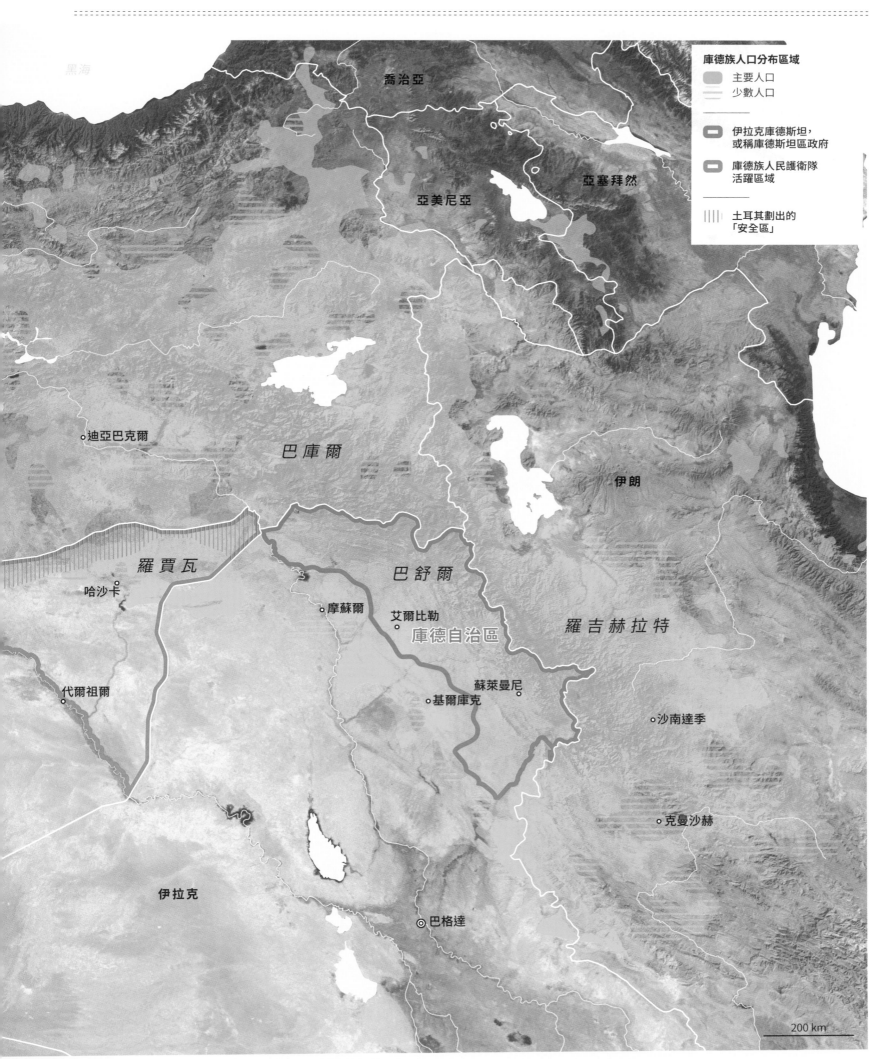

黑海

喬治亞

亞美尼亞

亞塞拜然

庫德族人口分布區域

主要人口

少數人口

伊拉克庫德斯坦，
或稱庫德斯坦區政府

庫德族人民護衛隊
活躍區域

土耳其劃出的
「安全區」

迪亞巴克爾

巴庫爾

伊朗

羅賈瓦

哈沙卡

巴舒爾

摩蘇爾

艾爾比勒

庫德自治區

羅吉赫拉特

代爾祖爾

蘇萊曼尼

基爾庫克

沙南達季

克曼沙赫

伊拉克

巴格達

200 km

目的地
19

博斯普魯斯海峽

這是博斯普魯斯海峽（Bosphorus Strait），聯通地中海和黑海，穿過伊斯坦堡的中心。博斯普魯斯海峽是地表最具戰略價值的航道之一。從烏克蘭戰爭爆發開始，艾爾段便動用他的權力，關閉博斯普魯斯海峽和達達尼爾海峽（Dardanelles Strait）的航道，擾亂俄軍海路的部署及行動。

在烏克蘭戰爭早期，艾爾段在2022年3月2日的聯合國會議中投票譴責俄羅斯侵略烏克蘭，讓人覺得土耳其站在西方陣營這一邊。可是，在同年春天，北大西洋公約組織有兩個新成員國叩關——也就是瑞典和芬蘭——安卡拉當局卻反對此事。原因是瑞典和芬蘭支持艾爾段的眼中釘——庫德族。

瑞典和芬蘭加入北大西洋公約組織遭到卡關，正合普丁心意；而且，艾爾段也需要普丁的軍力，在敘利亞北部和庫德族交火。實際上，艾爾段想阻止庫德族沿著土耳其邊境建立自治區，並用敘利亞難民的收容區取而代之，畢竟從2015年起，土耳

其便開始收容敘利亞難民。然而在敘利亞，普丁才是主宰局面的人。2023年土耳其總統大選在即[1]，形勢對艾爾段頗為險峻，這項計畫可以吸引許多土耳其選民。經過一番協商，北大西洋公約組織在2022年6月的馬德里舉行峰會，土耳其最後終於同意了讓瑞典及芬蘭入會的條款。

土耳其一方面折衝普丁的乖張，另一方面也時常扮演居中斡旋的角色，開啟黑海的航道，讓在烏克蘭港口受到封鎖的穀物得以運輸流通。同時，土耳其編織著自己的影響力網絡，遍及各大陸，包括非洲（利比亞）和中東。2022年春天，土耳其和沙烏地阿拉伯的薩爾曼親王達成和解，因為兩國關係早先因為記者賈邁勒·卡修吉在伊斯坦堡被沙國特工刺殺出現嫌隙。

除此之外，土耳其位處東西方世界的交匯之地，意圖確立其戰略價值非凡的強權地位。

艾爾段的土耳其
世界的交會

⇨ 歐亞之間的地理

因為地理位置的緣故，土耳其在地圖上儼然是歐洲和亞洲之間的一座橋梁。伊斯坦堡——在古羅馬時期舊名君士坦丁堡——包夾博斯普魯斯海峽，博斯普魯斯海峽恰恰就是歐亞兩座大陸的正式界線。土耳其幅員遼闊，國土面積有78萬3000平方公里，95%位處亞洲。不過，土耳其座落數個世界的交界，連結歐洲、地中海、土耳其和阿拉伯。

自從穆斯塔法・凱末爾在1923年承繼鄂圖曼帝國，建立土耳其共和國以來，土耳其將西化奉為圭臬，將之視為現代化的槓桿，同時認為伊斯蘭的文化傳承使穆斯林世界落後於西方。作為土耳其民族主義的領導者，凱末爾在1924年廢除了哈里發制度，並且改革土耳其的書寫系統，採用羅馬拼音，還在1949年承認以色列，接著在1952年加入北大西洋公約組織。後來，在歐洲一步步創建歐洲社群之際，土耳其的立場也向歐洲傾倒。

自從由雷傑普・塔伊普・艾爾段（Recep Tayyip Erdogan）領導的正義與發展黨（AKP）——一個溫和的伊斯蘭主義政黨——在2002年上任以來，土耳其經歷了種種深度的變遷，尤其是外交政策的立場，轉變尤大。土耳其轉向加強和中東的聯繫，畢竟土耳其的前身——鄂圖曼帝國曾在中東叱吒風雲將近500年。

土耳其的外交政策之所以有此轉變，要從艾哈梅德・達夫歐魯（Ahmet Davuto lu）說起。達夫歐魯原先是名國際關係的教授，後來從政，成為土耳其外交部長。他認為土耳其應該善用位處東西交界的地利之便，好好經略地緣政治，和鄰國敦睦邦誼，喊出「鄰國零問題」（zero problems with our neighbors）的口號。

為了經營自身的影響力，這項新政策優先應用於鄂圖曼帝國的故土，包括北非、中東和巴爾幹地區，而這些地區變很快地被冠上「新鄂圖曼」的稱號。在經濟發展上，這項政策落實在自由貿易協定的簽署，打通土耳其和鄰國的經貿管道。敦親睦鄰的外交政策讓土耳其得以和中東諸國相親相愛，可是卻在2011年阿拉伯之春發生之際踢到鐵板，讓土耳其必須重新省思相關領域的企圖。

⇨ 強權的新企圖

土耳其的外交政策並不只著眼於區域經略，還想要讓土耳其躋身強權的行列。於是，土耳其積極拓展外交圈，在艾爾段的執政期間，外派239座使館，這個數量位居世界第五。透過這個網絡，土耳其得以推廣自身的語言及文化，同時對亞洲非洲的赤貧國家提供發展基金。土耳其的軟實力也可見於影視產業，土耳其是世界第二大影集輸出國，僅次於美國。另外，不管是G20——世界經濟強權的俱樂部——或是伊斯蘭合作組織，土耳其的參與都愈來愈投入，在這些社群中提倡國際伊斯蘭教徒的團結，迴護緬甸羅興亞人跟敘利亞難民的權益。同時，面對強大的對手沙烏地阿拉伯和埃及，土耳其也希望集結其他遜尼派國家，以溫和的伊斯蘭治理模式與之抗衡。

土耳其：
歐亞的十字路口

摩洛哥

地中海

阿爾及利亞

突尼西亞

利比亞

希臘

土耳其

保加利亞

羅馬尼亞

摩爾多瓦

烏克蘭

俄羅斯

黑海

喬治亞

亞美尼亞 亞塞拜然

哈薩克

吉爾吉斯

中國

烏茲別克

塔吉克

土庫曼

阿富汗

巴基斯坦

北賽普勒斯

敘利亞

黎巴嫩

以色列

巴勒斯坦

約旦

伊拉克

伊朗

科威特

埃及

巴林

卡達

沙烏地阿拉伯

阿拉伯
聯合大公國

阿曼

蘇丹

厄利垂亞

葉門

鄂圖曼帝國極盛時期疆域

庫德族分布地區

土耳其語區

土耳其友邦

爭議地區

歐盟

軍事基地

北大西洋公約組織（NATO）

土耳其（現役基地或建置中）

400 km

⇨ 敘利亞內戰策略的峰迴路轉

2011年，阿拉伯之春發軔之際，土耳其被視為「穆斯林民主」的參考典範。同時，土耳其的正義與發展黨不但支持在突尼西亞進行的伊斯蘭主義復興運動（Ennahda），也和埃及的穆斯林兄弟會站在同一條陣線。

至於在敘利亞，安卡拉當局起先和抗議巴沙爾·阿薩德政權的反對陣營同氣連枝。在美國方面，時值歐巴馬執政，歐巴馬政府原先將使用化武列為不可跨越的紅線，但土耳其眼見這條紅線明明在內戰期間被踩上了，美國卻不直接插手，土耳其便按照自己的盤算走。這場戰爭和土耳其的種種利害關係息息相關，從此之後，艾爾段的立場便是捍衛自身利益，包括以下數項：

－移民問題：土耳其和敘利亞相鄰的邊境長達900多公里，敘利亞有超過300萬名難民跨越邊境，進入土耳其躲避戰亂。也就是說，這股人潮中挾帶許多年輕的宗教激進分子，加入伊斯蘭國或努斯拉陣線的聖戰團體，為之效力。

－安全問題：2015年至2017年間，土耳其接連發生伊斯蘭恐怖攻擊事件，有些攻擊的主使者被認為是庫德工人黨，使國內動盪不安。艾爾段顧忌土耳其的門戶有數個庫德族自治區，可能就此成為庫德工人黨游擊隊的後勤巢穴，重演1980年的情勢。於是，艾爾段便在2016至2018年間出兵打擊伊拉克和敘利亞的庫德族地區。

－地緣政治考量：2015年11月，土耳其軍隊曾和俄軍發生摩擦。後來，艾爾段態度大轉彎，和敘利亞最大的臺柱——俄羅斯結盟。結果，2017年人們在哈薩克的阿斯塔納（Astana）舉行敘利亞內戰和談，土耳其得列席其中，和伊朗並座。可是，縱使土耳其想要在敘利亞的伊德利布（Idlib）保持駐軍，2020年2月因為一場俄軍的空襲，幾乎要和莫斯科當局撕破臉，爆發正面衝突。敘利亞政府軍力求收復全國失土，俄羅斯則是全程不動如山的臺柱。土耳其與俄羅斯之所以沒有因為伊德利布的空襲而交戰，是因為兩國從冷戰結束以來有著堅實且多面的合作關係，尤其以貿易和能源領域為最。俄羅斯提供天然氣及石油給土耳其，而且還在阿庫尤（Akkuyu）興建了土耳其第一座核能發電廠。

作為北大西洋公約組織的成員，土耳其在戰略路線上和伊朗路線不同。即使如此，在敘利亞戰場上，伊朗仍是土耳其的盟友。不過，兩國的同盟關係主要奠基於經濟互利，交易天然氣與石油。這樣一來，伊朗就算遭受重重禁運條款與制裁的箝制，還是有賣油的賺頭。

⇨ 結盟的複雜遊戲

土耳其種種的政策轉彎，解釋了為何它和卡達愈走愈近。2016年，土耳其在卡達蓋了一座軍事基地。不過，這些舉措也使土耳其與沙烏地阿拉伯、阿拉伯聯合大公國以及塞西元帥執政的埃及的關係出現緊張。這些保守的遜尼派國家被穆斯林兄弟會視為寇讎，而安卡拉當局又大力支持穆斯林兄弟會，足跡遍布埃及、利比亞、突尼西亞與摩洛哥。2018年秋天，異議記者賈邁勒·卡修吉在沙烏地阿拉伯駐伊斯坦堡大使館遇害，針對這起發生在境內的刺殺案件，土耳其總統大加撻伐，讓土耳其與沙國的關係雪上加霜。薩爾曼親王和艾爾段的關係素來不睦，一直要到2022年春天，因為烏克蘭戰事的緣故才冰釋前嫌。

土耳其和以色列有著策略與軍事上的夥伴關係，從兩國在1996年簽署協定以來便是如此。不過，因為土耳其護衛巴勒斯坦的立場明確，而且也支持哈瑪斯政權（Hamas）[1]，此舉成為惡化土耳其與以色列關係的因子。

至於說到土耳其與高加索鄰國的關係，事情就變得比較複雜。土耳其支持亞塞拜然的土耳其語族群，制衡亞美尼亞。由於1915年鄂圖曼土耳其曾在亞美尼亞進行種族屠殺，土耳其和亞美尼亞兩國交惡。在這近幾十年來，國際上敦促正視亞美尼亞種族屠殺的聲浪日益強烈，讓土耳其窘迫為難，進而採取否定的立場，三緘其口。納戈爾諾－卡拉巴赫（Haut-Karabakh）地區位於亞塞拜然，主要居民為亞美尼亞人，從1994年納卡戰爭爆發起，便由亞美尼亞占領。但是在2020年秋天，亞塞拜然有土耳其的援兵相

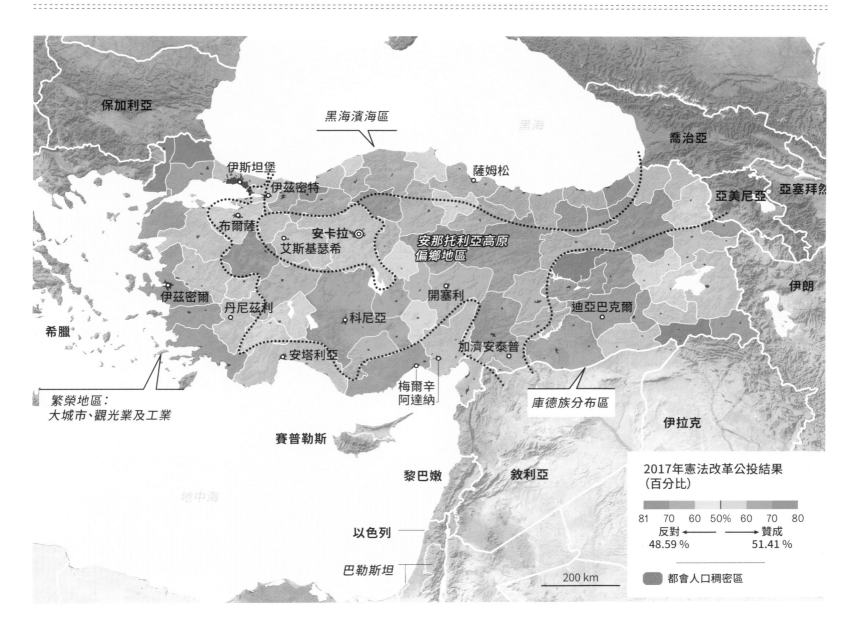

2017年憲法改革公投結果
（百分比）

81　70　60　50%　60　70　80
反對　　　　　　　　　　贊成
48.59％　　　　　　　　51.41％

都會人口稠密區

助，征服了這個地方。

⇨ 與西方世界交惡

土耳其作為中東的區域強權，立場搖擺，是有反效果的。這不但削弱了土耳其和歐洲及西方世界的關係，也成為地中海東部的緊張因子。

　　雖然土耳其是北大西洋公約組織的成員，也是美國在冷戰時期施行圍堵策略的中流砥柱之一，土耳其和美國的邦交卻每況愈下。2003年，安卡拉當局曾阻止美國透過北約空軍基地派機轟炸伊拉克。敘利亞內戰期間，艾爾段因為歐巴馬援助庫德族人抵抗伊斯蘭國，譴責美國。土耳其指控費圖拉·古蘭（Fethullah Gülen）是2016年政變的策劃者，古蘭流亡美國，美國卻拒絕引渡古蘭，此舉也讓土耳其怒不可抑，責怪華盛頓

當局。最後，艾爾段見到川普決定將美國駐以色列大使館從特拉維夫遷往耶路撒冷，也大為光火，認為這跟美國整體的中東和平計畫一樣，偏袒以色列。至於土耳其惹火美國的行徑，則是向俄羅斯購買S-400防空飛彈系統，這違反了北約的章程規範。

　　土耳其和歐盟的關係也變得日益複雜。2005年，土耳其展開加入歐盟的協商流程，卻從2006年起處於卡關狀態，主因是雙方對於賽普勒斯問題意見相左。土耳其從1974年起便占有北賽普勒斯（Northern Cyprus）。即使如此，歐盟和土耳其心知肚明的是，兩方不管是在經貿、能源或尤其是敘利亞及中東難民的人流管控，休戚與共，連結緊密，法理依據來自2016年3月簽訂的移民協定。而且，不能忽視的還包括有600萬至700萬名土耳其移民住在歐洲，構成歐

一個政治分歧的國家

2017年4月，土耳其總統艾爾段發起公投，目的是想要樹立一套新的總統制度，讓他能繼續執政到2029年。結果，這場投票在地理上的局勢突顯出土耳其的政治如何分歧。投下憲改同意票的選民，主要來自位於安那托利亞高原（Anatolian Plateau）的偏鄉地帶，而土耳其西部都市化及工業化程度較高，經濟也比較繁榮，趨向反對這個提案。至於安那托利亞高原東部主要由庫德族人居住，也反對憲改。

摩爾多瓦

烏克蘭

俄羅斯

羅馬尼亞

克里米亞

保加利亞

黑海

喬治亞

俄羅斯

亞美尼亞

亞塞拜然

伊斯坦堡

愛琴海

安卡拉

土 耳 其

伊朗

希臘

羅德島

卡斯特洛里佐島

北賽普勒斯土耳其共和國

敘利亞

克里特島

賽普勒斯

黎巴嫩

伊拉克

地中海

以色列

約旦河西岸

利比亞

加薩

約旦

埃及

沙烏地阿拉伯

紅海

＊北賽普勒斯
土耳其共和國

400 km

- - - - 根據海洋法劃定的
　　　 專屬經濟區範圍

──── 雙邊協定劃出的海域疆界

　　　 理論上屬於土耳其的專屬經濟區

　　　 土耳其主張的專屬經濟區

　　　 北賽普勒斯土耳其共和國
　　　 及土耳其主張的專屬經濟區

　　　 石油蘊藏處

✧　　 土耳其軍事介入地區

　　　 庫德族居住地區

回歸中東

阿拉伯之春質疑了土耳其「新鄂圖曼」的區域政治路
線，但也是土耳其的一線轉機。不管是在利比亞或敘
利亞，土耳其都善用自身影響力加上同盟支援，有效
捍衛自身利益。至於在地中海東部，土耳其因為競逐
天然氣資源，跟賽普勒斯及希臘在海疆劃定的議題上
陷入緊張。結果，土耳其提出的相關海權主張牴觸了
海洋法的規範，可是土耳其並沒有簽署協定要遵守海
洋法。

盟內部最大的移民社群。艾爾段和他的政黨正倚仗此勢，一點一滴累積和經營影響力。

2019年起，地中海東部情勢逐年緊張，但是歐盟基於和土耳其共同利益的關係，立場謹慎保守，個中原因便是如此。

⇨ 地中海東部的緊張情勢
由於人們在地中海東部發現了重要的天然氣田，也就是賽普勒斯海域的阿芙洛黛蒂天然氣田（Aphrodite gas field），使土耳其跟賽普勒斯爭端再起；同時，土耳其和希臘自古以來便因為海疆劃定的問題爭執不下，也因此重現火花。

賽普勒斯和以色列、埃及一樣，在地中海區域石油的開採及分配中扮演活躍的角色。這樣的地位歸功於東地中海輸油管（Eastmed）的興建，這個計畫的執行者包括以色列和希臘，供應歐洲市場。

由於這些供應天然氣的計畫和區域協商將土耳其排除在外，從2019年起，土耳其的行事作風愈發具有侵略性。譬如，土耳其禁止歐洲和美國的公司在北賽普勒斯土耳其共和國的海域進行探勘，因為土耳其將此處視為禁臠。

自從蒙特哥貝《聯合國海洋法公約》在1994年生效起，土耳其作為非簽署國，便向希臘提出專屬經濟區劃定的爭議，意圖「用本國海岸線包夾希臘」。由於各國競相爭奪天然氣資源，土耳其主張的專屬經濟區比原先的還要廣大（幾乎是46萬平方公里），這份主張的理論基礎出自土耳其海軍少將賽姆·顧德尼茲（Cem Gürdeniz）2006年提出的「藍色祖國」（blue homeland）原則。顧德尼茲認為，海洋法的落實和專屬經濟區的劃定，應該要透過雙邊協定來進行。艾爾段就著這個論點，在2019年11月和利比亞政府簽署了劃定海疆的條約，以便換取軍事支援。因此，土耳其動搖了希臘與賽普勒斯專屬經濟區的輪廓，也擾動了地中海東部的權力平衡。有鑑於土耳其動作頻頻，法國和義大利便表態支持同盟，力挺希臘和賽普勒斯。

艾爾段領導的土耳其軍力雄厚，經濟強盛，而且人口有8300萬之多，在中東盤踞一方，是無法規避的行動者。但是，就算土耳其讓人難以取信，卻還是歐盟必須經營關係的溝通對象。可是，艾爾段採取的策略引發諸多緊張情勢，會讓土耳其在國際上陷於孤立。尤其是在Covid-19疫情肆虐之後，土耳其的經濟面臨艱鉅挑戰，孤立之勢，對其不利。

⇨ 安卡拉：雙面論述？
2021年6月，北大西洋公約組織召開高峰會，促成美國總統拜登上任以後第一場歐洲之旅。土耳其元首在與會時，和往常一樣，廣伸觸角，八面玲瓏，不時重申土耳其穩穩定錨於西方同盟的立場，但也強調其外交政策的獨立。土耳其的意圖，是想要說服西方人，若是要在敘利亞和利比亞牽制俄羅斯，和土耳其聯手才是不二法門。可是，艾爾段同時又頻頻向土耳其人民灌輸反西方言論，使他的可信度非常低。

無論如何，在北約峰會告一段落之後，我們發現美國、歐盟及安卡拉當局之間的外交確實「回溫」。歐盟承諾要再發出60億歐元，援助寄居土耳其境內的370萬名敘利亞難民。

這就是艾爾段執政下土耳其的寫照：土耳其善用位處歐亞之間的地利之便，長袖善舞，應付裕如。在烏克蘭戰爭中，土耳其再度展現這套策略，一方面倚仗其作為北約成員國的身分，令一方面又跟普丁保持聯繫。例如，2022年7月19日，艾爾段在德黑蘭會晤普丁，接著又在黑海沿岸城市索奇（Sochi）相會，討論如何處置在黑海港口受到莫斯科當局卡關的烏克蘭穀物。

目的地 20

耶路撒冷

耶路撒冷，2021年1月，一座疫苗施打中心。以色列防疫腳步迅速，而且效率高超，早在2021年4月就向外發布各種（幾乎）回歸正常生活的鏡頭，羨煞全世界。那時，在以色列，人們再也不用於室外配戴口罩，所有商店重新開張，文化活動重新上路，特拉維夫的街頭重現以往的景象，熙熙攘攘，活潑歡暢。

以色列防疫表現出色，充分展現國家軟實力，但卻無法讓總理納班傑明・納唐雅胡（Benjamin Netanyahu）放下心來。納唐雅胡掌權將近12年，因為蠻橫的民粹路線和貪腐問題備受質疑。

2021年6月開啟了以色列的政治新頁。右翼民族主義政治人物納夫塔利・班奈特（Naftali Bennett）繼任納唐雅胡，成為以色列的新總理。可是，以色列從2019年到2022年11月政局不穩，舉辦了五次選舉，亞伊爾・拉皮德（Yair Lapid）進而取代了班奈特。

在這段期間，以色列和巴勒斯坦的衝突再度浮上檯面，哈瑪斯政權和以色列空軍在2021年5月爆發為期11天的閃電戰（blitzkrieg），兩方皆有死傷。巴勒斯坦裔美國記者夏琳・阿克勒（Shireen Abu Akleh）在約旦河採訪期間遭到以軍射殺，葬禮引發隊伍與以軍衝突。在這之後，「低強度」衝突再度回到國際時事的頭版。經過聯合國調查報告指出，以色列維安部隊對這名記者的死具有責任。

話說回來，以色列的政治體系並沒有走上正軌，飄搖不定。而且，以色列內部充滿各種問題，頻添煩憂的，則是要和巴勒斯坦領土共處，而那塊領土上有著法塔（Fatah）[1]、哈瑪斯政權以及伊斯蘭聖戰團體，後者還有伊朗撐腰，造成攻擊事件頻傳，溝通協商窒礙難行。

不過，這個希伯來國家在美國的保護之下，贏了一把賭注，也就是和一部分的阿拉伯世界建立新的友好關係。

最後，隨著俄羅斯入侵烏克蘭，以色列人民強力動員起來，支持烏克蘭。同時，以色列還扮演一項要角，那就是替歐洲注入能量（天然氣）。

以色列—巴勒斯坦
談判僵局

⇨ 一個國家的誕生

以色列位於地中海東部，夾在黎巴嫩和埃及中間。以色列一側面海，另一側則貼著約旦河走，將河道作為以色列與敘利亞、約旦的國界。以色列之所以有今天的國土面貌，來自第二次世界大戰結束之後長期的國際協商成果，實現「錫安主義」[1]。不過，錫安主義並未完全實現，因為以色列在建國的過程中引發諸多衝突。

1947年11月29日，聯合國通過一項決議，支持在原先的巴勒斯坦託管地（Mandatory Palestine）建立兩個分別屬於阿拉伯民族和猶太民族的獨立國家，並以耶路撒冷為中心，匡列出一個國際聯合管理的特殊地區。這項議案雖然表決通過，但受到阿拉伯諸國的反對，使得以色列在1948年5月14日單方面宣布獨立建國。當時的以色列領導者是大衛‧班‧古里昂（David Ben-Gurion），他是猶太民族議會（Jewish People's Council）的主席，後來成為以色列第一任總理。對巴勒斯坦人來說，1948年5月14日始終是Nakba的一天，在阿拉伯文中，Nakba的意思是「災難」。因為，以色列建國使得約75萬名巴勒斯坦人被迫顛沛流離到鄰國，或是遷徙到仍受阿拉伯人管轄的巴勒斯坦領土。

以色列建國隔天，第一場以阿戰爭就爆發了。鄰近的阿拉伯國家（包括埃及、約旦與敘利亞）聯手攻擊這個新國家，不過，以色列不但擊退阿拉伯諸國，還將原先劃定的國界往外推。於是，以色列拿下了耶路撒冷西部。到了1949年10月，以阿戰爭停火，戰爭前線被稱為「綠線」（Green Line），作為劃分以色列和巴勒斯坦阿拉伯人居住地的界線。約旦河西岸由約旦管理，加薩則由埃及管轄。

以色列現今的國土面貌跟地緣政治局勢，來自於六日戰爭（Six-Day War），這場戰爭發生於1967年6月5日至10日。以色列迎戰埃及、敘利亞和約旦，不但贏得勝利還開疆闢土，取得1947年所有巴勒斯坦的領土，從埃及陣營拔得西奈半島（Sinai Peninsula），又拿下敘利亞戰略性質非凡的戈蘭高地。埃及在六日戰爭輸得灰頭土臉，決定報復。1973年10月6日，埃及連同敘利亞趁著以色列正在過贖罪日（Yom Kippur），發動攻勢。結果，埃及仍然敗北，並在1979年獨自與以色列簽署和平協定。這項和平協定讓埃及取回西奈半島，對中東地區和全世界來說，都是個和平的象徵。接著，以色列與巴基斯坦也在美國的調停戒護之下展開和談，在1993年的奧斯陸簽訂和平協議。

以阿雙方的衝突出現和解的契機，但在1995年11月4日，因為以色列總理伊扎克‧拉賓（Yitzhak Rabin）遇刺身亡戛然而止。雖然人們多次嘗試重啟協商，但一場場的談判始終無法促成巴勒斯坦建國。以色列和巴勒斯坦兩方陣營勢力懸殊，同時，有些團體與政黨在過程中走向激進化，造成恐怖攻擊事件頻傳，鎮壓管控等手段接踵而至，在在解釋和談為何陷入死巷。巴勒斯坦建國失敗，也肇因於以色列加速殖民約旦河西岸、圍牆的興建和巴勒斯坦內部出現分離運動。這使得哈瑪斯政權在2007年贏得選戰之後，

巴勒斯坦分治

1897年，錫安主義者在巴塞爾首度召開大會，通過了一項象徵性的決定，將巴勒斯坦定為猶太人重建家園的位置。1917年，英國外交大臣貝爾福爵士（Lord Balfour）發表《貝爾福宣言》，承諾在巴勒斯坦建立猶太家園，強化了錫安主義的大會決議。不過，要到第二次世界大戰結束之後，巴勒斯坦和以色列的分界，才在聯合國的保護之下真正成形。這促成了以色列在1948年5月14日建國。

1947年聯合國劃定疆界
- 猶太國界提案
- 阿拉伯國界提案
- 耶路撒冷，國際列管區

控制加薩地區。

⇨ 尖端科技的世界行為者

國際公認的以色列領土面積——也就是排除戈蘭高地和耶路撒冷東部——共有2萬770平方公里，人口將近9000萬人，其中有1600萬名是阿拉伯人。以色列定都耶路撒冷，主要政府機關都駐點於此，包括以色列議會（Knesset）。不過，在國際社群扮演要角的城市，要屬特拉維夫。特拉維夫駐有各國使館，除了美國之外，因為川普在2018年將美國使館遷到聖城耶路撒冷去了。

今天的以色列透過高科技產業（航太、電子、電信、資訊、電腦軟體與生物科技等）作為經濟發展的動力來源。以色列有將近一成的人口在高科技產業領域就業，是經濟合作暨發展組織（Organisation for Economic Cooperation and Development，OECD）中占比最高的成員國。以色列輸出為數可觀的科技服務，像是數位安全、資料或網域管理。這些領域不但沒有受到疫情衝擊，反而是因為疫情而特別吃香。因此，就算以色列經歷了史上最為嚴重的經濟衰退，這個「新創國家」的經濟比起西方世界諸國，經歷疫情之後更能全身而退。根據世界貨幣基金組織的估計，以色列2021年的經濟成長率是5%。2020年以色列失業率曾創下新高，飆升至15.7%，反觀2019年的失業率只有3.8%，到了2021年第一季則開始下降。在Covid-19疫情爆發之前，以色列從2000年以來的平均經濟成長率是3.5%，人均國民生產毛額是4萬4000美元，和法國或英國不相上下。

⇨ 長期政局不穩

以色列經濟生氣蓬勃，解釋了為什麼總理納唐雅胡快步推行大規模Covid-19疫苗施打計畫時，以色列人對此信心滿滿。不過，這並不能掩蓋以色列的社會與政治問題。

以色列雖然有高科技展業蓬勃發展，但也有一些產業相形失色，薪資低迷，造成國內社會極度不平等。幾乎有五分之一的以色列人活在貧窮線以下，尤其是阿拉伯裔的以色列人和極端正統派（ultra-Orthodox）的猶太人。

以色列：新創國家

在以色列建國初期，農業是以色列經濟發展的中心，透過出名的猶太社區制度——基布茲（Kibbutzim）'發揚光大。今天，以色列的經濟成長仰賴高科技產業，包括電子、電腦軟體和生物科技。這些產業聚集在名為「矽溪」（Silicon Wadi）的地方成為以色列高科技重鎮。2019年，以色列將4.3%的國民生產毛額投注在研究與開發上，這個比重是世界第二高。以色列高科技產業如此發達，解釋了為什麼以色列經濟具備良好的體質，度過疫情的考驗。

黎巴嫩

戈蘭高地
（由以色列占領）

敘利亞

那哈利亞

海法　阿塔市

加利利

拿撒勒

地中海

烏姆阿法姆

哈代拉　　　　　傑寧

內坦亞　　　　　土耳卡侖

卡法薩巴　　　　奈卜勒斯
海茲利亞　　　　蓋奇利亞

特拉維夫　　　　沙非特
巴特亞姆　霍隆
里雄萊錫安　洛德　約旦河西岸
拉姆拉
雷霍沃特　　　　拉馬拉　　　　約旦
阿什杜德　　　　耶利哥

耶路撒冷
貝息美什　　　　伯利恆

阿什克隆　　　　死海

加薩
（哈瑪斯政權控制）　希伯崙

拉哈特

貝爾謝巴

以 色 列

埃及

50 km

約旦河西岸

巴勒斯坦官方控制區域

- A區
- B區
- 巴勒斯坦城鎮

以色列控制區域

- C區
- 以色列殖民地

以色列城牆

- 完工
- 施工中或規劃中

埃拉特

矽溪
（高科技、資訊業、生物科技）

□ 石油港口

☢ 核能發電廠

—— 綠線
（1967年國界）

「小三角」，
居民以阿拉伯裔
以色列人為主

川普式和平

黎巴嫩
戈蘭高地
阿克里
海法
地中海
拿撒勒
傑寧
奈卜勒斯
特拉維夫
拉姆拉
拉馬拉
耶利哥
耶路撒冷
阿什克隆
死海
加薩
希伯侖
貝爾謝巴
埃及
約旦
埃拉特

50 km

——　綠線
　　（1948年國界）

2020年「川普計畫」
☐　未來巴勒斯坦國
■　以色列屬地
■　劃歸巴勒斯坦的補地
—　受以色列控制的交通要道
　　（橋梁、隧道或公路）

在政治層面上，不平等漸漸成為社會的沉痾。納唐雅胡領導的以色列聯合黨（Likud）以聯合政府的形式執政，在2021年3月的最近一次大選中，只在議會拿下52席，並非多數，兩年內第四度讓政局進退維谷。

這樣的局勢以納唐雅胡下臺告終，由納夫塔利・班奈特領導新政府。這個新政府是聯合政府，旗下的黨派有各路人馬，這樣的組合前所未見，直到2022年6月解散。

⇨ 川普式和平

就在以色列慶祝建國73週年之際，它在國際上儼然是戰勝疫情的凱旋之國，和阿拉伯國家的關係也逐漸正常化。以色列分別在1979年及1994年和埃及、約旦建交，在2020年夏天，也和波斯灣的兩個國家建立外交關係，包括阿拉伯聯合大公國以及巴林。這些措施稱為《亞伯拉罕協議》，由美國作為幕後推手，2020年9月15日簽署於白宮。數個月之後，以色列和蘇丹以及摩洛哥的關係也走向正常化。

簽署這些協定牽涉的考量非常多。首先，這些協定策略價值非凡。自從2000年間伊朗開始發展核能科技，以色列便把伊朗視為中東地區安全的頭號威脅。在這點上，以色列跟波斯灣數個國家所見略同，包括沙烏地阿拉伯。感受到共同敵人的存在，讓雙方安全情資單位的官方關係愈來愈近。接著，土耳其在地中海東部及敘利亞展開的干預政策，大行擴張主義，都令雙方十分擔憂。最後，以色列與沙烏地阿拉伯也將穆斯林兄弟會視為令人擔心的不穩定因子。哈瑪斯政權就是穆斯林兄弟會坐大的產物，不管是對這個波斯灣王國或是以色列來說，都危及國家安全。簽署協定也具有軍事考量。在這點上，阿拉伯聯合大公國嚐到不少甜頭，因為簽署協定之後，可以購得美國F35戰鬥機。在簽署《亞伯拉罕協議》之前，美國在中東軍售的立場始終獨惠以色列。最後，《亞伯拉罕協議》也蘊含經濟考量。簽署之後，阿聯酋可以獲得以色列提供的尖端科技與技術，應用在維安領域，而以色列也能增添石油供給的來源。2020年11月，特拉維夫開通了直

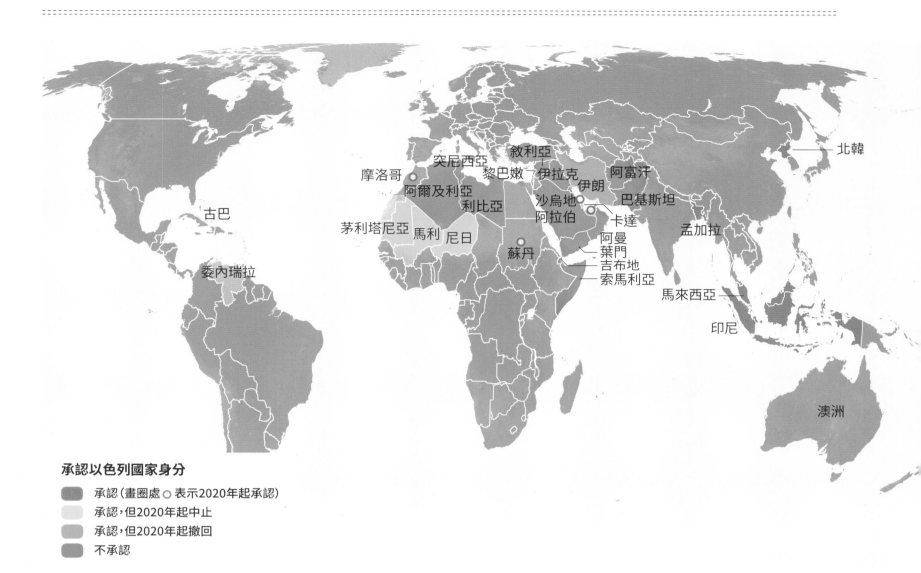

承認以色列國家身分

- ■ 承認（畫圈處 ○ 表示2020年起承認）
- ■ 承認，但2020年起中止
- ■ 承認，但2020年起撤回
- ■ 不承認

飛杜拜的航線，隔年四月，也能直飛阿布達比，帶動雙邊觀光業的發展。

原本，納唐雅胡計畫要將約旦河西岸的一部分併入以色列領土，而官方上，以色列和阿聯酋簽署的協定包括暫緩這塊領土的併入。實際上，以色列與阿聯酋兩國的協定仍把巴勒斯坦在阿拉伯世界（以及全世界）的位置推向邊緣。川普擔任總統期間，曾在2020年1月透過以色列與巴基斯坦的和平計畫，意圖化解以巴紛爭，實質上做的，就是邊緣化巴勒斯坦。川普的和平計畫正和納唐雅胡對以色列國家安全的展望，可説是絲絲入扣，不但容許以色列取得約旦河西岸人口稠密的殖民社區（居民高達42萬8000人）、耶路撒冷東部以及約旦河谷地區。照著協定的規範走，未來的巴勒斯坦國會去軍事化，主權受限，擁有的領土碎裂，分散在各個城市和彼此分離的地區，聯通的隧道與橋梁可用性極為不穩定，而且還不能定都耶路撒冷。根據中東政策專家尚‧保羅‧沙諾羅

（Jean-Paul Chagnollaud）的分析，這項和平計畫大肆違反國際法，因為它牴觸了所有安全理事會的決議，包括1967年242號決議和2016年2334號決議。

⇨ 川普與納唐雅胡時代的終結

2020年底，拜登當選美國總統，讓以色列總理痛失重量級同盟──川普。2021年6月，換成納唐雅胡自己失去政權，不過，他有可能在2022年11月的選舉東山再起[1]。同時，以色列與巴勒斯坦的衝突原先被視為「二級」衝突，因為最近哈瑪斯政權和以軍爆發致命交火，約旦河西岸的以色列殖民者跟巴勒斯坦人也水火不容，械鬥頻傳，讓這個議題重回國際時事頭版。在區域研究專家的眼中，這個問題當今的解決方案只有建立兩國一途，可是在本案中，沒有一個當事人對此抱持信心。

在阿拉伯與穆斯林世界中，哪些國家承認以色列？

2020年《亞伯拉罕協議》簽署之後，以色列位處波斯灣以及北非的阿拉伯盟友愈來愈多。這項協定大大仰賴美國的牽線，甚至有可能延攬科威特加入。不過，由於科威特親近伊朗，讓這個可能性相對渺茫。至於沙烏地阿拉伯則開始協商和以色列關係正常化的提案。

V. 非洲

充滿各種
可能與不可能的
大陸

危機當前，非洲保持各種鮮明的對比，一方面擔負現實的重擔（諸如政局不穩、恐怖主義、貪汙腐敗、糧食短缺等問題），另一方面閃現契機（經濟成長率、天然資源、人口樣貌、外資挹注等），彼此映襯。縱使Covid-19疫情使非洲陷入經濟衰退，這塊大陸卻展現出一定的抵抗力。其實，世界上並非只有單一個非洲，而是許多非洲。在非洲，有些新興國家的榮景讓人願意擁抱「非洲式樂觀主義」（Afro-optimism），將非洲視為一塊未來的大陸，就像20世紀末的亞洲。相反地，有些非洲國家則深陷危機。像是在北非，阿拉伯之春運動十年之後，諸多期望遭到背叛，而撒哈拉及薩赫勒地帶（Sahel region）則飽受聖戰團體的威脅。

在這幅時局圖的背景中，列強把非洲當成互相角力的擂臺之一，彼此較勁。在2021年外國直接投資非洲的占比之中，俄羅斯只有1%，卻處心積慮地想取代法國，成為非洲大陸的強大保護者。因為端看輸入非洲的軍火占比，俄羅斯軍火占了三成。2022年3月，聯合國舉行譴責俄羅斯入侵烏克蘭的表決時，非洲有17個國家棄權。顯然，非洲的反西方情緒讓莫斯科當局獲利。

阿爾及爾的卡斯巴

阿爾及爾的卡斯巴（Kasbah of Algiers）是座獨一無二的古城，講述的歷史橫跨古代、鄂圖曼帝國以及法國的殖民。關於這個地方的描述，史學家班傑明 史托拉（Benjamin Stora）的文字無人能出其右：「在阿爾及爾的卡斯巴，小樓錯綜，階梯交織，散落著空曠的畸零地和半空的公寓，裡頭庭院兀自清幽，派頭不下一座氛圍詭譎的巴洛克宅邸……。」它離海平面有118公尺，充滿迷陣般的小路、樓梯和死巷，人口眾多。這是阿爾及爾最古老的城區，在法國人來之前，阿爾及爾初始的樣貌，在古老的土耳其城牆內成形。1992年起，卡斯巴古城被聯合國教科文組織列為世界文化遺產，因為這個城區記敘阿爾及利亞複雜的歷史。它曾經是阿爾及利亞民族解放陣線（National Liberation Front）的陣地，接著，阿爾及利亞爆發內戰，經歷所謂的「黑色十年」[1]，卡斯巴變成伊斯蘭激進勢力伊斯蘭救世陣線（Islamic Salvation Front）的巢穴。2019年春天，反對阿爾及利亞總理包特夫里卡（Abdelaziz Bouteflika）的勢力揭竿而起，發動著名的示威（Hirak）。2019年的示威運動集結處位於不遠的烈士廣場（Martyrs' Square），即下方廣闊的濱海廣場。

卡斯巴是個既美麗又破敗的城區，理論上，政府為了翻修整頓，撥出了一筆預算要執行，約有1億7000萬歐元。可是，整頓工程浩大，而且阿爾及利亞舉國雜亂無章，經常有房屋倒塌，不少住宅不再適合人居住。

如果阿爾及爾的卡斯巴的形象能代表阿爾及利亞全國，那便是對新時代永無止境的等待。假使阿爾及利亞脫離了包特夫里卡的統治時期，曾任總理的新總統——阿布杜勒－馬吉德·塔布納（Abdelmadjid Tebboune）仍無法滿足阿爾及利亞人民對改變的渴求。阿爾及利亞有將近一半的人口年齡低於25歲，這群年輕人眼見示威領袖和其他質疑權威的人長期受到壓制，忍無可忍。2022年7月5日，阿爾及利亞慶祝獨立60週年，這個場合讓支持示威的人更加憧憬民主新時代，企盼見到新面孔執掌權力。可是，這也是阿爾及利亞當權者展現全國上下一心的大好時機，因此舉辦了盛大遊行。

最後，因為烏克蘭戰事的爆發，許多國家努力想脫離對俄羅斯石化燃料的依賴，便讓阿爾及利亞政權坐享其成。因為阿爾及利亞出產石油和天然氣，受到前所未有的寬待與延攬。

阿爾及利亞
無盡長盼新時代

⇨ 非洲最大國

阿爾及利亞國土面積將近2400萬平方公里，自從蘇丹分裂成兩個國家之後，阿爾及利亞便成為非洲和阿拉伯世界最大的國家。阿爾及利亞人口有4200萬，99%是穆斯林。阿爾及利亞的語言以阿拉伯語為主，不過還有三分之一的柏柏爾語系人口（Berberophone），亦稱為塔馬齊格語（Tamazight）。雖然語系分布上態勢懸殊，柏柏爾各種族支系對自身身分的主張值得注意，包括卡拜爾人（Kabyle people）、哈姆陽（Hamyan）與姆札卜（Mzab）兩地的貝都因人（Bedouin）、沙烏伊人（Chaoui people）以及圖瓦瑞格人（Tuareg people）。在阿拉伯人征服此地之前，柏柏爾人便世居於此，原住民族與外來統治者更迭往來，對政治的影響非常深遠。

由於國土幅員遼闊，阿爾及利亞的自然景觀變化萬千。阿爾及利亞北部瀕臨地中海，在這長有1200公里、寬約100公里的沿岸地帶中，氣候怡人，聚集了將近九成的阿爾及利亞人口。阿爾及利亞人口聚居都市，以三個大都會為最──奧宏（Oran）、首都阿爾及爾（Algiers）以及君士坦丁（Constantine）。阿爾及利亞還有兩個重要的氣候帶，也就是山區和半乾旱高原氣候帶。阿爾及利亞山區包括泰勒阿特拉斯山脈（Tell Atlas）、撒哈拉阿特拉斯山脈（Saharan Atlas）、阿哈加爾高原（Ahaggar Mountains）以及阿傑爾高原（Tassili n'Ajjer）。最後，撒哈拉沙漠覆蓋了阿爾及利亞三分之二的國土。沙漠蘊藏的礦物和石化燃料，為阿爾及利亞帶來重要的財富。

⇨ 石化燃料作為經濟發展的核心

阿爾及利亞因為坐擁可觀的地下資源而富有，1973年之後石油漲價，更是讓阿爾及利亞富上加富。今天，石化燃料替阿爾及利亞帶來98%的出口獲利，占國庫收入的六成，是阿爾及利亞「食租」的資產大宗。不過，高度仰賴石化燃料的結果，是讓國家的處境隨著價格漲跌載浮載沉，處於弱勢。而且，石油的收入並非取之不盡、用之不竭，具有可利用的時限。經過估計，阿爾及利亞境內所剩的藏油量只夠再生產20年，天然氣則剩50年左右可用。即使阿爾及利亞擁有石油的財富，但因為走過一段政局動盪的混亂歷史，根本沒能讓經濟發展起飛。

⇨ 獨立之後，如何治國？

經過法國殖民132年和八年血戰，阿爾及利亞獨立了。1962年，《埃維昂協定》（Évian Accords）終止了法國和阿爾及利亞民族解放陣線的交戰。

獨立之後，阿爾及利亞承襲了活絡的農業基礎（釀酒、穀物、柑橘等），石油產業的發展方興未艾，在當時已經占有國內將近一半的工業產值。同時，阿爾及利亞也有一套經濟基礎設施可供利用。可是，阿爾及利亞亟需重新思考發展方針，亟需脫離被殖民國家的本色。原先，經濟發展的主觀視角，屬於住在阿爾及利亞大都會的約100萬名歐洲人，他們設想的是一套出口導向的經濟模式。更重要的是，阿爾及利亞必須建制起一個國家，用史學家史托拉的話說，就是要「發明」阿爾及利亞。

艾哈邁德・本・貝拉（Ahmed Ben Bella）是阿爾及利亞民族解放陣線的創始者

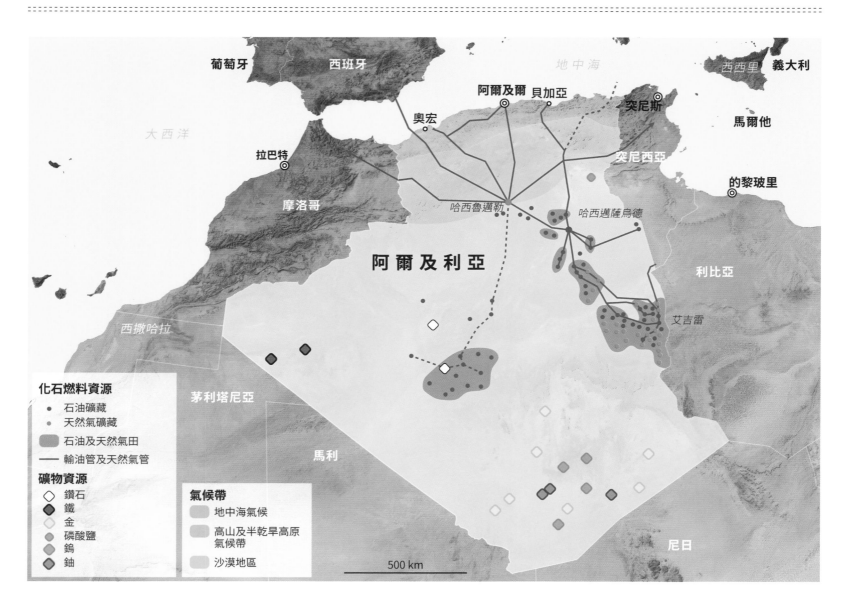

石化燃料：阿爾及利亞發展強項

幾乎所有的阿爾及利亞人口都聚集在海岸地帶，內陸的撒哈拉沙漠廣袤無垠，替阿爾及利亞帶來重要的礦物和石化燃料資源。為了將這些資源輸出到歐洲，阿爾及利亞建立了一座輸油管網絡，並在沿岸地區建造石油精煉、天然氣液化的基礎設施。因為烏克蘭戰事的緣故，這些資源在今天至關重要。

之一，也是阿爾及利亞獨立後的首批領導者，選擇將政體導向「社會主義的阿爾及利亞」，讓各企業實行工人自治，並讓民族解放陣線成為獨大政黨。本‧貝拉選用的國防部長——上校胡瓦里‧布邁丁（Houari Boumediene）在1965年6月19日推翻了他的政權。經過這場軍事政變之後，阿爾及利亞的國家權力獲得了一套強而有力的行政體系，軍事色彩強烈。而且，布邁丁仿照蘇聯模式，將經濟國有化。他利用石化燃料的收入來改革農業以及推行工業化政策，承諾重新分配開採天然資源所得的利潤。阿爾及利亞獨立之後，布邁丁便和蘇聯進行軍事合作，成為冷戰時期「不結盟運動」（Non-Aligned Movement）的領導者之一。

　　布邁丁流傳下來的，不只有他創建的政府體制，還有國家工業發展的區域架構，包括位處阿爾及利亞東部哈賈爾（El-Hadjar）的鋼鐵產業區、阿爾澤（Arzew）的石化工業以及阿爾及爾一帶的機械產業。布邁丁還

在1968年將石油化學產品的運輸跟銷售國有化。1971年，他分別將位於哈西邁薩烏德（Hassi Messaoud）的煉油廠和位於哈西魯邁勒（Hassi R'mel）的天然氣產區，從法國人（法國石油公司以及Elf石油企業）手中收購回來，進行國有化，造成一場跟法國的外交風波。對此，巴黎當局暫停大量進口阿爾及利亞紅酒。這項舉動使阿爾及利亞紅酒頓失外銷管道，因為另闢蹊徑十分困難，布邁丁被迫要剷平阿爾及利亞四成的葡萄園。葡萄酒產業是阿爾及利亞國庫重要的收入來源，僅次於石油。

　　布邁丁在1978年過世，阿爾及利亞民族解放陣線推出的唯一候選人——沙德利‧本‧傑迪德（Chadli Ben Djedid）繼位上任。本‧傑迪德以溫和的手段使阿爾及利亞經濟自由化，並且提高生產績效。同時，他推行的文化教育政策偏重阿拉伯文化，貶抑法國文化、阿爾及利亞方言以及貝都因語，引發柏柏爾各族群的激烈抗議。本‧傑迪德

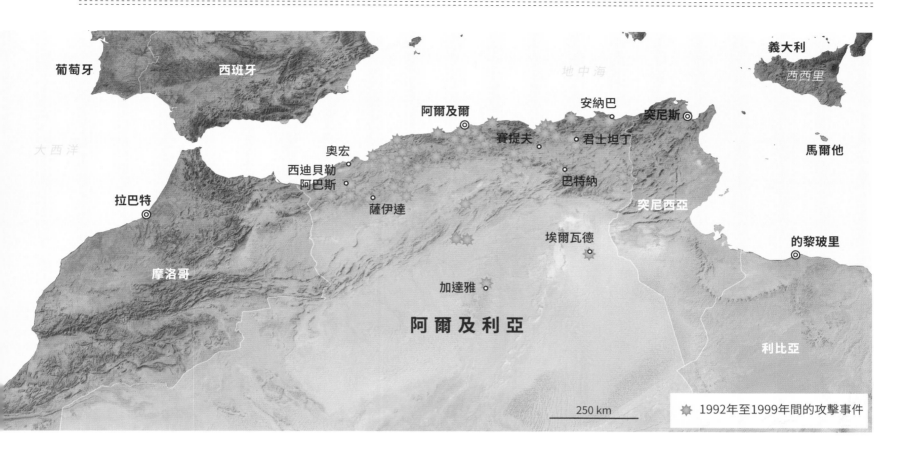

的對外政策有幾項特徵，包括重啟和摩洛哥的交流及對話，因為西撒哈拉的緣故，阿爾及利亞從1976年起便和摩洛哥不睦。同時，阿爾及利亞也和西方強權加緊聯繫，包括美國與法國。1983年，本‧傑迪德收到法國總統密特朗（François Mitterrand）的邀請，成為第一位造訪法國的阿爾及利亞元首。最後，本‧傑迪德也非常重視阿爾及利亞的區域整合，在1989年聯合摩洛哥、利比亞、茅利塔尼亞以及突尼西亞，成立阿拉伯馬格里布聯盟（Arab Maghreb Union）[1]。

⇨ 黑色十年

1980年代，阿爾及利亞經歷了一波結構性的經濟危機，局勢因為不當投機、官僚貪腐和民族解放陣線減損正當性而雪上加霜。基於種族（柏柏爾族）與宗教認同（伊斯蘭教）的各路反對勢力紛紛抬頭，發出不平之聲。1986年，石油價格劇跌，讓阿爾及利亞從獨立以來賴以進行重分配政策的資源瞬間縮水，可是，當時的阿爾及利亞人口幾乎成長到1965年的二倍。這樣的情勢加劇了都會社會的不平等，也讓青年與勞工族群滿腔憤懣。這一切引發了一系列的抗爭與罷工，在1988年秋達到高點。這是阿爾及利亞獨立以來首度爆發的人民運動，而政府則以鎮壓予

以回應。最後，政府當局釋出更多自由，而且開放其他政黨成立，走向多黨制。阿爾及利亞一開放多黨制，促成伊斯蘭救世陣線的創設，在1991年加入議會初選。那時，阿爾及利亞軍隊決定打斷選舉過程，宣布國家進入緊急狀態──這就是將要引爆血腥內戰的火花。

⇨ 包特夫里卡時期

從那時開始，伊斯蘭救世陣線發動武裝起義，反對當權政府。這場內戰打了十年，超過10萬人喪生。1999年，內戰衝突漸漸趨緩，包特夫里卡當選總統，治理這個遍體鱗傷的國家。他採取的政策以達到全國和解為原則，並且赦免「黑色十年」的抗戰分子。包特夫里卡重建了某種形式的和平，穩定阿爾及利亞全國上下，可是並沒有通盤解決國內的結構性問題。

因為石油收入的挹注，包特夫里卡發起了重大的農業改革，旨在讓阿爾及利亞可以糧食自給，同時也以各項政策鼓勵發展農糧產業、金屬冶煉、汽車工業、機械、電子與觀光產業。其實，阿爾及利亞擁有各種成為觀光勝地的先天條件，但在現實中卻大相逕庭。在2010年間，每年造訪阿爾及利亞的外國觀光客平均人數不足300萬人，不像摩洛

內戰

1992至1999年間，阿爾及利亞內戰的衝突集中在北部，交戰的陣營是阿爾及利亞政府和理念各異的數個伊斯蘭教組織。這個悲慘的衝突造成的死亡人數介於10萬到20萬之間。

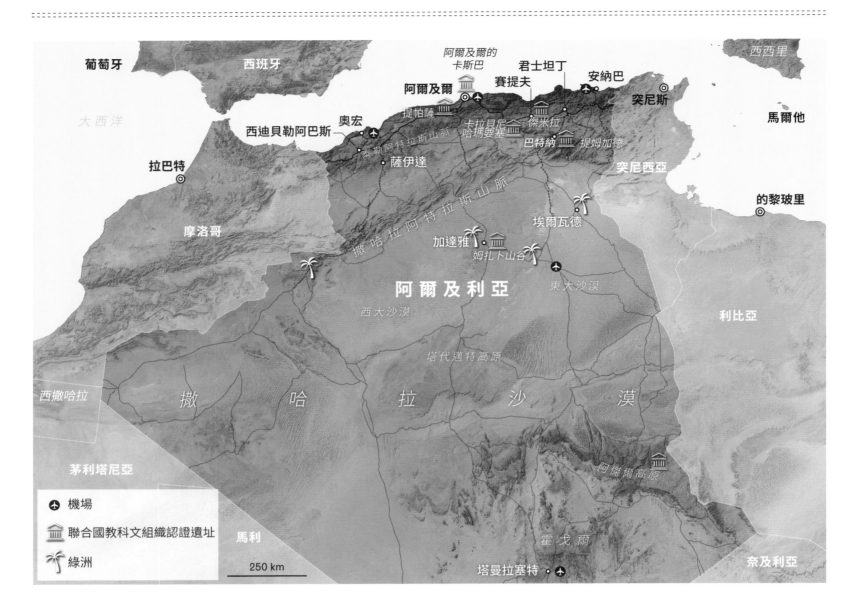

葡萄牙　西班牙　阿爾及爾的卡斯巴　君士坦丁　安納巴　西西里
大西洋　阿爾及爾　賽提夫　突尼斯　馬爾他
西迪貝勒阿巴斯　奧宏　提帕薩　卡拉貝尼哈瑪要塞　傑米拉　巴特納　提姆加德
拉巴特　泰勒阿特拉斯山脈　薩伊達　突尼西亞　的黎波里
摩洛哥　撒哈拉阿特拉斯山脈　埃爾瓦德
阿爾及利亞　加達雅　姆扎卜山谷　東大沙漠　利比亞
西大沙漠
西撒哈拉　塔代邁特高原
撒　哈　拉　沙　漠
茅利塔尼亞
✈ 機場　阿傑爾高原
🏛 聯合國教科文組織認證遺址
🌴 綠洲　馬利　霍戈爾　奈及利亞
250 km　塔曼拉塞特

尚未開發的觀光潛能

阿爾及利亞坐擁傲人的觀光資源，此事無庸置疑。其海岸線綿延超過1200公里，美麗風景令人目不暇給。阿爾及利亞有幾個景點值得一提，例如姆札卜的峽谷、蒼莽的阿哈加爾高原和一望無際的撒哈拉沙漠。阿爾及利亞有些地方被聯合國教科文組織列為世界文化遺產，像是古羅馬城市提姆加德（Timgad）以及哈瑪德王朝（Hammadid dynasty）首座都城的遺址──卡拉貝尼哈瑪要塞（Qal'at Bani Hammad）。人們甚至還能去阿爾及利亞滑雪，例如什里阿（Chréa）在殖民時期就有「阿爾及利亞夏慕尼」（Algerian Chamonix）的美稱。

哥每年平均吸引1000萬名觀光客到訪，突尼西亞則是700萬人次。

在阿爾及利亞各地，多數觀光設施的經營都因為內戰而中斷，而且在不宜造訪的危險名單上，阿爾及利亞連年榜上有名。阿爾及利亞不但沒有實質振興及推廣觀光，而且取得阿爾及利亞簽證極不容易，國內也缺乏觀光產業的基礎建設，如今更因為Covid-19疫情的衝擊，觀光產業一片蕭條。

⇨ 治理不善

包特夫里卡的改革成效有限，原因在於施政管理成效不彰。首先，多數的資金都投入基礎設施的建置工程中，所剩無幾。而且，國家和大型工商企業之間存在著緊張關係，因為國家意圖限制私領域的擴張，將私領域的企業行號視為國家利益的競爭者。另外，阿爾及利亞貪腐問題嚴重，不管是逃漏稅或是石油利潤的酬庸分攤都屢見不鮮[1]。最後，阿爾及利亞為了融入國際社群，壓低歐盟貿易

的關稅，並和阿拉伯世界諸國建立自由貿易關係，以利加入世界貿易組織。結果，壓低關稅嘉惠了外國商品的大量進口，造成阿爾及利亞國內產業凋敝。外國競爭因為低關稅門檻而長驅直入，削弱了阿爾及利亞自身的經濟體質。

最後一顆國家發展的絆腳石，莫過於阿爾及利亞對外資制定的法律。阿爾及利亞規定所有外資必須有阿爾及利亞企業作為主要合夥人。這條法律形成諸多限制，也讓外資望之卻步，使爾及利亞經濟成長形同空談。因此，在2000年至2010年間，阿爾及利亞的經濟成長率平均是3%，但其他新興國家的經濟成長率通常都高過5%，甚至像中國，成長率可以破10%。

對阿爾及利亞的經濟而言，烏克蘭戰事帶來好消息，也帶來壞消息。因為這場戰爭的爆發，石化燃料漲價，給阿爾及利亞國庫帶來收益，但卻也有可能同時使經濟的多角發展停下腳步。

不穩定的環境

從2011年阿拉伯之春運動開始，阿爾及利亞所處的戰略環境便動盪不安。從1994年起，阿爾及利亞西部與摩洛哥接壤的國界便處於關閉狀態，因為西撒哈拉一帶是兩國領土爭議的焦點。在阿爾及利亞南部，薩赫勒地帶變成北非蓋達組織聖戰士和伊斯蘭國成員的活躍地帶，和圖阿雷格人（Tuareg people）的分離主義運動掛鉤。在阿爾及利亞東部，利比亞在格達費下臺之後，成為阿拉伯世界列強的玩物，土耳其和歐洲也參與其中。

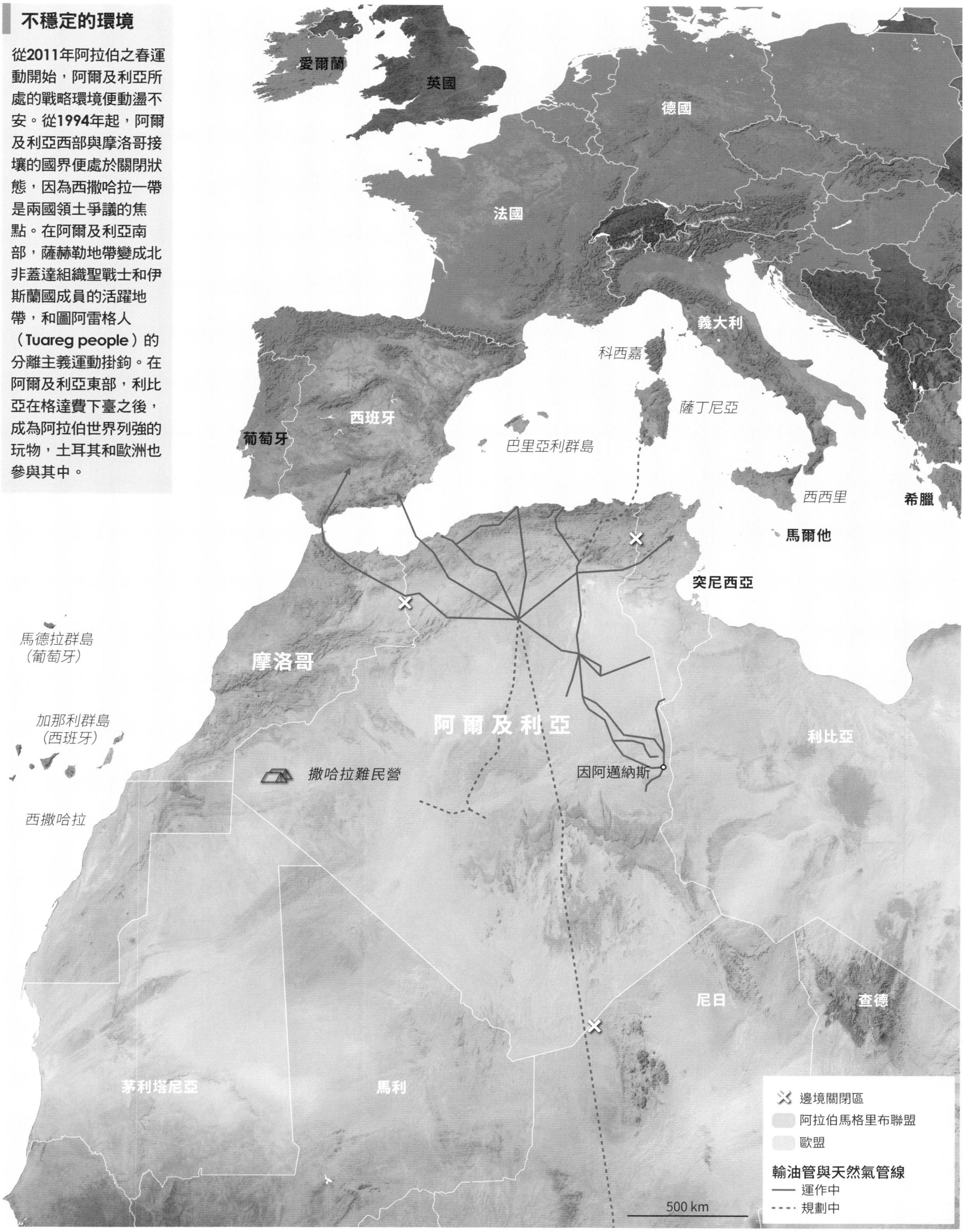

愛爾蘭

英國

德國

法國

義大利

科西嘉

薩丁尼亞

西班牙

巴里亞利群島

葡萄牙

西西里

希臘

馬爾他

馬德拉群島
（葡萄牙）

突尼西亞

加那利群島
（西班牙）

摩洛哥

阿爾及利亞

利比亞

西撒哈拉

撒哈拉難民營

因阿邁納斯

尼日

查德

茅利塔尼亞

馬利

500 km

✕ 邊境關閉區

阿拉伯馬格里布聯盟

歐盟

輸油管與天然氣管線
—— 運作中
---- 規劃中

目的地
22

西迪布基德

西迪布基德是一座位處突尼西亞內陸的城市，離首都突尼斯（Tunis）需要四小時的車程。每間郵局的門面都可以見到穆罕默德·布瓦吉吉（Mohamed Bouazizi）的肖像，無人不曉。2010年12月，這位年輕的爸爸以擺地攤營生，為了抗議警方沒收商品和其他執法不當的行為，引火自焚。這起事件成為茉莉花革命的導火線，顯示人民忍無可忍，群起反抗班·阿里的獨裁統治，抗議國家深陷貧窮和貪腐等問題。阿拉伯之春席捲中東各地，從利比亞一直到敘利亞，而這就是阿拉伯之春的起點。

西迪布基德作為整個運動的濫觴，揭發了「另一個突尼西亞」的存在。「另一個突尼西亞」遠離海灘，觀光客人跡罕至。這個地區對突尼西亞民主的發展有值得稱道之處，但依舊經濟凋敝，民怨四起。

2019年底，卡伊斯·薩伊德（Kais Saied）當選成為突尼西亞共和國的新總統。薩伊德之所以勝選，歸功於突尼西亞內陸遭到邊緣化的選區，那裡的青年族群對他寄予厚望，投票支持。薩伊德在總統大選第二輪投票以超過七成的得票率取得政權。突尼西亞的新任元首是個複雜的人物。他沒有政黨歸屬，也沒有實際的政策計畫，原本是法律系教授。2021年1月，阿拉伯之春屆滿十週年。突尼西亞作為阿拉伯之春的起點，政局依舊動盪，社會經濟問題懸而未解。突尼西亞的領導階層因為分化，碎裂程度前所未見，而Covid-19疫情的爆發，更是讓各種迫在眉睫的社會問題雪上加霜。

2022年7月，突尼西亞為了施行新版憲法，將新憲法交付公投。此次修法，大大提升薩伊德作為總統的權力，卻殃及突尼西亞民主，是突尼西亞政治歷史的轉捩點。在經濟層面上，突尼西亞仰賴烏克蘭小麥的進口，因為烏俄戰爭的爆發，遭受嚴重波及，出現糧食缺口。

突尼西亞
瀕危的民主

⇨ 兩個突尼西亞

突尼西亞國土面積只有16萬3600平方公里，是北非阿拉伯國家中最小的一員。突尼西亞處於兩個大國之間的夾縫——一邊是大它10倍的利比亞，另一邊是大它15倍的阿爾及利亞——就像一片彩炮紙屑，點綴在非洲北部。突尼西亞人口有1150萬人，以極為不均的方式分布於其境內。突尼西亞南部滿是沙漠，中部則是半乾燥高地，只有零星人口。突尼西亞多數人口集中在狹窄的海岸地帶，長約1200公里。突尼西亞的主要城市都分布於沿海地區，包括當前的首都突尼斯（Tunis），通聯其他重要的交通樞紐。也是在那裡——一直到阿拉伯之春發生之前——長長的沙灘迤邐在地中海邊，年年吸引數百萬名遊客到此度假。從1970年起，突尼西亞為了發展和普及化觀光，沿岸興建帶狀的鐵路網。此舉再度加劇沿海與內陸的區域發展不均。

「內陸突尼西亞」是一片窮鄉僻壤，普遍有著一種感受，被位處海岸的權力中心拋棄。在古代，突尼西亞的權力中心是迦太基，接著，阿拉伯勢力征服了這個地方，定都於突尼斯。

在突尼西亞悠長的歷史中，反抗國家的起義具有系統性的特徵，也就是時常從中西部發軔，到今天仍是如此。西迪布基德就是

範例之一。西迪布基德是一座內陸城市，2010年展開一場社會抗爭，這場抗爭蔓延全國，接著在阿拉伯世界遍地開花。

⇨ 從保護國到獨立

突尼西亞國土雖「小」，長期以來卻是啟發全阿拉伯世界的典範。從19世紀中葉以降，突尼西亞是鄂圖曼帝國轄下的自治省，統治突尼西亞的酋長立場親近西方。於是，在穆斯林國家之中，突尼西亞率先廢止奴隸制度，解放猶太人，並在1861年創設議會制憲法。可是，突尼西亞債臺高築，當時，殖民擴張中的法國已經占據阿爾及利亞，見勢便染指突尼西亞國事，進行介入。1881年，法國以突尼西亞侵占阿爾及利亞領土為理由，進軍突尼西亞，將突尼西亞設為其保護國（protectorate）[1]。

法國對突尼西亞的控制結束於1956年。當時，至今仍十分活躍的突尼西亞總工會（Tunisian General Labour Union）的抗爭者發起民族革命，支持自由立憲黨（Neo Destour）。自由憲政黨主張突尼西亞獨立，總書記是哈比卜．布爾吉巴（Habib Bourguiba）。1957年7月25日，布爾吉巴罷黜突尼西亞王室，建立突尼西亞共和國，並成為開國總統。

從1957年到1987年的30年間，布爾吉巴

對於推動突尼西亞社會的現代化不遺餘力。他在執政時還鼓勵女學童上學，賦予女性基本權利，禁止多偶制、休妻和強制婚姻，並立法允許配偶以平等關係離婚。1973年起，意圖終止懷孕在突尼西亞也不會受到任何限制。縱使突尼西亞推行了上述重要的社會改革，突尼西亞政府卻愈來愈威權，先是消音左派反對陣營，接著將消音範圍擴及伊斯蘭教主義勢力，而且廣泛使用強而有力的安全情資系統。

⇨ 班・阿里時代

班・阿里將軍便是在警察政府的環境中發展成一號人物。他成為布爾吉巴的總理，後來在1987年11月7日推翻提攜他的布爾吉巴。班・阿里延續並加強種種布爾吉巴建立的鎮壓措施，同時推動經濟開放。可是，突尼西亞的國家資產受到總統親戚透過裙帶關係的把持，從第一夫人萊拉・特拉貝爾西（Leïla Trabelsi）開始。公私混淆的貪腐，加上無所不在的警察政治，最後在2011年引爆茉莉花革命，使班・阿里下臺。

2011年1月14日，班・阿里舉家逃出突尼西亞，結束了將近25年的獨裁警察統治。茉莉花革命驅走獨裁者，也展開了一段困難重重的不確定時期。至今，突尼西亞還沒完從革命的衝擊中恢復。

⇨ 民主的考驗

茉莉花革命之後，突尼西亞需要克服的主要挑戰，是政局不穩、伊斯蘭主義恐怖分子興起以及經濟成長低迷。這一切的考驗，還要加上在布爾吉巴執政時期，對社會改革充滿敵意的宗教團體，正一步步壯大聲勢。

在宗教勢力回歸的浪潮之中，「復興運動黨」（Ennahda Movement）是其中的先鋒。就在突尼西亞政治開新局面時，復興運動黨成為中間派勢力的代表。復興運動黨創立於1980年代，一直到班・阿里下臺才脫離地下活動，走上檯面。從2011年到2014年，復興運動黨甚至在突尼西亞執政，直到政黨輪替發生，才交由對手「突尼西亞呼聲」（Nidaa Tounes）執政。突尼西亞呼告是由已故總統埃塞卜西（Beji Caid Essebsi）

領導的自由派政黨。在2019年10月6日的大選中，突尼西亞呼聲仍然保有議會多數，可是席次卻少於整體217席的四分之一。從選舉結果可以得知，對於那些將經濟擺爛、要人自求多福的政黨，突尼西亞人漸漸疏遠。

⇨ 脆弱的經濟

2010年底，在班・阿里下臺之前，突尼西亞勞動人口的失業率是10%。2019年第一季，也就是在Covid-19疫情爆發之前，突尼西亞官方發布的失業率高達15.3%。失業的主要族群是突尼西亞的年輕人（2020年，15歲至29歲的突尼西亞人有36%失業），其中有28%擁有大學學歷。失業在突尼西亞南部地區尤其嚴重，南部匯集眾多沮喪心靈，就是2011年茉莉花革命的爆點。突尼西亞產業發展重北輕南，南部的失業率系統性高過20%，而北部失業率則在10%上下浮動。

面對這樣的經濟窘境，突尼西亞人心惶惶，造成「腦力出逃」的人口外移浪潮。教育程度較高的突尼西亞人奔向歐洲，或是到阿拉伯半島另謀發展。至於其他人為了尋找出路，群起偷渡。單是2018年一年之間，就有6000名突尼西亞人在義大利遭到逮捕，另外還有7200人還沒穿越西西里海峽就被攔截。在阿爾及利亞及利比亞的邊境，走私貿易也出現前所未有的成長。

非法進口的貨品當然能逃漏稅，殃及國產貨物的市場競爭力，尤其是織品、石化燃料領域（突尼西亞是個小小產油國）、民生物資及家電產品。

⇨ 觀光產業與恐怖主義

2000年間，突尼西亞的觀光業有過一段穩定的成長期，可是外國觀光客人數在2011年之後下跌，尤其是在2015年恐怖攻擊發生之後，乏人問津。2015年6月26日，蘇賽（Sousse）的一處海灘發生屠殺事件。不久，隔年的3月18日，突尼西亞最大的國家博物館——巴爾多博物館（Bardo National Museum）也傳出恐怖攻擊。突尼西亞當前面臨最大的挑戰露出了真面目——安全問題。

從2013年到2018年間，伊斯蘭國有大量

西西里

比塞特

塔巴卡

加瑪爾特

貝雅

突尼斯

堅杜巴

潘特雷利亞島
（義大利）

泰勒阿特拉斯山脈

勒凱夫

那布勒

哈馬梅特

阿爾及利亞

康大維港
蘇斯

莫納斯提

里諾沙島
（義大利）

奧雷斯山脈

蓋胡昂

瑪迪亞

蘭佩杜莎島
（義大利）

地中海

加瑟琳

西迪布基德

加夫沙

斯法克斯

托澤爾

吉利特鹽湖

加貝斯

傑爾巴

突尼西亞

札爾吉斯

梅德寧

本加爾丹

的黎玻里

泰塔溫

四分五裂的國家

突尼西亞是個結構性發
展不均的國家，重沿海
輕內陸。突尼西亞的人
口與產業活動十之八九
集中在沿海地帶，而內
陸地區都市化程度較
低，也受到政府忽視。
不過，催生阿拉伯之春
的抗爭運動，起始地位
於西迪布基德，僻處內
陸。

東大沙漠

利比亞

人口密度 (人數/km²)

0 25 100 250 1 000 及以上

✈ 機場

⛴ 海線車站

▭ 高失業率 (超過18%) 地區

▨ 石油及天然氣礦藏

100 km

阿拉伯之春

2011年春天，突尼西亞元首班·阿里因為民眾施壓而下臺，眾人始料未及。接著，埃及的領導者穆巴拉克以及葉門總統沙雷相繼被民意驅逐。在敘利亞，反對阿薩德政權的抗爭運動演變為內戰，接著，內戰戰場又變成區域衝突及國際勢力彼此傾軋抗衡的衝突中心。至於在巴林，阿拉伯之春引發的騷動遭到鄰國沙烏地阿拉伯介入平息。2019年，阿爾及利亞和蘇丹人民均群起反抗當權政府，啟動政權轉移，至今尚未完成過渡。

戰士來自突尼西亞（僅次於俄羅斯）。今天，從敘利亞內戰返回突尼西亞的聖戰士為數可觀。這成為突尼西亞國內的威脅，而且這份威脅在局勢尤其動盪的區域蠢蠢欲動，令人十分擔憂。首先，要看突尼西亞東部，在格達費於2011年失勢下臺之後，利比亞陷入一片混亂。至於在西邊，阿爾及利亞自從總統包特夫里卡在2018年4月2日下臺之後，也深陷危機，久久無法擺脫。

⇨ 突尼西亞例外的終結？

突尼西亞不像敘利亞、葉門或利比亞，並沒有在2011年的茉莉花革命之後爆發內戰。2019年10月13日，突尼西亞人替共和國選出了新總統，而且還是政壇的新面孔──卡伊斯·薩伊德，一個憲法學教授。突尼西亞中部受到邊緣化的年輕族群多數支持薩伊德，這使得薩伊德不但擺脫權力在握且伊斯蘭色彩強烈的復興運動黨，還超越復興運動黨的對手「突尼西亞呼聲」，異軍突起。

2022年間，薩伊德總統威權路線的輪廓愈發清晰。他在3月30日解散議會。同年7月，突尼西亞通過新版憲法的公投，縮減在野勢力的空間。新的總統制雖然將公權力的指掌伸向人民與媒體的自由，卻依舊享有高人氣的民意基礎。經過Covid-19疫情之後，突尼西亞的經濟（觀光業）百廢待舉，加上烏克蘭戰事使通貨膨脹日益嚴重，造成能源與糧食供給緊縮，薩伊德總統營造出為度難關，捨我其誰的形象。

第一波抗爭 (2010年～2012年)
第二波抗爭 (2018年～2020年)

後續發展

政府垮臺
改革
內戰
政權易手
抗爭
外力介入

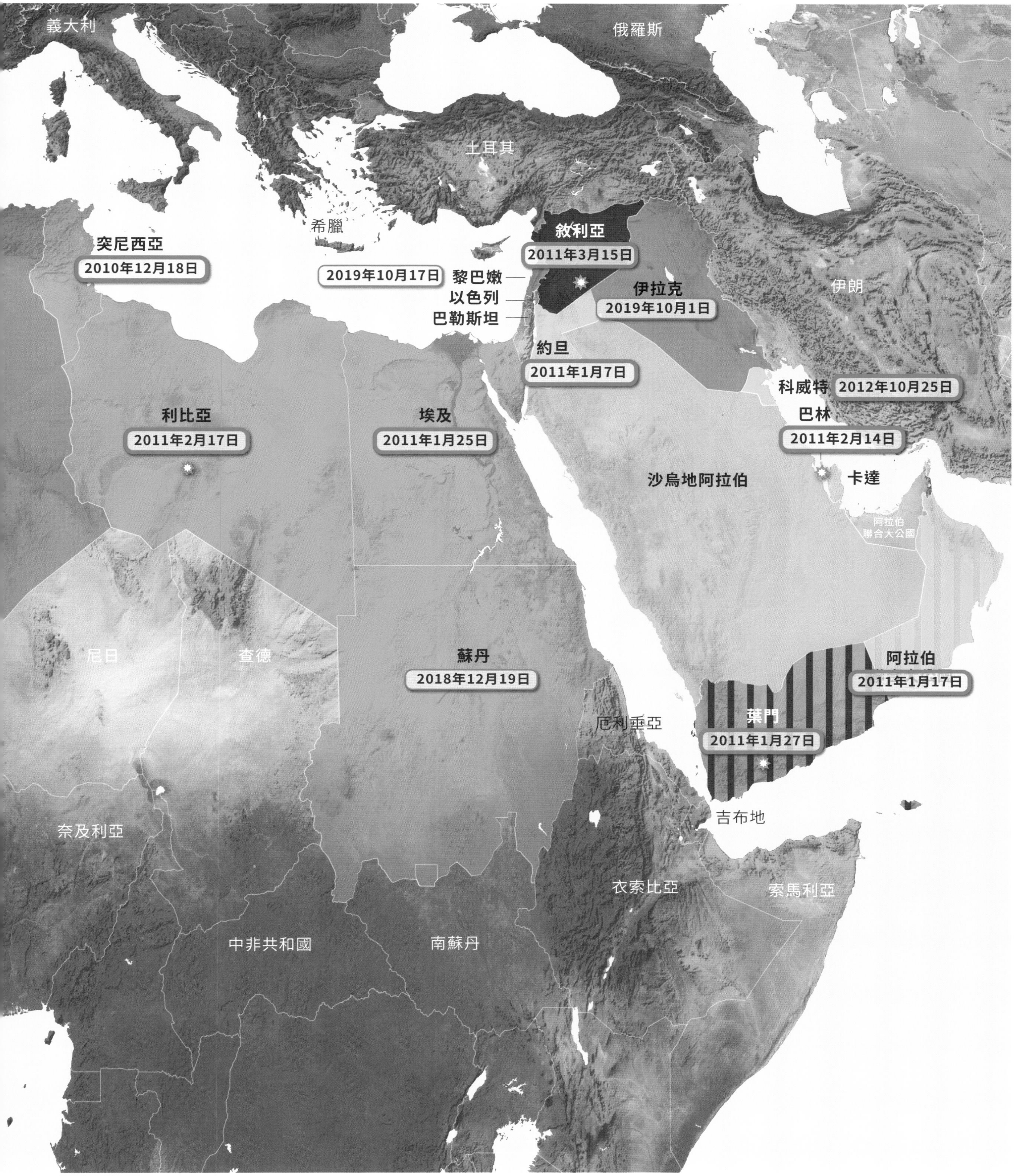

義大利

俄羅斯

土耳其

希臘

突尼西亞
2010年12月18日

敘利亞
2011年3月15日

2019年10月17日 黎巴嫩
以色列
巴勒斯坦

伊拉克
2019年10月1日

伊朗

約旦
2011年1月7日

科威特 2012年10月25日

巴林
2011年2月14日

利比亞
2011年2月17日

埃及
2011年1月25日

沙烏地阿拉伯

卡達

阿拉伯
聯合大公國

尼日

查德

蘇丹
2018年12月19日

阿拉伯
2011年1月17日

厄利垂亞

葉門
2011年1月27日

奈及利亞

吉布地

衣索比亞

索馬利亞

中非共和國

南蘇丹

目的地 23

阿迪斯阿貝巴

若要揮別衣索比亞1980年代鬧饑荒的舊形象,得去一趟阿迪斯阿貝巴。阿迪斯阿貝巴是衣索比亞的首都,目前市民有500萬人,它是非洲聯盟(African Union)總部的所在地,在此設點的使館和國際機構數量破百。在Covid-19疫情爆發之前,愈來愈多來自世界各地的觀光客受到這座非洲大城的吸引,因為它與眾不同。在阿迪斯阿貝巴,人們可以參觀許多教堂,去國家博物館看露西(Lucy)——露西是一具雌性南方古猿(Australopithecus)的標本,歷史超過300萬年,在阿費爾窪地(Afar Depression)出土。

阿迪斯阿貝巴對於衣索比亞充滿傳說的過去非常重視,想要擺脫饑荒的時期,並對未來抱持信心——衣索比亞把很大一部分的未來展望交付在中國投資者手裡。衣索比亞地鐵在2015年通車,這是撒哈拉以南非洲(sub-Saharan Africa)的第一座地鐵網。出資營建和管理阿迪斯阿貝巴地鐵的單位,是中國企業。衣索比亞在總理阿邁德(Abiy Ahmed)的新強人統治之下,加上中國出手相助,正一步步重拾光采。阿邁德一方面推行改革,另一方面跟厄利垂亞(Eritrea)簽訂和平協定,讓眾人湧現希望。阿邁德甚至在2019年獲得諾貝爾和平獎,不過,他隨後仍政務纏身,應對複雜的區域局勢。2020年11月,衣索比亞再度爆發戰爭。衣索比亞北部的武裝團體——提格雷人民解放陣線(Tigrayan People's Liberation Front)揭竿起義,對抗阿迪斯阿貝巴當局,指控政府犯下侵犯人權、竊盜、擄掠強奪以及戰爭罪等可能罪嫌。衣索比亞政府則指出,提格雷人民解放陣線攻擊提格雷的軍事基地,引發衝突。這場各說各話的衝突顯示的,其實是衣索比亞長年懸而未決的內部問題,始終無法化解。這場戰爭的爆發,加上Covid-19疫情的影響,讓這個前途一片光明的新興國家受到重挫。所以,衣索比亞面臨的重大挑戰包括國內的種族緊張關係、社會不平等以及對中國的依賴。

衣索比亞
經濟契機，種族裂痕

⇨ 東非巨人

衣索比亞位於「非洲之角」（Horn of Africa）[1]，鄰國有吉布地、索馬利亞、肯亞、南蘇丹、蘇丹及厄利垂亞，後者舊為衣索比亞的一州，從1993年獨立至今。衣索比亞國土面積有112萬7000平方公里，超過法國的兩倍大，人口約有1億1000萬人，是非洲人口第二大國，僅次於奈及利亞。由於衣索比亞人膚色黝黑，「衣索比亞」在希臘文中的意思是「燒黑的臉」。至於法文中同樣意旨衣索比亞的古名「阿比西尼」（Abyssinie）則源自古閃米族語的「哈貝沙」（Al-Habash），意思是衣索比亞高地上的居民。因此，衣索比亞又名阿比西尼。

⇨ 阿克蘇姆與席巴女王的建國神話

衣索比亞史上出現的第一個政體上溯至西元二世紀，稱為阿克蘇姆王國，因為首府位處當今衣索比亞北部提格雷區的城市——阿克蘇姆（Aksum）而得名。阿克蘇姆王國首次出現在一份以希臘文寫成的文獻中，題為《厄利垂亞海航海誌》（*Voyage around the Erythraean Sea*）。阿克蘇姆王國和埃及、羅馬帝國通商，不過，其最主要的貿易對象是紅海對岸出產沒藥（myrrh）與薰香的國度——南阿拉伯（South Arabia），今天的葉門。當時的紅海兩岸貿易頻繁，解釋了為何猶太教對衣索比亞影響深遠，以及為何衣索比亞王國創始傳說中有席巴女王（Queen of Sheba）這名神祕人物[2]。

衣索比亞王權的合法性，來自傳說中席巴女王與耶路撒冷所羅門王的相遇。席巴女王與所羅門王生下了梅奈利克（Menelik）——衣索比亞所羅門王朝（西元前十世紀）的開國君主。所羅門王朝統治衣索比亞數千年，直到末代君主海爾‧塞拉西（Haile Selassie）在1974年被奉行馬克思與列寧思想的軍閥推翻。衣索比亞文化傳統的傳說起源直到14世紀才有文獻記載，因此，這段起源的真實性仍然存疑。不管是神話或史實，《聖經》和《古蘭經》的記載都出現過席巴女王。但是，目前沒有證據顯示席巴女王的王國超過阿拉伯半島。不過，席巴女王仍是認識衣索比亞歷史不可或缺的人物，畢竟，她代表阿拉伯半島南部與衣索比亞高地之間，有著歷史悠久的淵源。

由於衣索比亞和羅馬帝國往來頻繁，阿克蘇姆王國很早就受到基督宗教的影響。阿克蘇姆王國甚至以基督宗教的搖籃之一自居。衣索比亞約在西元四世紀皈依基督教，直到今天，多數衣索比亞人仍是基督徒。19世紀時，衣索比亞歷代君主因為共同信仰基督教的關係，與歐洲國家建立關係時得到較多優待。也因為這樣，衣索比亞能獲得軍火，在戰略上取得優勢，抵禦外來的侵襲，讓衣索比亞不被殖民。可是，義大利在墨索里尼（Benito Mussolini）統治期間仍在1935年占領了衣索比亞，直到1941年被英法聯軍收復。

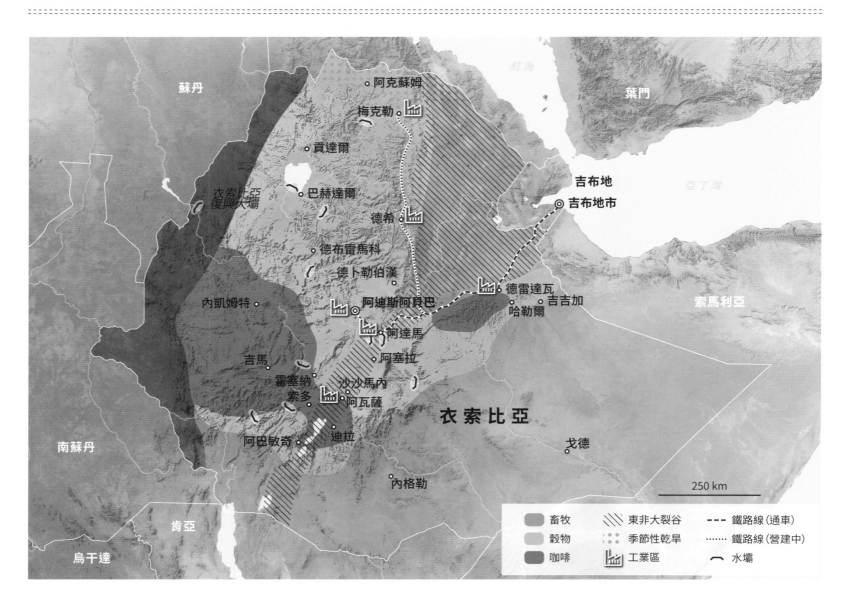

衣索比亞經濟的活力

衣索比亞山岳綿延，遍布高地，還有東非大裂谷（Great Rift Valley）經過。這樣的地貌讓衣索比亞氣候溫和，適合栽種穀物。衣索比亞南部的高地經過灌溉細作，主攻咖啡的種植，而北部的高地則因為季節性乾旱的緣故，引發如1973年與1984年出現過的饑荒災難。2000年起，衣索比亞因為外資的挹注，經濟起步成長。

➡ 末代皇帝海爾‧塞拉西

衣索比亞君主塔法利‧馬科南（Tafari Makonnen）[1]在1930年加冕，帝號海爾‧賽拉西一世。他一即位，便為衣索比亞的社會與經濟推動大型現代化計畫，因為當時的衣索比亞封建色彩濃厚。可是，海爾‧賽拉西一世充實國力的志業成效有限，尤其是農業改革。他下詔廢除奴隸制度，1931年啟發衣索比亞首部憲法草案的擬定，但那部憲法卻未曾付諸實行。在他稱帝期間，衣索比亞首度設立學校、大學、醫院、航空公司（衣索比亞航空）、廣播及電視頻道以及現代化的軍隊。

　　縱使海爾‧賽拉西一世有上述建樹，在衣索比亞仍是個爭議人物。雖然衣索比亞在1955年施行的新憲法力主政府體制的自由化，實際上，衣索比亞政府不但威權而且具有壓迫性。海爾‧賽拉西集所有權力於一身，但衣索比亞中部與東北部在1973至1974年間發生饑荒時，卻對災民的安置無能為力。在饑荒進入高峰之際，20萬人因此喪生，卻有英國媒體刊出皇帝陛下悉心餵狗的畫面。面對饑荒，他的危機處理荒腔走板，使得民怨四起，接著有軍閥帶頭引發革命，在1974年9月12日推翻海爾‧賽拉西一世。作為衣索比亞的末代皇帝，海爾‧賽拉西一世是20世紀非洲的風雲人物，因為他在位長達44年，期間對國家的現代化建設不遺餘力，讓衣索比亞得以有出眾的表現，不管是在非洲國家之間或是國際社群皆然。

➡ 維繫區域和平及安全的國家

海爾‧賽拉西一世的對外政策路線積極。1963年，他發起「非洲統一組織」（Organisation of African Unity，今「非洲聯盟」）並將總部設在阿迪斯阿貝巴。1950年，韓戰爆發期間，衣索比亞參與了聯合國維和部隊的行動，後來也加入非洲聯盟的相關任務。今

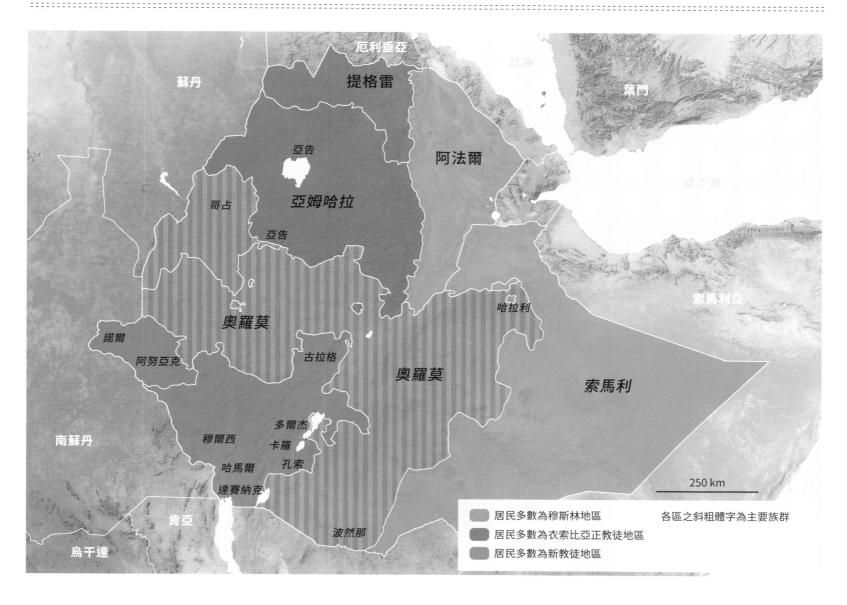

天，衣索比亞仍對索馬利亞或蘇丹提供兵援。在非洲東部，衣索比亞扮演的角色就像一座要塞，抵禦聖戰活動的擴張。同時，衣索比亞也是收容難民的所在，接納了來自不同國家（索馬利亞、厄利垂亞、蘇丹及南蘇丹）的難民，人數約有73萬。

⇨ 共產黨插曲

1974年，海爾・賽拉西一世遭到罷黜，衣索比亞進入了新時代。掌權的軍閥團體名為德爾格（Derg，原意為「委員會」，全稱可作臨時軍事行政委員會），由門格斯圖・海爾・馬利安姆（Mengistu Haile Mariam）領軍，迅速接手政府職能。門格斯圖治國路線遵循馬克思與列寧主義的思想，將經濟國有化，並進行土地的重分配。對於這項政局的變動，蘇聯樂觀其成。蘇聯打的如意算盤，是希望衣索比亞能成為地緣政治的策略盟友，好讓非洲之角一帶的航路暢行無阻，同

時也成為通往非洲的一扇門，讓蘇聯將勢力伸向非洲大陸。

門格斯圖權力鞏固之後，衣索比亞進入了名為「紅色恐怖」的時期。政府推行的農業改革更加劇了和衣索比亞人民的緊張關係。由於共產主義的宣言和衣索比亞歷史悠久的宗教傳統決裂，讓衣索比亞人民難以買單。在施行共產主義期間，數以萬計的衣索比亞人因為反革命的罪名遭到殺害，同時，國內的赤貧問題也日益惡化。除此之外，衣索比亞還要面對反叛區域的抗爭。歐加登（Ogaden）便是問題區域之一。歐加登地處衣索比亞東南，因為和索馬利亞產生領土爭議，索馬利亞揚言出兵，兩國曾在1977年至1978年爆發戰爭。在衣索比亞北部，則有游擊戰團體日益茁壯，主張厄利垂亞獨立。衝突爆發時，雖然衣索比亞軍隊有古巴及蘇聯出兵相助，仍是一場凶殘血戰。

1980年代，衣索比亞出現駭人的饑荒

種族聯邦制

由於衣索比亞境內種族和宗教信仰多元，從1995年起，以種族和語言作為劃區的參考基線，施行聯邦制。今天，約有六成的衣索比亞人信奉基督教，多數衣索比亞基督徒屬於衣索比亞東正教會（Ethiopian Orthodox Tewahedo Church）統轄。至於衣索比亞的少數人口有33%是穆斯林，在國內難以發聲。兩個宗教社群時常造成衣索比亞的社會衝突。

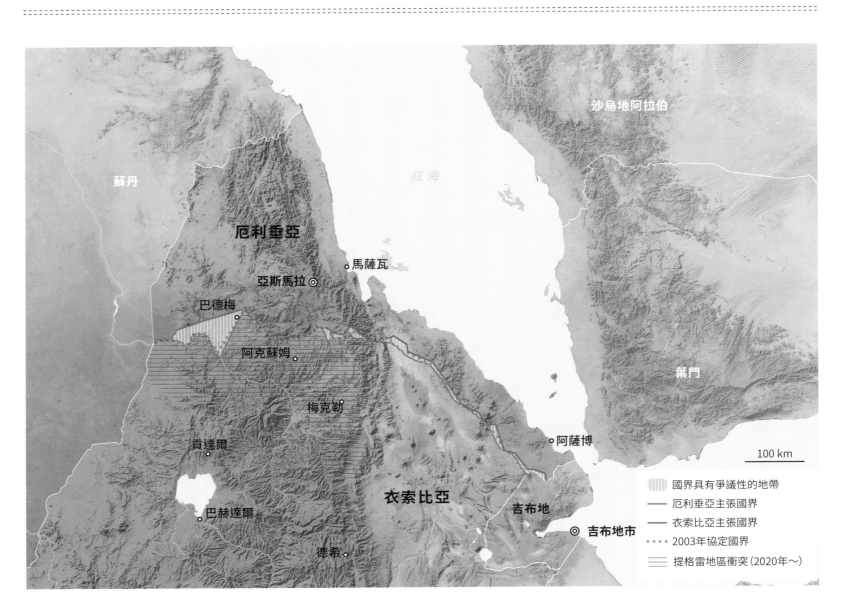

沙烏地阿拉伯

蘇丹

厄利垂亞

馬薩瓦

亞斯馬拉 ◎

紅海

巴德梅

阿克蘇姆

梅克勒

葉門

貢達爾

阿薩博

100 km

巴赫達爾

衣索比亞

吉布地

吉布地市 ◎

德希

| ▥ 國界具有爭議性的地帶 |
| ── 厄利垂亞主張國界 |
| ── 衣索比亞主張國界 |
| ‧‧‧ 2003年協定國界 |
| ≡ 提格雷地區衝突（2020年～） |

從厄利垂亞到提格雷：接二連三的衝突

1945年，義大利的殖民王國因為二戰戰敗而瓦解，聯合國主張「重新統一」厄利垂亞與衣索比亞。可是，這項決定並未將當地的民意納入考量。1993年，分離主義運動跟反叛勢力抬頭，經歷一場長達30年的戰爭之後，厄利垂亞獨立了。獨立之後，厄利垂亞與衣索比亞又因為疆界的劃定又生爭端，直到2018年才平息。

（1984年至1985年），提格雷地區的游擊戰團體同時期也大行擴張。1989年，各路游擊勢力合流，組成「衣索比亞人民革命民主陣線」（Ethiopian People's Revolutionary Democratic Front）。1991年5月，衣索比亞人民革命民主陣線控制了阿迪斯阿貝巴。當時的蘇聯由戈巴契夫領導，正在進行內部改革，減少了對門格斯圖提供的援助，使他的政府山窮水盡。2006年，門格斯圖因為在紅色恐怖時期曾進行種族屠殺，被判有罪。

⇨ 滿載火藥的種族認同

1992年，衣索比亞人民革命民主陣線在史上首次的多黨大選中旗開得勝，黨魁梅萊斯·澤納維（Meles Zenawi）成為國家領導人。當上總理之後，主張改革的澤納維鐵腕統治衣索比亞20年。實際上，衣索比亞人民革命民主陣線的領導階層都是提格雷人，屬於「提格雷人民解放陣線」（Tigray People's Liberation Front），凝聚

四個其他以種族認同為基礎的組織，亦即奧羅莫（Oromo）、安哈拉（Amhara）以及衣索比亞南部的民族。1995年，澤納維鑑於衣索比亞內部不同族群之間充斥齟齬和緊張，為了尋求解套，採取種族聯邦制的治理模式。從此以後，衣索比亞依照種族分界，劃為九個州，享有很大的自治空間，甚至有分治的權利。

⇨ 「衣索比亞雄獅」的改革與經濟成長

2018年4月18日，出身奧羅莫族的阿邁德成為衣索比亞總理。他上任之後積極推動改革，而且成效斐然，使衣索比亞的經濟創紀錄成長，在區域中鶴立雞群，甚至也在世界名列前茅。2000年至2010年間，衣索比亞經濟成長率平均起來有8.4%，在2010至2018年間則是9.7%。在1990年代，衣索比亞的平均經濟成長率是2.5。可是，衣索比亞如此迅速的產業發展並沒有提高生活水準，人均國民生產毛額仍然低迷（2018年衣索比亞人均國民生產毛額是900美元），通貨膨脹率

居高不下，對衣索比亞總體經濟的穩定構成威脅，而且威脅與日俱增。

　　衣索比亞經濟之所以長紅發展，要歸功於政府的投資政策以及外資挹注——主要來自中國、印度和土耳其，這些國家眼見衣索比亞祭出各項金融優惠，紛紛解囊。外資獲利的來源是基礎設施的營建和運作，包括交通、能源甚至是都市發展，以首都阿迪斯阿貝巴為最。衣索比亞正在現代化。今天，衣索比亞九個州的首府中，大部分都在加快都市發展的腳步。同時，衣索比亞在國內多處鋪設鐵路，建置新的工業園區。阿迪斯阿貝巴更成為一級的航空運輸中心，打通非洲南撒哈拉地區與全世界的聯繫。支援這項服務的，是衣索比亞航空旗下的機隊。衣索比亞航空持續擴大航線網絡，而衣索比亞的波雷國際機場（Bole International Airport）當今運能趨於飽和，正在擴建當中。

　　衣索比亞國家重大建設的投資標的，還包括高等教育。近十年來，衣索比亞創設了超過40座大學。至於在農業政策上，衣索比亞政府在2008年起推動一項計畫，鼓勵將土地售予外資（南韓、沙烏地阿拉伯、印度及中國）進行開發。可是，這項發展計畫時常傷害自給農業，也迫使衣索比亞農民出走。這項農業政策成效遲緩，而且殃及本國的糧食安全。

　　另外，衣索比亞著手大型水壩的興建，以利發展水力發電。最廣為人知的，就是青尼羅河（Blue Nile）上的衣索比亞復興大壩（Grand Ethiopian Renaissance Dam），從2011年起動土。衣索比亞時常被視為非洲的水庫，因為它控制了尼羅河86%的水源。可是巨型水壩的工程造成河流下游水量減少，造成跟沿岸國家（埃及與蘇丹）的關係緊張。至今，埃及與蘇丹始終是尼羅河問題的關係國，皆有置喙之地。

　　最後，衣索比亞還自我期許為永續發展的護衛，野心勃勃地計畫，要在2030年減少64%的溫室氣體排放。

　　衣索比亞由於經濟發展小有成績，從2018年以來，國家財政因為開銷巨大，稍微出現一些缺口。根據國際貨幣基金，衣索比亞屬於負債高風險國家。衣索比亞的債主多半來自中國。北京當局大量投資非洲人口第二大國，從2000年以來，阿迪斯阿貝巴跟中國借貸了超

**2005年至2020年
中資直接投資額**（單位：10億）

過120億美元。這個數額使衣索比亞成為中國在非洲的第二大債務國，僅次於安哥拉。

⇨ **烽火又起**

在政治的層面上，衣索比亞總理阿邁德在國際上德高望重。由於他推動經濟改革，並透過跟厄利垂亞在國界劃定上取得共識，達成協議，替衣索比亞重拾穩定，使他在2019年12月獲頒諾貝爾和平獎。可是，從2020年終開始，阿邁德領導的種族聯邦制政府跟提格雷地區的勢力發生衝突，使衣索比亞再度陷入種族紛爭的緊張情勢。因此，衣索比亞經濟在2021年成長趨緩，和2019年9%的成長率相比，2021年經濟成長率只有5.6%。如此的經濟弱勢，因為乾旱而加劇，危及衣索比亞的糧食安全。對當權者而言，假使要讓衣索比亞重新成為非洲脫離劣勢的表率，還有許多挑戰要一一克服。

中國非洲（LA CHINAFRIQUE）

從2009年起，中華人民共和國就是非洲最大的經貿夥伴。北京當局基於對能源與原物料的需求，從1990年代起便拉近跟非洲的關係。除此之外，中國出資協助非洲大興土木，營建基礎設施和機場，同時也向非洲出售民生消費物資和價格低廉的工具器械。於是，中國與非洲的貿易額從2002年的100億美元成長至2017年的1700億美元。

目的地24

廷巴克圖

廷巴克圖的歷史內容豐富，引人入勝。在古時候，廷巴克圖是座繁忙的商城，也是伊斯蘭世界的文化重鎮。在15至16世紀期間，這座位處撒哈拉地區門戶的城市文化與精神生活達到鼎盛。1988年，聯合國教科文組織將廷巴克圖列為世界文化遺產，目的是要保護屬於這座城市的文獻手稿及陵寢。此刻，我們在馬利，懸在尼日河流域的北端，主要居民是圖阿雷格人，他們以撒哈拉南境與眾不同的族群自居。以廷巴克圖為中心的地區屬於馬利北部，昔日富庶繁盛，今日卻遭受聖戰主義的威脅。2012年6月，聖戰士摧毀了廷巴克圖部分的文化遺產，毀損價值不可勝數，而且幾乎蟠踞馬利北部。實質上，聖戰士將馬利一分為二，要是揮兵南下，馬利首都巴馬科（Bamako）岌岌可危。2013年，聖戰士曾被法國與馬利聯軍擊退。此後，聖戰團體承認為主事者的攻擊事件在馬利各處頻頻上演，主事團體包括博科聖地（Boko Haram）和青年黨（Chebab）。雖然該區相關國家曾在2014年2月組成「薩赫勒五國集團」（G5 Sahel）[1]，並在同年8月展開「巴爾赫內行動」（Operation Barkhane）協力抵制聖戰活動，但

是，上述團體依然猖獗。

法國及其他盟國原本參與巴爾赫內行動與集結14個歐洲國家出動的塔庫巴特遣隊（Takuba Task Force）。2022年2月法國顧及政治局勢、軍事行動考量和法理依據等因素，便從馬利撤軍。此舉成為重大的里程碑，標誌馬利將要邁入新的時代，意味新的外國勢力會進場補位，包括和馬利軍方親近的俄羅斯瓦格納集團（Wagner Group）。針對此事，法國的外交立場是，假使法國和馬利政府「不共享戰略，也不共享藏在背後的目的」，那便「無法持續支持馬利實質掌權的集團」。

馬利曾在不到一年內經歷兩次政變，政局動盪不安，南北種族分歧嚴重，聖戰活動加劇內憂，外加長期深陷貧窮，集各種薩赫勒地帶的弊端於一身，是血淋淋的教科書案例。馬利（2020年8月及2021年5月）、幾內亞（2021年9月）、布吉納法索（2022年1月）──在短短不到二年之內，四個西非國家的總統接連遭到軍方推翻。2022年2月，幾內亞比索（Guinea-Bissau）爆發政變未遂案。這些事件使非洲大陸民主嚴重開倒車。

馬利
薩赫勒之惡

⇨ 深處薩赫勒的國度

馬利位處於非洲西部，是薩赫勒地區最大的國家之一。在阿拉伯語中，薩赫勒的原意是「岸邊」，指的是撒哈拉沙漠南緣的半乾燥氣候帶，過渡到南部的雨林區。薩赫勒地區綿延東西非，長達5500公里，南北則約有500公里。

馬利深處內陸，和數個西非國家接壤，包括茅利塔尼亞、塞內加爾、幾內亞、象牙海岸、布吉納法索、尼日以及北邊的阿爾及利亞。馬利國土面積有120萬平方公里，是法國本土的兩倍大，但人口卻只有1900萬。馬利境內約有60個民族，主要民族包括班巴拉人（Bambara people）、賽努佛人（Senufo people）、桑海人（Songhai people）、桑尼傑人（Soninke people）、多貢人（Dogon people）、南部的富拉尼人（Fulani people）以及分布在北部的莫瑞斯人（Moor people）和圖阿雷格人。95%的馬利人是穆斯林。

⇨ 從馬利帝國到殖民

長期以來，馬利座落於撒哈拉沙漠邊緣的地理位置是一項資產。從西元七世紀起，包括廷巴克圖、加奧（Gao）與占內（Djenné）在內的城鎮成為沙漠商旅必經之地，聯絡北非和非洲大陸其他地區。這些城市的繁榮建立在奴隸、黃金與鹽的貿易之上。當時，馬利出現強盛的帝國，在中世紀時經濟發達、文化鼎盛，和歐洲分庭抗禮。從西元13至15世紀，馬利帝國富強一時，從撒哈拉南緣一路延伸到大西洋沿岸。隨著世界主要的經貿路線漸漸轉向美洲，馬利帝國的黃金時期便

結束了。

1895年，馬利成為法國的殖民地，稱為「上塞內加爾與尼日」（Upper Senegal and Niger），構成法屬西非的一部分，到了1920年更名為法屬蘇丹。法國人在馬利發展灌溉農業，栽種棉花，輸回母國，建設的基礎設施不多。當馬利在1960年獨立時，是非洲最貧窮的國家之一。此外，馬利北部的圖阿雷格人拒絕承認巴馬科的當權政府，發起獨立運動，起義反抗，直到1992年，雙方才展開協商。

⇨ 獨立後的馬利

獨立之後，馬利到1991年才初次舉行多黨制大選。在這段期間，馬利受到兩個威權政府統治，分別是由獨立運動之父穆迪博·凱塔（Modibo Keita）領導的社會主義政府，另一個則是以穆沙·特拉奧雷（Moussa Traoré）為首的軍政府，特拉奧雷以軍事政變推翻了凱塔，接著在1991年被推翻。之後，馬利開始實施民主，在1992年選出阿爾法·烏馬爾·科納雷（Alpha Oumar Konaré）為總統。

伊薩·恩狄亞耶（Issa N'Diaye）曾任馬利文化及教育部長，現為巴馬科大學哲學教授。馬利走過的這段進程，看在恩狄亞眼中，「直到今天，獨裁的弊端仍處處可見於馬利的機構運作和價值體系。作為時代的遺緒，因襲與平庸仍凌駕於能力與唯才適用的原則。貪腐則成了典範。」恩狄亞耶認為，今天的馬利處處失序，讓人心無所適從，於是出現對強權的需求，認同盧安達總統保羅·卡加米（Paul Kagame）體現的「卡加

兩個馬利

馬利北部屬於半沙漠氣候帶，那裡的居民以遊牧為生。他們在族裔上屬於阿拉伯－柏柏爾族，其中又以圖阿雷格人最具代表性。圖阿雷格人分布及遊牧的區域大幅超過馬利的國界。至於在馬利南部，則有「綠色馬利」的稱號。馬利南部由於有尼日河流過，是重要的農業區，也是多數馬利人口聚居之處，主要作物有穀類、棉花和花生。

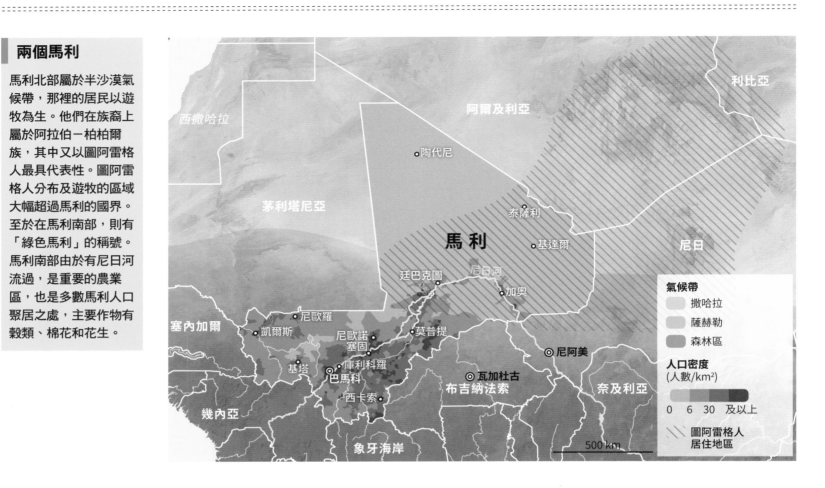

米模式」來治國。近年，恐怖主義活動將不安拉抬到高點，讓馬利人對於20年前獲得的民主與自由滿腹苦水，覺得這些價值毫無意義，也養不了誰。

⇨ 北非蓋達組織之弊

從2000年間起，圖阿雷格和查德各路反叛組織在薩赫勒－撒哈拉地區頻繁活動。除此之外，許多激進伊斯蘭團體也在此處落腳，以北非蓋達組織為最。北非蓋達組織在馬利東北名為基達爾（Kidal）的地區生根，就著邊境，坐望就在不遠處的阿爾及利亞。北非蓋達組織吸收的戰士，便是在阿爾及利亞境內受到追緝的伊斯蘭激進分子，經過90年代漫長的血腥內戰，出逃至此。這些組織大鑽邊境漏洞，進行走私和為數可觀的軍火交易，吸收利比亞格達費政府垮臺後釋出的軍火。

北非蓋達組織穩坐馬利的庇護所，將勢力觸角伸向阿爾及利亞南部、茅利塔尼亞以及尼日，支持圖阿雷格分離主義運動，在馬利北部催生在地的聖戰主義，也就是加奧一帶的伊斯蘭教極端組織「信仰捍衛者」（Ansar Dine）。信仰捍衛者有個強勢的領導者，名為阿克蓋里（Iyad Ag Ghaly），活躍於基達爾一帶。此處值得一提的，還有

「西非團結與聖戰運動」（Movement for Oneness and Jihad in West Africa），成員以富拉尼人為主。

這些聖戰團體透過掌握地區的各種走私貿易，包括軍火、香菸、移民、毒品與擄人勒贖，獲取資金。另外，他們在招募上不愁沒有新血入伍，因為此處的人口非常年輕，而且多半失業。馬利的發展程度在世界上吊車尾。在2019年人類發展指數的排行中，馬利位居184，總排行數189。馬利經濟極度不穩定，而且中央政府失能，一部分的馬利人便轉而投向具有宗教與抗議性質的論述。

⇨ 聖戰逆襲

2011年，利比亞格達費將軍領導的政府垮臺，此事成為燎原之火，點燃馬利。利比亞釋出的軍火流入馬利北部，增強了聖戰團體的火力。名為阿薩瓦德民族運動（MNLA，National Movement for the Liberation of Azawad）的圖阿雷格族叛亂團體乘勢而起，大動干戈。2012年初，伊斯蘭激進分子和阿薩瓦德民族運動結為盟友。他們讓巴馬科當局天翻地覆，發動軍事政變，推翻了當時的總統阿馬杜·圖馬尼·圖雷（Amadou Toumani Touré）。接著，他

們在數星期的時間內占領馬利多座主要城市，包括加奧和廷巴克圖。就是在那段時期，宗教激進團體摧毀了20餘座歷史超過700年的伊斯蘭聖人陵寢。

很快地，馬利軍方被打得落花流水。馬利一分為二，北部受到阿薩瓦德民族運動及伊斯蘭聖戰團體的控制，不受馬利政府控制。2013年1月，數輛搭載聖戰士的小卡車衝破防線，進犯一座名為康納（Konna）的城市。他們對巴馬科政府步步進逼，發兵奪權，勢在必行。

⇨ 法國介入

經過馬利政府的請求，法國在取得北大西洋公約組織的授權之後，決定介入馬利的局勢。「藪貓行動」（Operation Serva）的目的，就是要阻止聖戰團體橫掃馬利北部各大城鎮。

2014年8月起，巴爾赫內行動取代了藪貓行動，由反恐部隊介入馬利的戰局。巴爾赫內行動動員了4500名士兵，是法國當時規模最大的對外軍事行動。此外，巴爾赫內行動還有各路人馬增援，包括聯合國駐馬利多元整合維穩特派團（MINUSMA）的1萬3000名藍盔士兵，以及來自五個非洲國家的援軍。稍早，在2014年2月，馬利、尼日、茅利塔尼亞、布吉納法索與查德的國家元首創辦了薩赫勒五國集團，目的是要協調五國之間的安全與發展問題。2017年，薩赫勒五國集團甚至還成立一支聯軍，打擊恐怖主義、邊境集團犯罪和人口販賣。

馬利就算有這些重大的軍事調動，而且還在2015年跟圖阿雷格叛亂團體簽訂《阿爾及爾和平協定》（Algiers peace agreement），仍無法為馬利人民帶來和平。他們仍飽受各種暴力的威脅和侵犯。

⇨ 跨族群暴力衝突

在馬利中部，聖戰團體的暴力行為引發其他衝突。由於馬利軍方無力防守受到聖戰團體侵擾的城鎮，加上國家力量在這些地區節節敗退，地方上便拿起槍桿，組成武裝自衛團體。結果，這造成多貢農民和富拉尼牧人之間，你來我往的殺伐與報復，形成惡性循環。造成族群之間暴力衝突的背後因素，還包括氣候暖化及人口壓力，加劇土地與水資源的競爭。由於馬利人口增加，造成資源利用僧多粥少的情況。

此外，聖戰團體也在「三國之交」的地帶日益壯大。這說的是馬利、尼日與布吉納法索三國接壤的地帶。布吉納法索與尼日西部恐怖攻擊事件頻傳。聖戰團體的真面目極為神祕，不過，他們為了抵制由法國軍方為代表的共同敵人，團結了起來。今天，聖戰團體隸屬於蓋達組織〔當地稱為伊斯蘭後衛（JNIM）〕或伊斯蘭國〔當地稱為大撒哈拉伊斯蘭國（IS-GS）〕，在勢力範圍散播恐怖。在相關的戰場中，法國吞敗次數頗多，因此研擬調整戰略的方式，避免進退維谷。

馬利因此人心惶惶，加上經濟處境長期艱困，又逢Covid-19疫情，使情況更加慘烈，終於在2020年8月18日發生軍事政變，推翻總統易卜拉辛・凱塔（Ibrahim Boubacar Keïta）。2018年，凱塔勝選連任時，便飽受在野陣營的質疑。不過，要到2020年4月凱塔拒絕延後議會大選，才是引燃民眾抗議並主張凱塔下臺的導火線。當時，馬利許多地區危機重重，在野黨黨魁還遭到綁架，使議會大選窒礙難行。2021年5月底，軍事政變再度撼動馬利政局，造成以法國為首的巴爾赫內行動以及歐洲14國組成的塔庫巴特遣隊撤離馬利。

⇨ 抵禦聖戰主義：薩赫勒地區的全球 考驗

薩赫勒地區的聖戰主義根植於貧窮與權力鬥爭，純粹以軍事手段回應是不夠的。

當務之急，是創造就業機會，因為薩赫勒地區的青年跟阿富汗青年一樣，前途茫茫，才會受到聖戰集團優渥薪資的吸引，而且這是他們社會流動唯一的管道。同樣重要的，還包括大膽擘劃偏鄉地區的開發計畫，採取控制出生率的措施。目前，薩赫勒地區每名女性平均產下的胎兒數是7.5，這個數據需要漸漸降低，低於北非地區的2.5。最後，薩赫勒地區需要增強國家機器，包括軍隊、憲兵、警察、司法和地方行政體系。只有讓國家組織健全起來，和地方互通聲息，再度讓行政運作上軌道，才有辦法讓國家穩下來。

非洲淪為聖戰主義的獵物？
非洲被聖戰主義左右？

近十年間，薩赫勒因為聖戰活動猖獗，成為非洲大陸衝突最激烈的地區。從2021年到2022年，西非沿海國家也被恐怖主義席捲，包括貝南、多哥、尼日、象牙海岸與布吉納法索。奈及利亞與索馬利亞也不乏悲慘的培土，也雙雙成為激進伊斯蘭勢力萌芽的區域。莫三比克也無以倖免，德加多岬（Cabo Delgado）便曾爆發伊斯蘭動亂。

在奈及利亞東北部查德湖沿岸地區，博科聖地組織（Boko haram）相中這個最為弱勢也最不被重視的地區，在此落腳。由於那裡貪官汙吏氾濫，軍方殘暴無端，激進宗教團體便能趁機得勢。博科聖地組織創立於1990年代，信仰路線靠近薩拉非主義（Salafism）——一個強調保守正統的門派。博科聖地組織意圖實踐伊斯蘭教法，要是見到有穆斯林行為沒有遵守教法的字面解釋，便會發動攻擊。「博科」（Boko）的意思是「學校」，這裡指的是具有殖民色彩的西方教育，而haram的意思則是「非法」。所以，「博科聖地」的原義是反對所有不屬於伊斯蘭的事物。奈及利亞是個宗教分歧的國家，北部主要信奉伊斯蘭教，而南部則以基督教和泛靈信仰為主。這個伊斯蘭組織為了讓聖戰活動師出有名，在2015年向伊斯蘭國看齊。面對奈及利亞聯邦政府的打壓，選擇隸屬於伊斯蘭國，同時也能加強戰力。同時，博科聖地也讓「恐怖」成為其座右銘，它大肆綁架平民，頻頻攻擊維安的軍警人員。博科聖地的活動範圍也擴散到奈及利亞鄰國，也就是喀麥隆與查德。

自從西亞德·巴雷（Siyaad Barre）在1991年下臺，索馬利亞一直處於戰爭狀態。索馬利亞南部是地表最窮困的地區之一，名為青年黨的武裝團體在此揭竿起義，意圖拿下索馬利亞首都摩加迪休（Mogadishu），奪取權力。青年黨奉行的伊斯蘭教條非常嚴格，千方百計地想阻止索馬利亞效法西方的模式，成立民主國家。自從青年黨在2011年被非洲聯盟駐索馬利亞特派團（AMISOM）踢出摩加迪休之後，便時常攻擊索馬利亞軍方，掣肘索馬利亞本來就疲弱不堪的國家運作。

2012年，這些武裝團體向蓋達組織效忠，但之後內部出現分裂，一部分的人擁戴民族主義，另一部分則想要發起世界性的伊斯蘭革命。後者在鄰近國家持續發動致命的攻擊事件，包括2013年、2015年和2020年的肯亞以及2014年的吉布地，使這個本來就不甚穩定的地區風雨飄搖。

聖戰組織活動區域
- ■ 北非蓋達組織
- ■ 博科聖地
- ■ 青年黨

■ 薩赫勒五國集團

□ 聯合國
聯合國駐馬利
多元整合維穩特派團
（維和部隊）

△ 三國交界帶

軍事基地或設施
- ✪ 法軍（從馬利撤除前）
- ✪ 美軍

其他：
- ● 德國
- ● 比利時
- ● 英國
- ● 中國
- ● 阿拉伯聯合大公國
- ◉ 以色列
- ● 義大利
- ● 日本
- ● 俄羅斯
- ◉ 土耳其

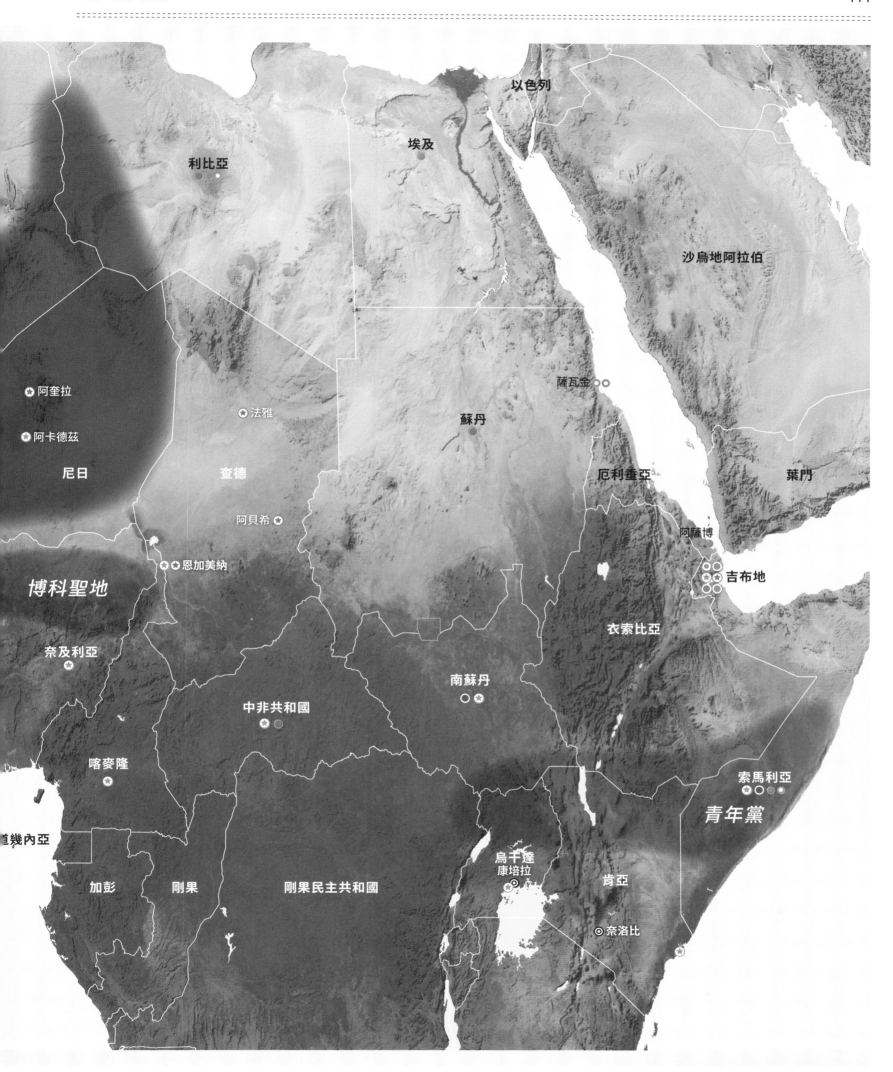

以色列

利比亞

埃及

沙烏地阿拉伯

阿奎拉

阿卡德茲

尼日

法雅

查德

蘇丹

薩瓦金

厄利垂亞

葉門

阿貝希

恩加美納

博科聖地

阿薩博

吉布地

奈及利亞

衣索比亞

南蘇丹

中非共和國

喀麥隆

索馬利亞

青年黨

赤道幾內亞

加彭

剛果

剛果民主共和國

烏干達
康培拉

肯亞

奈洛比

VI.
從之前的世界

到之後的世界

由於Covid-19的緣故，21世紀的人重新認知，自己和經歷過黑死病、霍亂跟西班牙流感的先人一樣，並非無堅不摧。此外，對於原本便在「之前的世界」中漸漸醞釀的浪潮，病毒也起了推波助瀾的作用。

在交通方面，全球各地採取的封城措施，使葛莉塔·通貝里（Greta Thunberg）的夢想有了成真的可能——一個沒有飛機的世界。鐵路不但人氣回溫，也是中國一帶一路計畫中的要件。在「之後的世界」中，鐵路的前景一片光明，毋庸置疑。在數位科技的領域中，螢幕侵入了我們的職場和社交生活，讓「實體」互動在虛擬平臺的崛起中相形失色。在這段期間，我們提供網路愈來愈多的個人資料，讓相關的立法程序變得不可或缺，建立獨立且屬於民主體制的管理模式也至關重要。最後，不論是青年族群、公司行號、地方政府或各階層政務官員，氣候成為不可忽視的問題。可是，要改變各層面行為的範式並非一蹴可幾，對氣候變遷而言，卻總是太慢，因為氣候異常早已衝擊全球數百萬人的生活。

目 的 地
25

武漢

從今以後，武漢會是最廣為人知的中國城市之一。這張武漢市景攝於2020年3月。武漢是工業城市，也是湖北省的省會，在2019年底出現第一起Covid-19確診案例，接著病毒將傳染到世界其他角落。這是我們首度見到人們被關在家中、足不出戶的情景。他們受到社區居委會的嚴密監控，在中國，基層監控的政策由社區居委會來執行。中國政府執著於厲行「清零政策」，頻頻封控，包括2022年春天的上海在內，阻卻全球經濟復甦的腳步。在21世紀，Covid-19造成一場斷裂。全世界的運轉以前所未見的方式戛然而止，經濟、社會與文化生活按下暫停鍵，交通運輸工具禁足，國界紛紛封鎖。各國政府皆面臨艱鉅的試煉，面對未來的種種不確定性，一方面要排解人心惶惶，另一方面還要處理跟政策唱反調的群體。

當然，人類早就曾因遭遇病毒的侵襲，重新意識到自己的脆弱。這可是第一次人們初次把守

護健康看得比經濟發展還要重要。

最後，不管Covid-19病毒究竟來自蝙蝠、穿山甲，還是武漢P4病毒學實驗室，它跟其他在歷史上出現過的病毒一樣，提醒了我們有多麼不堪一擊，更彰顯科學的絕對力量。2021年初，疫苗經過研製跟配送，終於讓背後有著沉重的公衛數據、經濟低潮、社會與政治問題的世界，轉而萌生一絲重新起步的企盼。

從此以後，Covid-19作為傳染病史上的一個章節，極具重要性。在歷史上，這些傳染病常見的共通點，包括來自動物宿主的起源以及最後藉科學之力受到制服。但是，在病毒受到降伏之前，它們不免深度衝擊社會的運作。

最後的插曲發生在2022年5月7日，英國出現名為猴痘（mpox）的傳染病，帶原者是一個由奈及利亞入境的人。

流行病
當歷史重演

⇨ 麻疹，傳向人類的第一個疾病

就傳染範圍和影響觸及的廣度而言，新冠病毒並不是第一個遍行世界的傳染病。自從人類開始定居下來，因為靠近動物界的關係，暴露在環境中的染疫風險節節高升。考古學家曾經找出一批線索，根據這些線索推斷，從西元前11世紀開始，所有人類首度遇到的傳染病都來自肥沃月灣。肥沃月灣橫跨美索不達米亞平原和尼羅河谷，是世界古文明的發源地，恆河谷也是。人類因為發展農業，馴化在當時還是野生的家禽家畜（諸如母雞、牛、豬等）並建造城市，進而創造了適合感染源擴散的環境條件。這些感染源是微生物構造，有些會使人體致病。新石器時代末期，牛隻正處於馴化的過程，時間是將近西元前6500年，麻疹無疑是人類感染的致死傳染病中最為古老的一個。

⇨ 當天花遍布世界各地

第一場散布全世界的傳染病——也就是一場大流行病（pandemic）——是天花，相關記載出自四世紀的中國。在西元七世紀，那場天花擴散到印度和地中海周邊，接著透過伊斯蘭軍隊傳入伊比利半島，再從那裡傳入法國。在11和12世紀，天花病毒透過黎凡特與西北歐地區之間的交流傳播開來，在來來往往中如影隨形。不過，這個傳染病的特徵是急性高燒，長久以來，隱匿在許多別名的稱呼之中。其實，在西元165至180年間肆虐羅馬帝國，並造成500萬至1000萬人喪生的

「安東尼瘟疫」（Antonine Plague）就是天花的流行。根據史學家的考證，這場天花的流行來自中國，途經絲路，穿越美索不達米亞平原並進入歐洲。

到了16世紀，天花已經征服了全歐洲，藉由西班牙和葡萄牙水手航向新世界。在許多疾病之中，天花和麻疹造成美洲大量人口死亡。在當地，有超過5000萬的原住民——亦即本土人口的九成——死於這些外來疾病。到最後，天花成了比征服者科德斯（Hernán Cortés）麾下軍隊與所持火槍還要可怕的武器，橫掃阿茲特克帝國。罕為人知的是，歐洲人從美洲帶回了梅毒，那時候歐洲可還沒有梅毒呢！

流行病不只透過戰爭的接觸與征討傳播，更重要地，它也會透過貿易交流跟都市化擴散，也就是隨著人口的流動跟密度伸展觸角。而這，就是黑死病發展的方式。

⇨ 黑死病與霍亂之害

黑死病（鼠疫）在1347年和1352年間席捲中世紀歐洲，由於致死率高而且影響深遠持久，至今仍長駐我們的集體潛意識。鼠疫桿菌（Yersinia pestis）可能來自亞洲，也許源自貝加爾湖（Lake Baikal）地區、窩瓦河谷低地（Lower Volga Region）或是庫德斯坦。當時城市黑鼠猖獗，黑鼠身上的跳蚤就是鼠疫桿菌的宿主。隨著蒙古帝國稱霸亞洲，進而讓黑死病的傳播變得輕而易舉。蒙古帝國疆域幾乎擴及整座亞洲大陸，從太平

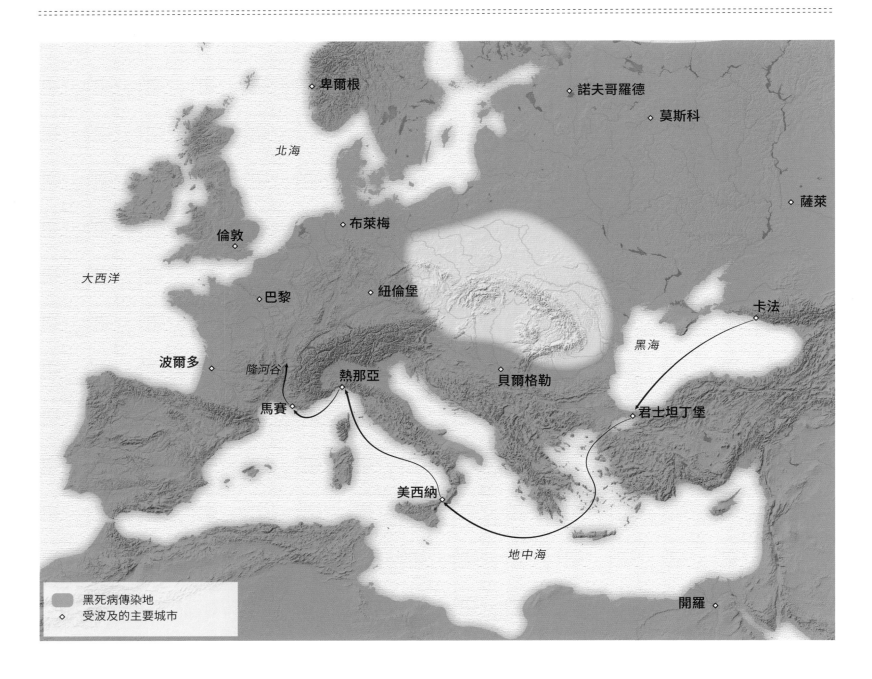

卑爾根
諾夫哥羅德
莫斯科
北海
薩萊
倫敦
布萊梅
大西洋
巴黎
紐倫堡
卡法
隆河谷
黑海
波爾多
熱那亞
貝爾格勒
馬賽
君士坦丁堡
美西納
地中海
開羅

黑死病傳染地
受波及的主要城市

黑死病透過戰爭和貿易來擴散

黑死病經由絲路,和商人以及蒙古軍隊一起旅行。不過,黑死病傳入歐洲起因於**1346年**卡法城熱拿亞貿易站遭到圍攻的事件。那時,有一艘熱拿亞的船隻滿載商品及老鼠從卡法城逃出,於是將黑死病帶入地中海地區。黑死病在**1347年**進入馬賽,接著沿著隆河北上蔓延,席捲所有的歐洲大城。

洋連綿到窩瓦河,促進了歐亞之間的交流。

1346年,當蒙古軍隊圍攻克里米亞島卡法(Caffa)[1]的熱拿亞貿易站,黑死病便傳入了克里米亞島,隔年經過航向義大利跟法國的商船往外擴散。為了阻卻傳染病的擴散,人們使出千方百計。當時黑死病主要在城市中流行,被認為是上帝的憤怒。於是,人們祭出遊行、禱告、懺悔等活動,接著展開人物流管制和衛生阻隔的措施,但都不見起色。直到1383年起,才在馬賽(Marseille)首度發展出隔離的機制。到了1352年左右,黑死病才逐漸消散,那時它在歐洲已經造成5000萬人死亡,也就是說,歐洲因此折損了三到六成的人口。中世紀的歐洲社會走出這段歷史時傷痕累累,而且黑死病並沒有被斬草除根,它會在歐洲以及世界其他地方再度出現。馬賽最後一

次爆發黑死病流行,便是在1720年。

1834年,馬賽出現了新的傳染病。這次興起的,是霍亂。霍亂的致病原是一種使人脫水衰竭而亡的細菌,自1832年起肆虐法國。霍亂源自孟加拉,經由貿易活動以及從印度次大陸出發的英國軍隊行動,在數年間傳至俄羅斯,接著觸及整個歐洲和地中海地區。雖然法國從1831年開始實施邊境管制,卻無法阻卻霍亂經由萊茵河谷和北海岸地區傳入法國境內。在數週內,霍亂造成超過10萬人喪生,其中有2萬人是巴黎人。當時的醫療界對霍亂的傳染途徑為何,感到困惑不已,在「傳染派」(contagionists)以及「反傳染派」(anti-contagionists)兩個陣營之間引發激烈爭議。「反傳染派」認為實施隔離是徒勞一場,只會傷害海上貿易。1883年,德國醫生

100

安東尼瘟疫
約500萬人死亡

200

300

400

500

查士丁尼大瘟疫
約3000萬至5000萬人死亡

600

700

天平疫病大流行
約100萬人死亡

800

900

1000

1100

1200

1300

黑死病
約2000萬人死亡

1400

1500

新世界（南美洲）天花流行
約5600萬人死亡

米蘭大瘟疫
約100萬人死亡

1600

倫敦大瘟疫
約10萬人死亡

1700

1800

1900

2000

1800

六次霍亂流行
（1816年至1923年）
約100萬人死亡

1850

黃熱病
約10萬至15萬人死亡

中國瘟疫（第三次鼠疫大流行）
約1200萬人

俄國流感
約100萬人死亡

1900

西班牙流感
約4000萬至5000萬人死亡

1950

亞洲流感
約1000萬人死亡

香港流感
約1000萬人死亡

愛滋病（1981年起）
約2500萬至3500萬人死亡

SARS
約774人死亡

A型流感（H1N1病毒）
約20萬人死亡

2000

伊波拉病毒感染
約1萬1000人死亡

中東呼吸道症候群
約850人死亡

嚴重特殊傳染性肺炎
（COVID-19）
約630萬人死亡
（截至2022年6月中）

流行病大事記及死亡人數

羅伯特‧寇赫（Robert Koch，1843年至1910年）發現了霍亂的致病細菌，瞭解水在霍亂傳染中扮演的角色，於是終結了這場論戰。從1817年一路到20世紀，霍亂總共爆發過七次流行。

⇨ 西班牙流感，還是美國流感？

現代歷史上，規模最大的傳染病無疑是稱為「西班牙流感」的流行病。西班牙流感在20世紀初的歐洲流行。不過，第一次世界大戰期間，隨著美軍出兵到歐洲，協助英法同盟作戰，西班牙流感其實很有可能是在那時開始擴散的。要是第一起西班牙流感確診案例出現在1918年3月的美國屬實，在美國已採取封城措施時，西班牙流感卻繼續在戰壕的兵員之間流傳，然後傳向歐洲其他地區。一直到1919年夏天，西班牙流感曾經有過三波大流行。除了戰火肆虐，西班牙流感形同另一場屠殺，最低的病歿人數估計為5000萬人，在當時等同於世界人口的5%，而第一次世界大戰造成的死亡人數，則大約是1900萬人。

⇨ 交流與傳染病的全球化

流行病的傳播推動了抗疫措施的演進，其中重大的進程，和18世紀末以降醫學與衛生技術的進步有關。相關的突破包括路易‧巴斯德（Louis Pasteur，1822年至1895年）、羅伯特‧寇赫以及亞歷山大‧耶爾森（Alexandre Yersin，1863年至1943年）的研究貢獻以及疫苗、療法的研發。即使有這些科學貢獻，各層級的傳染病並沒有在今天完全消失，它們反而因為經貿交流的全球化和人力流動性的提高，而加速了傳播的速度。

　　舉例來說，有個在今天已被遺忘的傳染病名為「香港流感」，就是具有代表性的案例。香港流感的病毒在1968年夏天發端，從這個中國大城起步（當時，香港還是英國殖民地），特徵是症狀強烈，流行世界一整年。當時，香港流感的病毒因為大眾航空運輸日益普及，如虎添翼，透過飛航散布至臺灣，接著到新加坡以及正處於戰爭時期的越南。同年秋天起，病毒被船員帶到了加州。

到了1969年冬天，香港流感抵達歐洲，疫情尤其嚴重。在法國，香港流感在數週內帶走了超過3萬名患者的生命，可是，當時的媒體輿論並未因此熱烈討論。

到了1980年代，愛滋病讓世界流行病的鬼影重現。這次，病毒的傳染途徑是性交和血液接觸。HIV病毒（人類免疫缺陷病毒）是一種反轉錄病毒，感染HIV病毒之後，最後會導致愛滋病（後天免疫缺陷症候群）。HIV病毒源於非洲喀麥隆南部的猿類體內，包括黑猩猩和大猩猩。在殖民時期，這個病毒發展的地區主要是在今天的剛果民主共和國。一直到1960年代，HIV病毒的活動範圍僅限於中非。一直要到80年代初，HIV病毒傳入加州，接著遍布全世界，才形成世界性的公共衛生問題，也讓西方世界十分困擾，因為它自以為已永遠擺脫傳染病的侵擾。

在40多年內，愛滋病造成世界上將近3300萬人喪生。不過，隨著有效的治療與照護方法被研發出來，包括雞尾酒療法、愛滋病防治宣導及檢測措施，阻卻了愛滋病的世界流行，也讓感染HIV病毒減緩成慢性的病灶。在2000年和2019年間，根據世界衛生組織的統計，由於各國與國際抗疫行動有成，愛滋病新增確診案例下降了39%，因愛滋病而死亡的人數也下降了51%。

然而，並非所有病毒都會造成世界大流行；事實上，病毒的觸及廣度與之相去甚遠。有些病毒不會散播至全世界，而是侷限在某些地區，幾乎只在單一地理區流行。相關的案例，要屬伊波拉病毒感染（Ebola Virus Disease）。從2014年起，伊波拉病毒流行於西非和中非，影響了幾內亞、獅子山和賴比瑞亞。它源於剛果民主共和國，至今還在流行。砍伐森林是造成伊波拉病毒流行的原因，因為林地一旦被摧毀，便讓人與野生動物接觸的機會增加，包括蝙蝠（伊波拉病原宿主）。這些非洲開發中國家的醫療體系面對這個極為致命的病毒，束手無策。在每兩個感染伊波拉病毒的人中，有一個會死亡。恰恰就是因為伊波拉病毒死亡率高，讓它很難流行到非洲以外的地方去。

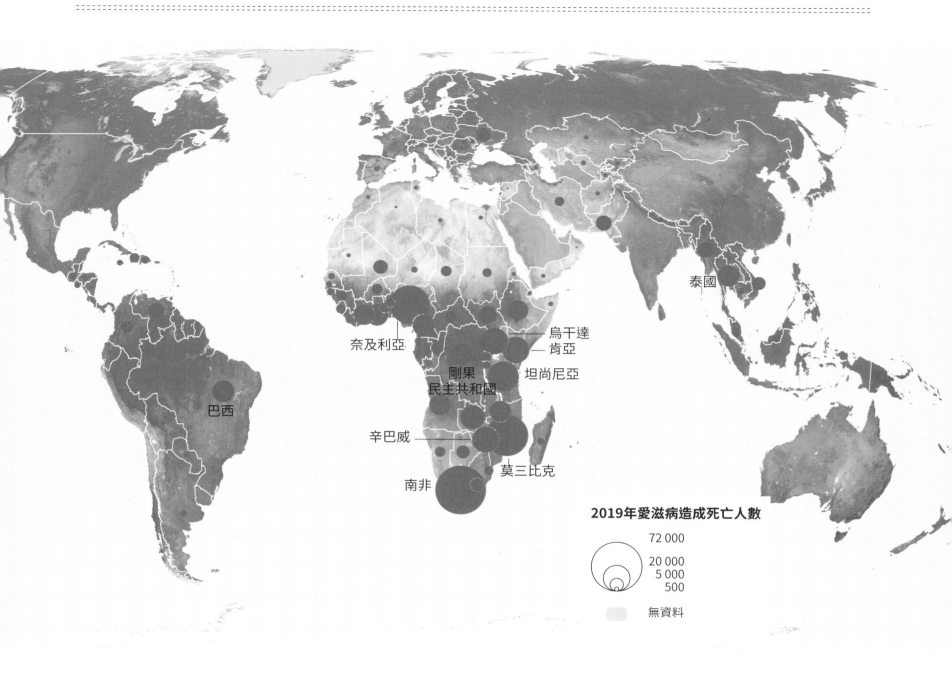

2019年愛滋病造成死亡人數

72 000

20 000
5 000
500

無資料

⇨ 冠狀病毒的出現

2000年代初期，世界上出現了冠狀病毒（coronavirus）引起的新流行病。冠狀病毒在1960年代被辨認出來，特徵是具有冠狀的蛋白質結構。起初，冠狀病毒的流行相對具有地域性，造成的第一波流行稱為SARS，2003年主要流行於亞洲地區（包括中國、香港、臺灣及新加坡）。十年後，沙烏地阿拉伯出現了新型的嚴重呼吸道症候群，人稱「中東呼吸道症候群」。中東呼吸道症候群確診病患主要集中在沙烏地阿拉伯，但也在阿拉伯聯合大公國與南韓出現過。這個新型的冠狀病毒是第六個人傳人的冠狀病毒，傳染力不高，經由與駱駝接觸傳染，而駱駝則是從蝙蝠身上沾染到病毒。

SARS和中東呼吸道症候群都受到世界衛生組織嚴密監控，最後，感染的患者變得非常稀少。直到下一次人傳人新型冠狀病毒的出現，也就是Covid-19，出現在2019年12月的中國，才橫掃世界。2020年春天，這個全球傳染病讓世界上110個國家中，有將近45億人處於封城狀態，還使各國為了阻卻病毒傳播，封閉邊界，限制航空運輸。

在我們的歷史上，這是第一次全世界似乎把守護健康看得比經濟發展還重要。不過，讓世界暫停運轉的經濟後果，餘波盪漾，深度廣度皆不可測。看起來，大規模施行疫苗接種是回歸正常的不二法門。

**愛滋奪命，
非洲疫情最慘重**

2019年底，世界衛生組織估計世界上有3800萬人染有愛滋病。在這群人之中，幾乎有三分之二都居住在非洲。在這些愛滋病帶原者中，68%的成人和53%的兒童接受反轉錄病毒（retrovirus）的治療。即使醫療照護和療法在覆蓋率上進步許多，2019年仍有69萬人死於愛滋病。這些死亡的患者主要來自非洲跟亞洲；當年有1700萬人感染愛滋。

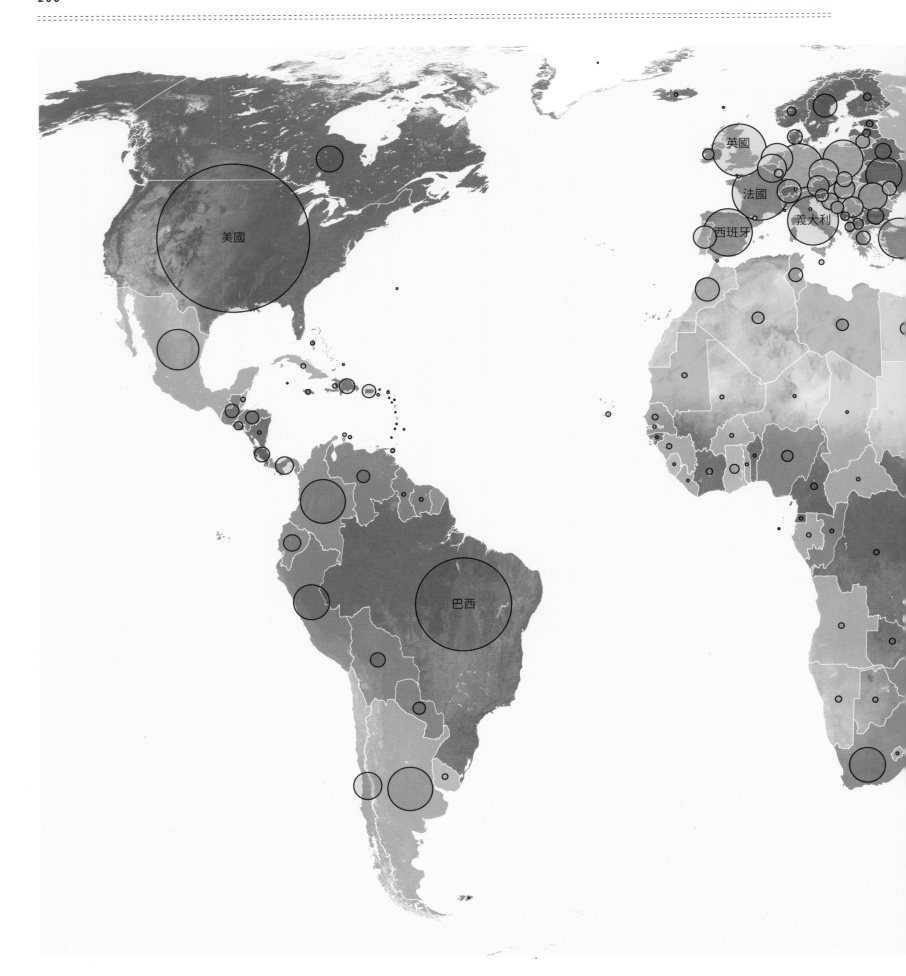

COVID-19世界大流行

Covid-19病毒從中國武漢出發，迅速遍布世界各地。若將世界疫情畫成地圖，會出現新的面貌，因為愈是和全球化接軌的國家，疫情愈是嚴重。所以，美國成為感染程度最嚴重的國家，歐洲國家居次。相反地，臺灣和南韓因為有SARS與中東呼吸道症候群（MERS）的前車之鑑，抗疫表現出色，而中國則宣稱在三個月內革除病毒。

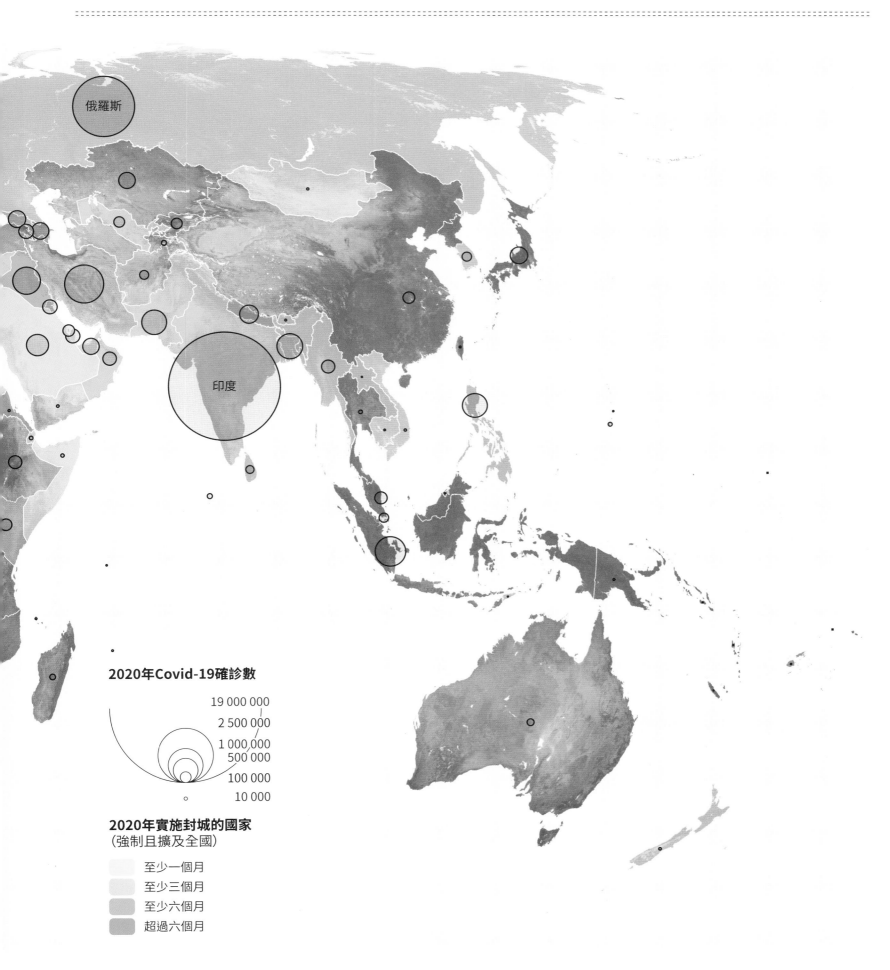

2020年Covid-19確診數

19 000 000
2 500 000
1 000 000
500 000
100 000
10 000

2020年實施封城的國家
（強制且擴及全國）

至少一個月
至少三個月
至少六個月
超過六個月

目的地
26

奧利

奧利機場是歐洲最大的機場之一，2019年出入人次有3100萬人，一年平均的起降飛機架次是25萬。最近，奧利機場進行了翻修，它在2020年4月1日作出前所未有的決定——機場將無限期關閉，只留戴高樂機場（Paris Charles de Gaulle Airport）繼續運作。奧利機場關閉期間，只見空蕩蕩的跑道和禁足並排的飛機群。當時，航道邊未曾如此安靜，空氣汙染指數也創新低。最後，奧利經過幾乎三個月的關閉，在2020年6月26日重啟，吞吐商用航班。許多機場都經歷類似的情景，各大航空公司如法航－荷航（Air France-KLM）與漢莎航空（Lufthansa）都被迫要讓九成的機隊停擺。

交通運輸因為疫情停擺，期間造成的產值缺口，以數十億計，促使國家出手搶救相關產業。有些規模較小的公司無法復甦。疫情期間，航空運輸造成的汙染有改進之勢，同時許多公司也發現，其實有些出差行程可以用視訊會議取代。觀光產業占全世界生產毛額的9%，因為疫情衝擊，許多個月以來奄奄一息。疫情迫使急剎車的，還包括持續成長的汽車產業——這可說是全球化產業的代名詞——汽車產業正處於蛻變時期，不但面臨環境問題的挑戰，也要在自動駕駛技術上日新月異。

由於火車在疫情期間讓人們重新發現「就近」旅行的去處，人氣竄升。火車雖是舊日的交通工具，但在此時對未來別具展望。而且，火車比飛機更可靠，汙染也更少。中國在推動一帶一路的計畫時，便將鐵路視為關鍵項目，投資鉅款，在世界各地營建前端的鐵路基礎設施。對亞洲地區的進出口貿易而言，鐵路貨運確實比海陸迅速，價格也比空運低廉。

人們素來以為鐵路是過時的交通工具，此時似乎前景看好。

疫情之後
交通新面貌為何？

2022年，疫情的威脅漸行漸遠，在世界上的某些地區，觀光與航空產業漸漸甦醒，恢復血色。可是，在這近兩年內，數百萬男男女女拔足啟程的活動進入了休眠模式。在2020年底，多數航空公司絕大部分的機隊禁足不飛。因此，當時全世界的航空運輸縮減了超過六成，慢速運轉，跟近50年來的蓬勃發展形成強烈對比。航空業原先之所以快速成長，是因為航空運輸的普及，讓開發中國家的中產階級也能搭機旅行。在1990年代，搭乘飛機的普及化推動了航空運輸產業的改組，使各大機場發展為航空樞紐，也就是讓人流與物流有多重的轉運平臺。

這樣的航運模式將航運流量一舉導向數個巨型機場，造就了航空公司的規模經濟，也最大化飛機載客的量能。

這些航空樞紐透過不斷新增轉機目的地，希望能吸引到愈多旅客愈好，進而展開競爭大戰。這樣的競爭體現在各大航空公司及機場的角力，也成為世界各國增強國力時不可忽視的著眼點之一。

2019年，全球流量前十大的國際機場有四座在美國——以亞特蘭大機場（Hartsfield-Jackson Atlanta International Airport）居冠，進出人次超過1億1000萬——兩座位處歐洲，另外四座則在亞洲。北京機場躋身國際，是世界流量第二大的機場，進出人次有1億人，接著是洛杉磯（8800萬人）和杜拜（8600萬人）。這個排行顯示，從2010年起，航空運輸的成長主要發生在亞洲，原因不外乎這個區域的人口與經濟成長，而歐洲和美國則屬於「成熟」的市場，並不預期會

有勢若長虹的成長。

⇨ 航空運輸重心移向亞洲

2000年，亞洲有兩座機場（東京與首爾）進入世界前20大機場的排名，從2017年起，亞洲空中航運巨頭出現了新的樣態。印度、印尼、新加坡和中國多處相繼出現航空樞紐。不過，在這之前，中國跟美國一樣，航空樞紐主要用於支援國內航線，穿越廣大的國土。為了連結國際巨大的人流與物流，中國於2019年啟用北京第二個航空樞紐——大興機場，企圖讓吞吐量達到1億名旅客。於是，北京加入了坐擁數座國際機場的大都會俱樂部。中國走向國際的其他標記，還包括2020年另一座航空樞紐的落成。它座落於四川的省會成都，航線通往西方國家。而且，我們不能忘記香港漸漸融入同一座體系。以出入人流來說，香港位居世界第八大國際機場；但就貨運而言，香港可是世界第一，排在美國孟斐斯（Memphis）和上海前頭。

近20年來，航運平臺最激烈的競爭無疑發生在中東地區。中東由於位處歐亞之交，作為長途郵班的中繼站行之有年，進而變成國際競爭（各國國籍航空公司）短兵相接之處。這些中東的航空樞紐吸取來自歐亞的旅客，將他們重新運輸至歐亞各大城，包括巴黎、倫敦、法蘭克福、曼谷、孟買及上海等地，或是送往非洲、澳洲或美洲去。

⇨ 杜拜作為樞紐：實力的標記

在Covid-19疫情爆發之前，杜拜機場在2019年有8600萬人次出入，流量排行世界第四

世界旅客流量增加

根據世界銀行以及國際民用航空組織（International Civil Aviation Organization，ICAO）的統計，近50年來的航空運輸翻倍成長。在1970年代，世界空運人次約為3億名旅客，到了2017年，這個數據超過40億。在原本樂觀的估計中，這個數據到2050年會變成雙倍，但Covid-19疫情的衝擊始料未及，讓人重新檢討這個指數性的成長。

1970年至2019年航空運輸發展
（單位：10億人次）

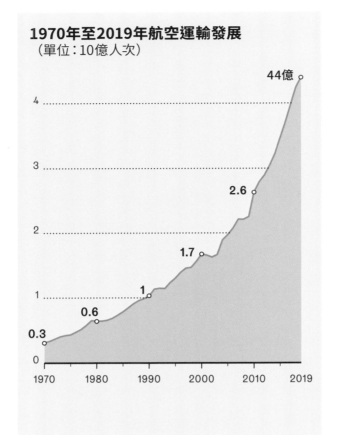

樞紐系統

空運管理仰賴「軸輻式」（hub and spoke）的星狀樞紐網路系統。這個系統運作的方式，是將各個次等的航線導向單一座機場，利用這個轉機平臺打通許多重要的連結。為了要讓航運網囊括最大數量的重要目的地，這是最合理的組織方式。航空樞紐出現在1970年代末的美國，到1990年代在歐洲逐漸普及。

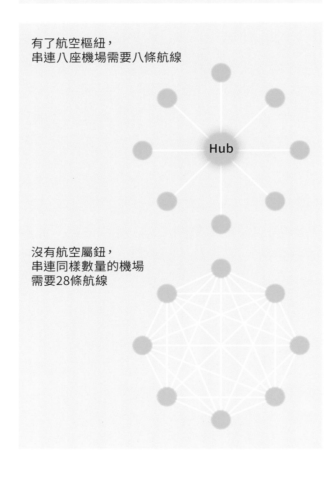

有了航空樞紐，
串連八座機場需要八條航線

沒有航空樞紐，
串連同樣數量的機場
需要28條航線

大，在中東航空樞紐的競爭之中，獨占鰲頭。由於跟其他酋長國相比，杜拜擁有的石油礦藏最少，所以很早就開始多元化經濟發展，拓展商務、運輸和觀光等產業。1985年，阿拉伯聯合大公國創立了國籍航空公司——阿聯酋航空。由於阿聯酋航空提供的航班密集，向歐美購入巨型客機，又因為有國家補助，開出的票價誘人，加上工作條件自由開放，使杜拜機場吞吐的旅客數能在十年之內成長三倍，並在2015年擊敗倫敦希斯洛機場（Heathrow Airport），成為世界上外籍旅客出入數量最多的國際機場。2013年，杜拜因應在地經濟發展以及觀光業的興盛，啟用了第二座國際機場——阿勒馬克圖姆國際機場（Al Maktoum International Airport）疏運人流，同時也為2020年的世界博覽會（因為疫情延期至2021年秋天）做準備。這座新的機場離阿聯酋首都阿布達比更近，也縮短了與阿聯酋另一間國籍航空公司 —— 阿提哈德航空公司（Etihad Airways）總部的距離。阿勒馬克圖國際機場的另一個機能，緊密連結杜拜的傑貝阿里港，世界第九大海港。

可是，杜拜的優越地位在近年來受到挑戰。這項挑戰來自伊斯坦堡，同樣擁有東西之交的位置優勢。2019年，伊斯坦堡阿塔圖克機場（Atatürk Airport）的流量將近6500萬人次。就算這座機場曾在2016年6月發生恐怖攻擊事件，它的國際排名在八年之內從30躍升至14，成長表現亮眼。2019年之後，阿塔圖克機場便關閉了，因為土耳其政府已在2018年10月啟用新的伊斯坦堡機場（Istanbul Airport）。新機場位處黑海沿岸，有六座跑道，航線通往數百個目的地，就此取代阿塔圖克機場。在土耳其總統艾爾段的心目中，這座機場必將助土耳其一臂之力，成為區域強權，立志問鼎世界第一航空樞紐的寶座，擠下亞特蘭大機場和該機場在2019年1億1000萬人次的成績。

尾隨在土耳其身後的，是機場世界排名第15的卡達。這個小小酋長國也是航空樞紐競技場上的一員，以哈馬德國際機場（Hamad International Airport）和卡達航空下場競爭。

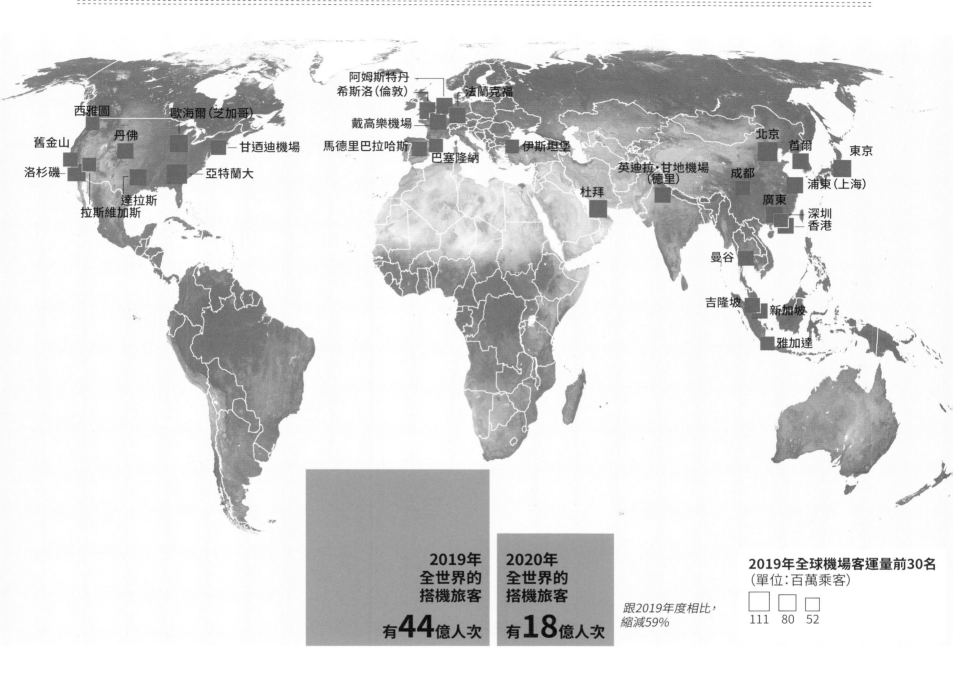

阿姆斯特丹
希斯洛（倫敦）
法蘭克福
戴高樂機場
馬德里巴拉哈斯
巴塞隆納
伊斯坦堡
北京
首爾
東京
西雅圖
歐海爾（芝加哥）
舊金山
丹佛
甘迺迪機場
洛杉磯
亞特蘭大
達拉斯
拉斯維加斯
英迪拉・甘地機場（德里）
成都
浦東（上海）
廣東
深圳
香港
杜拜
曼谷
吉隆坡
新加坡
雅加達

**2019年
全世界的
搭機旅客
有44億人次**

**2020年
全世界的
搭機旅客
有18億人次**

*跟2019年度相比，
縮減59%*

2019年全球機場客運量前30名
（單位：百萬乘客）

111　80　52

**世界各大航空樞紐
（以2019年
出入人次計算）**

卡達是2022年世界盃足球賽的主辦國，意圖藉由這場盛會吸引5000萬個旅客。由於卡達和伊朗過從甚密，而且支持穆斯林兄弟會，在2017年至2021年間，曾相繼受到沙烏地阿拉伯、阿拉伯聯合大公國、巴林、埃及與葉門等鄰國的航空禁運制裁。即便如此，杜哈作為航空樞紐的角色仍在國際競爭中站穩腳步，跟2018年的成績相比，卡達機場國際旅客流量上升了三名。

⇨ 非洲何時起飛？

在非洲，機場成為國際競爭的項目，才剛開始不久。到了2018年，非洲聯盟才讓非洲的天空走向自由化，形成獨一無二的市場，吸引各方勢力進場經營。這個情形，跟40年前的美國以及30年前的歐盟，如出一轍。非洲的航空樞紐規模仍十分有限，而且離各大政經與運輸中心有段距離。非洲第一大機場是南非約翰尼斯堡機場[1]，年流量是2100萬名旅客，接著是衣索比亞的阿迪斯阿貝巴機場（Addis Ababa Bole International Airport）、肯亞的奈洛比機場（Nairobi International Airport）[2]、埃及的開羅機場（Cairo International Airport）和摩洛哥的卡薩布蘭卡機場（Casablanca Airport）[3]。不過，變遷正在發生。阿迪斯阿貝巴作為衣索比亞航空的基地，可以飛往數百個目的地，和杜拜競逐南撒哈拉地區航線的市場。

和其他地區一樣，非洲的航空運輸是否能復甦回溫，取決於是否脫離Covid-19疫情

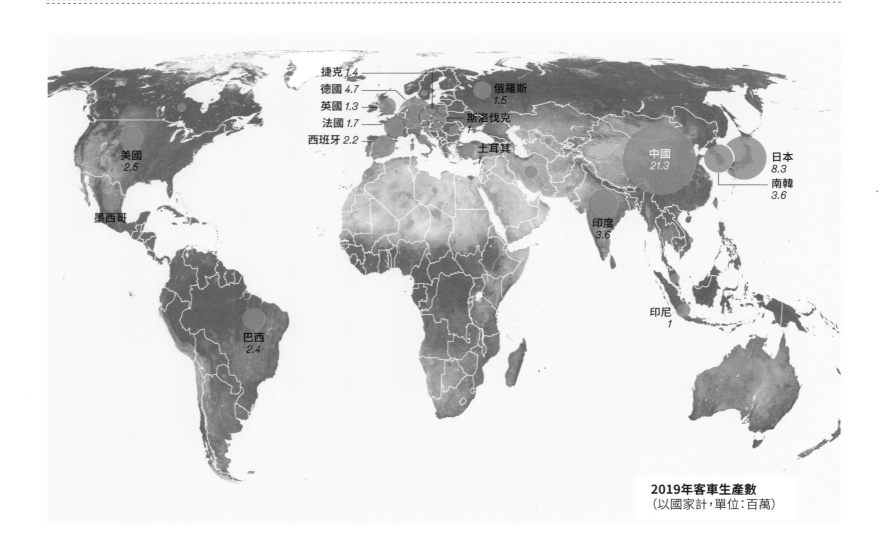

捷克 *1.4*
德國 *4.7*
英國 *1.3*
法國 *1.7*
西班牙 *2.2*
俄羅斯 *1.5*
斯洛伐克 *1*
土耳其 *1*
美國 *2.5*
中國 *21.3*
日本 *8.3*
南韓 *3.6*
墨西哥
印度 *3.6*
巴西 *2.4*
印尼 *1*

2019年客車生產數
（以國家計，單位：百萬）

汽車工業高度集中

今天，就年度生產量而言，前十大世界汽車製造廠來自三座大陸上的八個國家。排在南韓現代汽車（HYUNDAI）蔚山廠區之後的，是飛雅特（Fiat）的巴西貝廷（Betim）廠區和德國福斯汽車的沃爾夫斯堡（Wolfsburg）廠區。

危機，畢竟疫情重挫了全世界的空運生態。要讓航空運輸回到和2019年相同的狀態，預估至少要到2024年。而且，有些專家不禁好奇，航空運輸是否其實已經進入發展高原期，不會再有成長。疫情肆虐期間，人們不再強調空運的汙染問題，而且，封城讓視訊會議取代了商務出差，也成為一個契機，讓人思考最佳的旅行方式究竟為何。因此，航空業的未來也有可能取決於這個產業是否有辦法重新自我發明，也許，如果更乾淨的氫能源飛機能在2035年問世，是大有可為的一條路。

⇨ 封城措施衝擊汽車產業

汽車業受到Covid-19衝擊，也不遑多讓。在法國，2020年度的新車銷售量因為封城的緣故，下降了三成。汽車業是全球經濟的重要引擎，占全球經貿的9%，同時為世界帶來5000萬個直接或間接相關的就業機會，包含汽車製造和公路營建在內。舉例而言，歐盟有1380萬人在汽車產業工作，這等於歐盟總人口的6%。汽車產業策略地位重要非凡，由此可見。為此，國家會透過補助來支持汽車產業。

近20年來，汽車業由於市場的國際化，發生了深度轉型。為了回應世界市場的需求，尤其是亞洲的新客群（中國成為世界最大的汽車買家），並且順應近年的產業衝擊，汽車業採取的措施，包括增加產業盟友和併購。因此，法國的雷諾汽車（Renault S.A.）和日產汽車（NISSAN）結盟，一起買下羅馬尼亞的達契亞汽車（Dacia）、南韓的三星汽車、俄羅斯的伏爾加汽車（AvtoVAZ），接著又跟另一間日本車廠——三菱汽車（MITSUBISHI MOTORS）結盟。因為這樣，雷諾汽車旗下囊括12個品牌，躋身前國際汽車集團前三大，排在德國福斯汽車（Volkswagen）和豐田汽車（TOYOTA）後面。這樣的策略能創造規模經濟的效應，讓相同的原物料能支援多款模型的生產，並且最大化銷售平臺，同時發展因地制宜的經營模式。此外，汽車製造業巨頭為了降低人力成本和規避稅務，

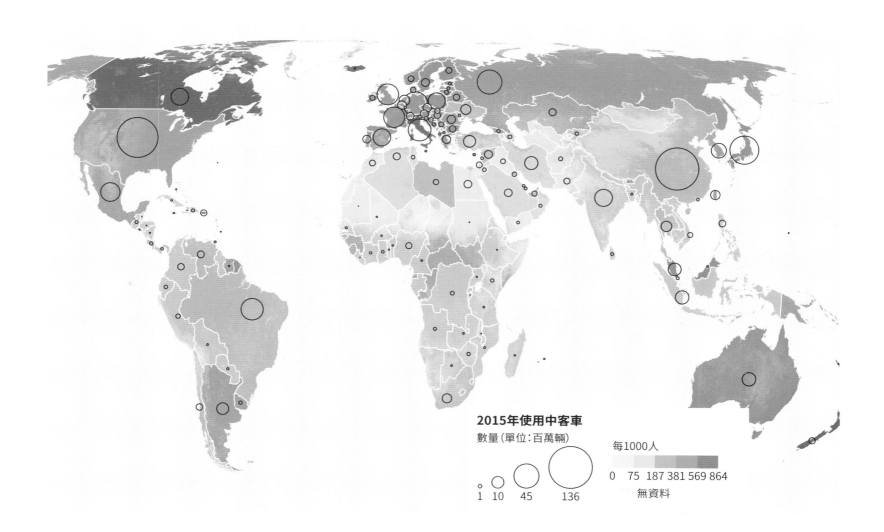

2015年使用中客車

數量（單位：百萬輛）

每1000人

1　10　45　　136

0　75　187　381　569　864
無資料

將工廠遷離原本所屬的地域之外。因此，歐洲一部分的汽車生產發生了東移的現象，主要移向斯洛伐克、捷克與匈牙利，另外也有一部分的生產移至土耳其跟摩洛哥。

⇨ 明日汽車為何？

2018年，汽車業排放的溫室氣體占了全球總排放量的9%。當氣候問題意識抬頭，而且擴及全球，關於二氧化碳排放的新規範上路之後，促使汽車業為了取代石化燃料的引擎做好準備。這項科技變遷必會帶來社會衝擊。德國作為歐洲汽車大國，他們的汽車工會便擔憂，接下來的十年內會有數以千計的人失業。

跟燃料引擎汽車相比，電動汽車所需的製造人力比較少。在這方面的實踐上，中國大幅度領先世界。2018年，世界上銷售的電動汽車或油電汽車有半數的買家來自中國，而且中國本身也大量製造這類汽車。同時，中國還是世界上最大的鋰鐵電池製造者，超越日本與南韓。而且，鑑於鈷（Cobalt）是

製造這些電池不可或缺的金屬，而剛果民主共和國境內含有最大的鈷金屬礦藏，北京當局穩穩控制了那裡的鈷礦，掌握這項重要原物料。用氫電池當作發動汽車的能源，既不會排放廢氣，也不會因為相關能源的開採而造成汙染，只是製造氫電池的科技價格仍十分高昂，當今只有日本駕馭相關的技術。

到了2040年，這些顯然比較「乾淨」的汽車駕駛者，不會只有我們。加州矽谷成為自動駕駛技術的研發中心，由世界汽車製造大廠和科技業巨頭聯手研究。世界上，自動駕駛車輛的相關實驗與日俱增，從杜拜到新加坡，或是在拉斯維加斯、漢堡或盧昂（Rouen），都可見其蹤影。在盧昂，人們也在測試電動車公共充電站及相關設施。

最後，在2022年6月，歐盟通過一項劃時代的法案。歐盟各國代表投票決議，歐盟將在2035年禁止販售燃油的新車（含油電車）。

汽車攻占新市場

今天，**75億人口擁有10億輛汽車**，而且到了**2050年，這個數據會雙倍成長**。中國人是世界上最大的汽車買家。在十年內，中國上路的汽車成長了五倍。在全世界每年生產的汽車之中，**有三分之一是中國製造**，接在後頭的則是歐盟、北美、日本及南韓。

火車：環保的替代方案？

名為「搭機羞愧」（flygskam，原意為「搭飛機伴隨而來的羞恥自責」）的觀念源自瑞典的環保社會運動，首要考慮長期受到忽視的環境衝擊，它跟Covid-19疫情對航空業的禁足形成加乘作用，受到高度重視。由於航空產業在地球暖化中扮演著顯著的角色，受到千夫所指。但若要更全面地探究問題，我們應該要仔細檢驗交通模式的選擇。一架飛機的碳足跡高於一輛汽車，更比一列火車高出40倍。於是，各國重新青睞鐵路交通的優點——可靠、可受國家管控而且保證不排放溫室氣體。早在疫情爆發之前，中國就大量投資鐵路營建，並將鐵路列為一帶一路計畫的核心項目。這些鐵路網通聯中國、東南亞、中亞及俄羅斯，外加一條長達1萬1000公里的鐵路穿越哈薩克草原，直達歐洲。2014年3月，習近平還造訪了德國杜伊斯堡（Duisburg），迎接來自中國的第一列火車。16天前，這列火車從重慶出發，抵達德國。現在，火車只占了歐亞經貿物流的1.6%，不過，在中國開始投資鐵路運輸之後，這個領域便大幅成長，會讓這個數據在2023年成長到8%。由於貨櫃化（containerization）的操作，火車被納入一個全球的運輸體系之中，通聯海港，所以海陸相通。另外，中國也參與了非洲大陸的鐵路發展。中國出資營建連結阿迪斯阿貝巴和吉布地的鐵路，而且，北京當局還在吉布地啟用了第一座海外軍事基地，也計畫在肯亞的蒙巴沙（Mombasa）和首都奈洛比之間設置軍事基地。從2000年起，中國蓋出的鐵路總長超過6000公里，並進的還有總長類似的公路網和20多座海港。

氣候議題促使世界各地的人重新審視鐵路的價值。因此，在2022年夏天，德國政府實施九歐元的鐵路月票制度，讓人能在6月到8月間暢行全國所有區間車路線。這項措施別具針對性，面對氣候異常帶來的衝擊，這項措施能帶來貢獻，同時，由於烏克蘭戰事造成能源價格飆升，實施國鐵區間車優惠，也是處置的良策。目前，載客與載貨的鐵路網橫亙地表，總長略長於100萬公里。就鐵路總長而言，美國鐵路是當今最長的路網，不過其主要功能是貨運。就載人鐵路網密度而言，歐洲是路網最密集，搭乘最方便的地區。其中，瑞士是鐵路使用率最高的國家，每年人均搭乘里程超過2000公里。

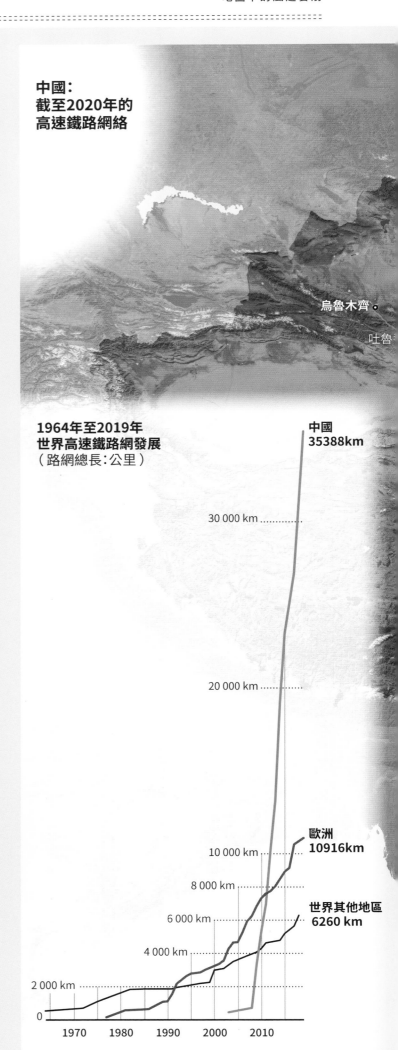

中國：截至2020年的高速鐵路網絡

烏魯木齊

吐魯番

1964年至2019年世界高速鐵路網發展（路網總長：公里）

中國
35388km

歐洲
10916km

世界其他地區
6260 km

30 000 km

20 000 km

10 000 km

8 000 km

6 000 km

4 000 km

2 000 km

0

1970   1980   1990   2000   2010

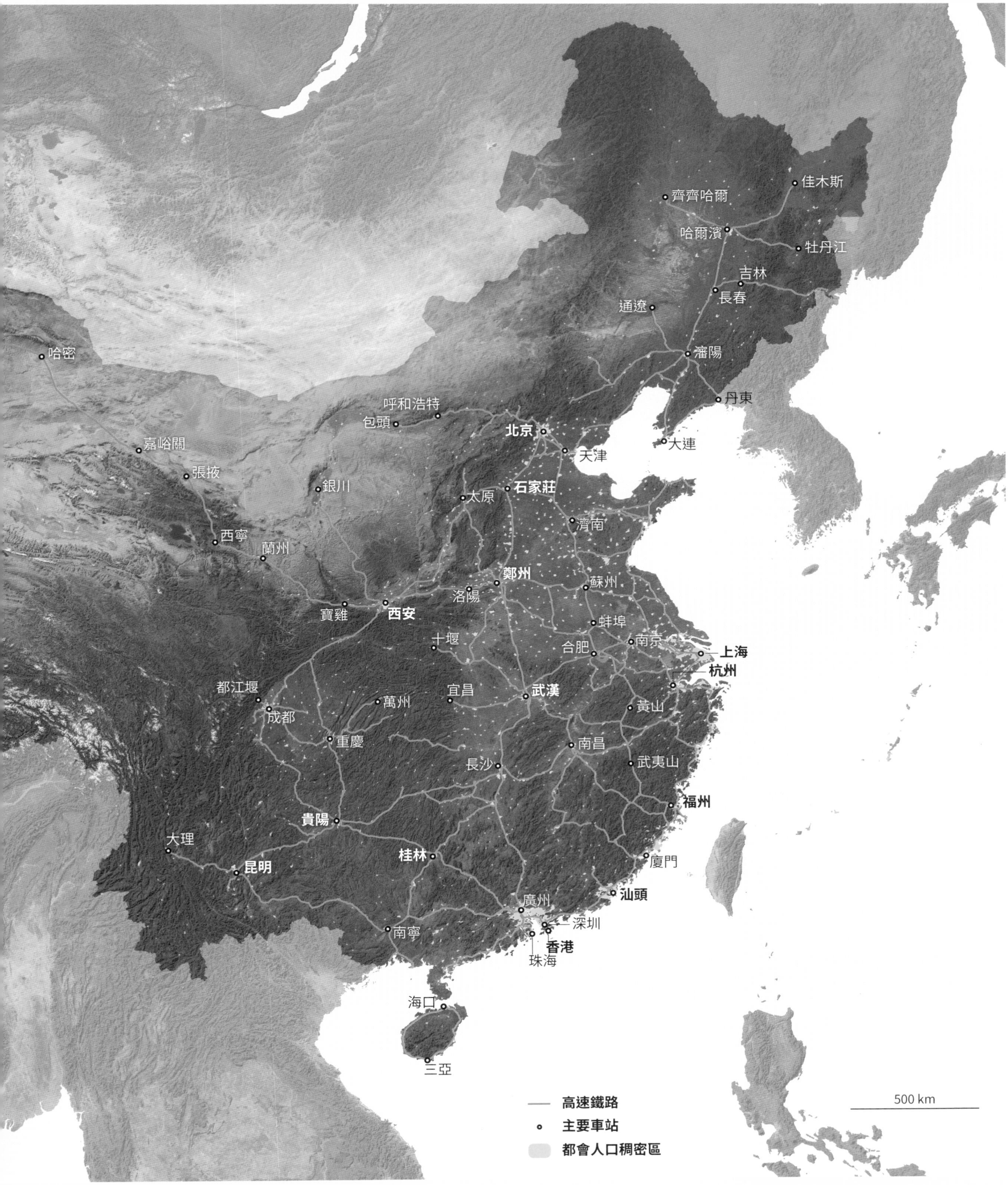

哈密

齊齊哈爾　　　佳木斯

哈爾濱　　　牡丹江

吉林

通遼　　長春

瀋陽

丹東

嘉峪關　　　　　　　　　　　　呼和浩特　　　　　　　　　　　大連

張掖　　　　　　　　　包頭　　　　　北京

天津

銀川　　　　太原　石家莊

濟南

西寧
蘭州

鄭州　　蘇州

洛陽

寶雞　西安　　　　　　　蚌埠

十堰　　　　　　合肥　南京　上海

　　　　　　　　　　　　　　　　　杭州

都江堰　　　　　萬州　宜昌　武漢　黃山

成都

重慶　　　　　　　南昌

長沙　　　　　武夷山

貴陽　　　　　　　　　　　福州

大理　　　　　　　　　　　廈門

昆明　　桂林　　　　　　汕頭

廣州

南寧　　深圳

香港
珠海

海口

三亞

— 高速鐵路

∘ 主要車站

□ 都會人口稠密區

500 km

目
的
地
27

利雅德

2020年11月，利雅德。疫情期間，就連G20高峰會也改採視訊會議進行。此次高峰會由沙烏地阿拉伯舉辦，可說是踢到鐵板，因為沙烏地阿拉伯原本打的如意算盤，是隆重迎接世界各國元首，歡迎他們光臨「新」的王國。在這場虛擬峰會上，與會成員提出一項隱憂，擔心疫情會加劇世界的兩極化現象：一邊是有能力順應數位生活的人，另一邊，則是其他人。不得不說，2020年，螢幕侵入生活之深前所未有，舉凡遠距辦公、線上會議或教學，或是讓各個視窗中的親友齊聚一堂。

不能忘記的，還有大名鼎鼎的疫調「追蹤」（tracking）。許多國家透過智慧型手機定位人民的行蹤以及疫情的發展趨勢。我們被迫倉促轉換使用新的工具，而遠端協作軟體供應商則見證了使用範圍的大幅擴展。2020年3月初，美國視訊會議服務公司Zoom公布的營收成長了78%。由於Zoom有部分伺服器設在中國，有些資訊安全的專家懷疑，中國共產黨能藉此染指相關資料。為了

回應質疑的聲浪，Zoom在2020年4月推出新功能，讓使用者可以拒絕使用中國伺服器的路由。數位領域順勢成為許多關鍵利害的交匯，牽涉經濟、社會、政治、安全和地緣政治，衝擊人們的生活方式，探問社會究竟會做出何種抉擇。現在，網路空間、人工智慧與5G成為各方勢力一較高下的大競技場，其中的中美對決，招招不留情。

中國現正採取一種名為「智慧城市」的都會管理模式，使都會機能智慧化，而且具有強大的連結性，並把它視為一種新的治理典範，意圖輸出到世界其他地方。為此，北京當局重視數項科技的發展及優化，包括交通運輸、安全衛生及公共安全的管理系統等……。不過，在這些方針背後隱約浮現的，無非是社會監控的考量。這促使我們時時提高警覺，不能鬆懈。在大數據時代，保持警戒並監督統治者恪守民主的典範，還是上策。

螢幕人生
地緣政治新關鍵

⇨ 網路，網羅全球

1980年代網路問世，漸漸將世界串聯成一座網絡。網路讓資訊與新想法的傳播十分便捷，轉瞬便能遍行四海，通行於國家、公司、機構和個體之間，而這些行為者多半也成為網路的使用者。2020年，世界上有超過45億個網路使用者，占全世界總人口的57%，而全球的網站數量則超過16億。

為了讓網路連結四通八達，主要的基礎設施是海底電纜。海底電纜內部含有光纖和鋼材螺桿，外部則由數層鋁和塑膠作為保護。這些綿長的電纜深埋海中，讓各大陸之間通信便捷。可是，海底電纜也會成為我們的潛在弱點，還會在產業與地緣政治中產生緊張與競爭關係。

⇨ 由科技巨擘（GAFAM）主導的網絡

從1990年迄今，海底電纜市場由三大企業主導，包括法國的Alcatel-Lucent、瑞士的TE Subcom和日本電氣（NEC）。至於世界網路巨頭則全數是美國公司，諸如Goole、Apple、Facebook、Amazon和Microsoft，形成知名的GAGAM五大科技巨擘。美國國家安全局（National Security Agency，NSA）負責電磁資訊的安全調查與管理——也就是電信監聽——也負責美國政府的資訊系統安全。根據它的統計，世界上有八成的資料流由美國經手。

對國家來說，這些資料流具有無法比擬的策略價值。而且資料的策略價值在網路問世之前就非常重要。 為了監控在全世界流通交易的資料，美國國家安全局早在1955年便和英國、加拿大、澳洲與紐西蘭等國的對等機關聯手合作，形成「五眼」情報聯盟（Five Eyes）。美國國安局前技術員愛德華・史諾登（Edward Snowden）曾在2013年揭露，五眼情報聯盟在世界上進行大規模的通信監控，並解釋網路巨擘如何讓無孔不入的監聽具有可行性。

⇨ 主權問題？

面對美國主導網路世界的局面，俄羅斯的處境十分微妙，因為俄羅斯只有四條國際電纜連向外界，而且擁有自己的網路集團，包括Yandex以及Vkontakt，較容易受到國家控制。至於中國，由於中國三大電信公司在2016年建置了法新歐亞五號海纜（SEA-ME-WE 5）連貫歐洲與亞洲，可以藉此打通聯繫。北京當局嚴密監控中國網路，幾乎把它跟全世界阻隔，同時也處心積慮地想要將監控範圍延伸到某些具有策略價值的電纜網絡。於是，中國電信公司華為著手在四面八方鋪設及優化光纖電纜，包括格陵蘭島、馬爾地夫、科摩羅（Comore）、南非與英國甚至是巴西與喀麥隆之間。在十年之內，華為躋身世界上最重要的電纜鋪設單位之一。

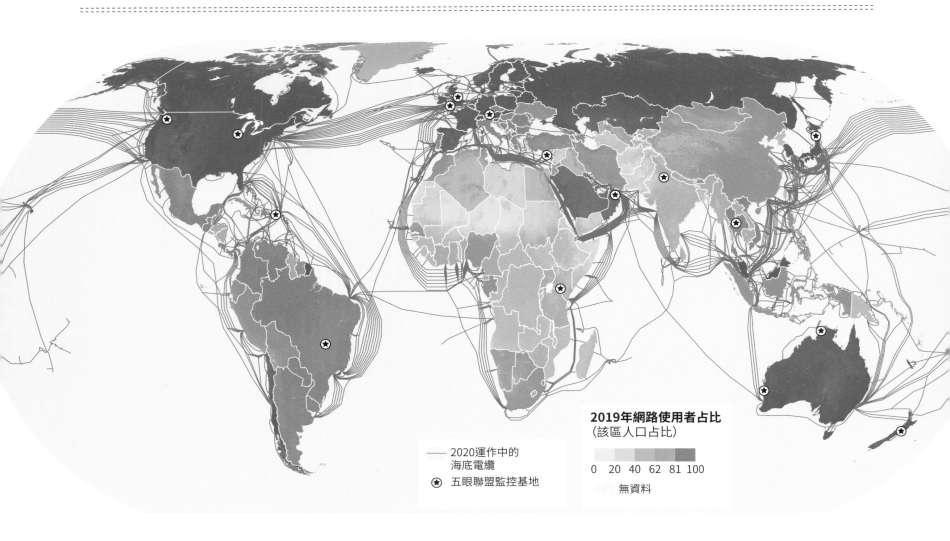

2019年網路使用者占比
（該區人口占比）

—— 2020運作中的
海底電纜
⭐ 五眼聯盟監控基地

0   20   40   62   81   100

無資料

全球海底電纜
及使用者數量

今天，世界上的海底電
纜總長超過130萬公
里，可以繞地球32
圈。1990年代至2000年
初，網際網路泡沫發生
之際，當時人們鋪設了
第一條海底電纜，還留
影紀念，而第二條則尚
未竣工。到了2016年，
新增的海底電纜長達2
萬7000公里，這個數據
到了2017年呈三倍成
長。當今的428條海底
電纜傳輸99%的資料，
只有0.4%透過衛星傳
輸。多數的海底電纜通
聯歐洲、北美與亞洲。

不過，華為近年計畫在雪梨與索羅門群島之
間鋪設電纜，此舉遭到澳洲當局否決，因為
澳洲擔憂自身的數位主權會因此受損。

⇨ 大數據：民主管控之必要

除了網路基礎設施的管理，世界各國也意圖
管控流通於這些網絡上的資料與訊息。要調
配出新時代的權力雞尾酒，必要材料包括大
數據與人工智慧。這個領域所處的局勢，可
說是中美的兩極競爭。在中美的數位對決
中，扮演要角的多半是出資研發人工智慧的
科技業者，包含美國家喻戶曉的GAFAM以
及中國對手——BATX（百度、阿里巴巴、騰
訊與小米）。BATX的特徵是在共產國家陰影
下生成的發展軌跡。

　　這些數位科技業者透過他們提供的主要
服務（搜尋引擎、網路購物、社群媒體、行
動電話和連線產品）來搜集數十億筆使用者
的個人資料。這些稱為「大數據」的資料是
人工智慧的新原物料，利用演算法來分析大

數據。由此一來，人工智慧有辦法勾勒出數
百萬個體形形色色的面貌，不管是在行銷上
（消費習慣）或資料取得上（人際關係、政
治立場甚至是生物特徵）都有強大的應用效
益。甚至，人工智慧還能幫助我們辨認社會
政治的走勢，使掌控人民變得更加容易。於
是，一切都取決於政府體制的屬性，取決於
權力監督的機制來制定規範，限制資料使用
的模式。

　　舉例而言，在法國，監督權力的職能由
國家資訊及自由委員會（CNIL）行使，外加
立法的權限授予，也就是《資訊及自由法》
的創設。通行全歐洲的規範，則有《一般資
料保護規則》（General Data Protection
Regulation）。從2018年起，《一般資料保
護規則》的適用範圍包括所有社會及行為
人，只要他們搜集歐盟居民的資料，便受此
法規範。

　　在美國，現行的法規只規範和個人健
康、未成年孩童及銀行資料的相關保護，因
為這些領域具有許多侵犯個人權利的實質風

險。2016年，臉書及其創辦人馬克·祖克柏（Mark Zuckerberg）因為臉書使用者資料被用來投放訊息，意圖左右當年總統大選選情而深陷醜聞。對此，美國國會便效法歐盟法規，研擬相關的聯邦法規，同時也引發科技巨擘GAFAM的強烈反彈。不過，美國的某些州（如加州）早已實施類似歐盟《一般資料保護規則》的法規。中國從2018年起便實施一套名為「社會信用體系」的公民評價系統，社會信用體系在疫情期間被廣為運用。相較之下，中國人的資料安全並未受到任何民主規範的保護。

⇨ 中美科技對決

中美科技對決如火如荼，展現在科技巨頭之間的角力。重要案例莫過於2019年初，中國電信公司華為被美國指控從事產業間諜行為，同時又因為5G網路服務設置的爭議紛至沓來。中美科技對決，也可見於兩國在世界各地系統性收購AI領域前景看好的新創公司。2017年，中國對外國企業投資額達到310億美元，超過美國的220億美元。俄羅斯總統普丁曾在2017年9月預言：「誰在人工智慧領域拔得頭籌，誰就會是世界的主人。」

⇨ 網路，新軍事空間？

網路被視為言論自由與公開表述的空間，又因為容許匿名活動，造成管制行為上的困難，讓

人暴露於危險因子。從1980年代末起，網路也成為駭客攻擊的標的。2007年4月，愛沙尼亞政府網站受到大型駭客入侵，公家機關的服務和愛沙尼亞媒體因此癱瘓三週，使愛沙尼亞成為第一個駭客受害國。發動攻擊的駭客是何方神聖，難以追查，因為駭客往往透過中毒電腦形成的「殭屍電腦」（ordinateurs zombies）組成「殭屍網路」（botnet）來活動，但殭屍網路的位址四散各處，可以多達50個國家以上。最後，愛沙尼亞政府網站遭駭的嫌疑落到鄰國俄羅斯身上，因為當時愛沙尼亞決定移除塔林（Tallinn）城中的蘇俄雕像，這座雕像悼念陣亡於二戰的俄軍士兵，引發俄羅斯反彈，力挺當地俄語系的少數族群。鑑於波羅的海三小國加入北大西洋公約組織，俄羅斯的網路攻擊也能被解讀為莫斯科當局對此舉的反對。

在接下來的數年中，網路攻擊在多數現代化國家中屢見不鮮，重新形塑了這些國家的治國策略。2009年，美國創設網路司令部（Cyber Command），也就是負責網路軍事行動的專責組織，主導美軍在網路世界的攻防活動。在法國2019年至2025年頒布的國防計畫案中，編列給「網路」項目的預算有160億歐元。當時，法國網軍數量只有3000人，計畫招募1000名新兵。

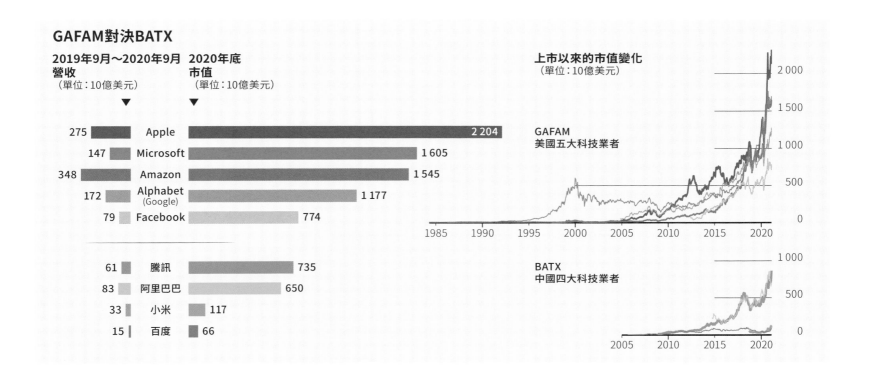

GAFAM對決BATX

2019年9月～2020年9月 營收（單位：10億美元）　2020年底 市值（單位：10億美元）

	營收	市值
Apple	275	2 204
Microsoft	147	1 605
Amazon	348	1 545
Alphabet (Google)	172	1 177
Facebook	79	774
騰訊	61	735
阿里巴巴	83	650
小米	33	117
百度	15	66

上市以來的市值變化（單位：10億美元）

GAFAM 美國五大科技業者

BATX 中國四大科技業者

網路空間：新戰場

2017年5月勒索軟體Wannacry網路攻擊事件

▢ 網路攻擊事件首度波及國家

▢ 遭受網攻程度最猛烈的國家

近15年來，世界上針對各國政府發動的網路攻擊事件頻傳，目標包括行政機關、各部會網站、醫院以及政治人物。

就駭客網攻而言，俄羅斯似乎是個中翹楚，因為俄羅斯曾在2008年駭入愛沙尼亞和喬治亞，也曾透過網路介入2016年的美國總統大選。至於中國時常受到的指控，則是積極以網路從事產業間諜活動。另外，北韓、伊朗以及像是伊斯蘭國的恐怖主義組織也利用網路作為政治宣傳或破壞行動的工具。

在民主國家的陣營中，美國對抵禦及發動網路攻擊早有準備。例如在2009年，美國和以色列簽訂盟約，共同抵抗伊朗的網路攻擊。因此，民主與威權體制的國家都必須有的認知是，網路成為新的地緣政治空間，是「混合戰」（Hybrid warfare）的延伸場域。混合戰是一個新觀念，囊括針對數位網路進行的攻擊、電子戰、心理戰以及不規則發兵出擊等計策。

因此，俄羅斯侵略烏克蘭採取的形式，時而是「老式戰爭」，時而是「網路戰爭」。根據美國麥迪安網路安全公司（Mandiant）的調查，烏俄戰爭期間，許多網路攻擊跟假訊息的投放不但來自親俄團體，也來自中國和伊朗，數量從2022年2月起節節高升，目標鎖定烏克蘭政府機關的網站。

2020年華為5G網路設置

■ 授權且簽約　　　　　　　■ 禁止
■ 測試階段　　　　　　　　▨ 立法禁止中

隨著網路攻擊與日俱增，當前的國際競爭繞著5G打轉。我們的社會連結性愈來愈高，5G會是一項革命性的科技，打通產品物件與服務之間的互聯性。競爭的內容不但包含科技，也牽涉策略。在中國，5G由華為集團發展，華為是直接和共產體制相連的一家企業，引發不少西方國家的擔憂。從2018年起，美國政府便試圖削弱這個令人生畏的中國競爭者，並說服其盟友禁止中國在該國境內發展5G網路。不過，當前5G技術最先進的國家其實是南韓，歸功於三星企業的貢獻。南韓既不想破壞與保護國——美國的關係，也不想和大鄰國與大客戶——中國發生齟齬。

至於歐洲則對於這方面的議題莫衷一是，意見分歧。歐盟有些成員國早已著手發展5G，但有些成員國則希望北大西洋公約組織和歐盟頒定統一的立場。數位之戰已然展開，而且將曠日費時，特別是國際電信聯盟（International Telecommunication Union）負責制定相關明日規範的祕書長是中國籍的趙厚麟，他在2018年底連任，任期四年。

蒙特婁

2019年9月28日，蒙特婁。數千人加入瑞典環保運動少女葛莉塔 通貝里的行列，上街遊行，加拿大總理賈斯汀‧杜魯道（Justin Trudeau）也在其中。經過這場在加拿大前所未見的集會，葛莉塔表示：「我們正在改變世界。」這場遊行發生在聯合國氣候行動峰會數天之後。該會議匯集世界各國元首，葛莉塔對他們發表了一場「你們豈敢如此？」（How dare you?）的演說，憤慨懇切，名震一時。在世界各地，包括法國，氣候議題對35歲以下的族群具有號召力。根據研究中心Crédoc的調查，氣候變遷是2019年法國年輕人最擔憂的問題。這解釋了為何氣候議題能夠動員如此多的人員參與，以及為何2019年5月歐洲大選時，力倡環保的黨派獲得不少選民的支持。

可是，Crédoc的調查也指出，「年輕人在日常生活的所作所為，並不總是比老一輩的人環保。會對垃圾進行分類、購買當地的時令蔬果或節約用電的年輕人，為數較少。」這份調查顯示，年輕人「愛好購物、數位電子產品及配件、

搭飛機，而且飲食習慣較不環保。」不過，在其他領域，年輕人有些習慣確實比老一輩的人更環保，例如偏好以腳踏車代步，或是汽車共乘、搭乘大眾運輸，而且選購物品時轉向二手貨、租賃、交換，而非購入新品。簡言之，這樣的年輕世代對環境問題的弊端有所認知，但是在立意上（仍）不夠果斷，因此並未全盤調整自身的生活模式。這跟各國政府的進退維谷有相似之處，因為政府難解的等式難題，牽涉氣候變遷的迫在眉睫、經濟發展的限制以及採取措施的可接受性。

與此同時，人們普遍意識到環境問題，並且不可逆轉，不管是在政治、經濟、社會與私領域生活各層面，為環境關係帶來新的樣態指日可待。2022年4月4日，聯合國政府間氣候變遷專門委員會（Intergovernmental Panel on Climate Change）預估，全球溫室氣體排放最遲將在2025年之前達到峰值，所以我們必須立刻採取行動，將全球升溫幅度限制在攝氏1.5度內。

氣候緊急狀態
氣候異常，眼前正在發生！

⇨ 氣候異常加劇

2020年夏天是史上最熱的夏天之一，跟2016年及2019年的夏天並列。根據世界氣象組織（World Meteorological Organization）的數據，和1850年至1900年這段期間相比，全球平均溫度上升了攝氏1.2度。2015年，第21次《聯合國氣候變化綱要公約》締約國大會（COP 21）原先決議，要在邁入2024年前將暖化幅度（跟人類世界尚未工業化的時期相比）控制在攝氏1.5度以內。可是，近十年來的暖化幅度屢屢刷新紀錄，人們便開始憂心忡忡，這個計畫會泡湯。20多年以來，極端氣候事件（創紀錄的熱浪及寒流、暴風雨、高破壞性的龍捲風、颶風、乾旱、森林大火、冰川融化等）不斷增加，而且在頻率、強度和幅度方面都不同尋常。

⇨ 當陸地與海洋暖化

在世界各大陸上，冰川正在我們眼前融化。2022年7月，義大利阿爾卑斯山區最大的冰川——馬爾莫拉達山（Marmolada）因為氣候變遷及破紀錄高溫的關係，局部融解。在白朗峰（Mont Blanc）一帶的廣袤山區，蒙特維冰川（Mer de Glace）的冰線在一世紀之內後退了120公尺，殃及周邊地區的觀光產業。根據科學家的統計，冰島每年失去將近110億頓的冰。從2000年起，格陵蘭島和北極地區的冰冠（ice cap）不斷縮減，北極的海冰在這30年內也加速融化。到了夏天，那裡的海面溫度高得異常，和北極圈周遭的地表一樣。2020年6月，俄羅斯小城維科揚斯克（Verkhoïansk）氣溫竟然飆升至攝氏38度，以它所處的緯度而言是破天荒。

冰川及冰冠融化的結果，是海平面上升。海平面在一個世紀內大約上升了15公分，而且這30年以來還加快了上升速度。根據政府間氣候變遷專門委員會的氣候學家說法，目前海平面每年上升三公釐。但是到2100年，情況好的話，海平面會上升30公分，壞的話，則有可能超過一公尺。

⇨ 滅頂危機升高

海平面上升將引發一連串骨牌效應，威脅世界各地的沿海地區和河口三角洲地帶。世界上有一成的總人口集中在這些地區，時時處於被海水淹沒的威脅。歐洲北部（比利時、荷蘭）備受威脅，亞洲更是如此，因為亞洲沿海與三角洲地區人口極為稠密，許多人口超過千萬的巨型都會都座落於此（根據聯合國2020年的統計，亞洲34座大都會中，有20座位處沿岸或河口三角洲）。孟買作為印度的經濟重心，而且人口超過2000萬，地形幾乎是座島嶼，整個城市的發展都懸於此島，

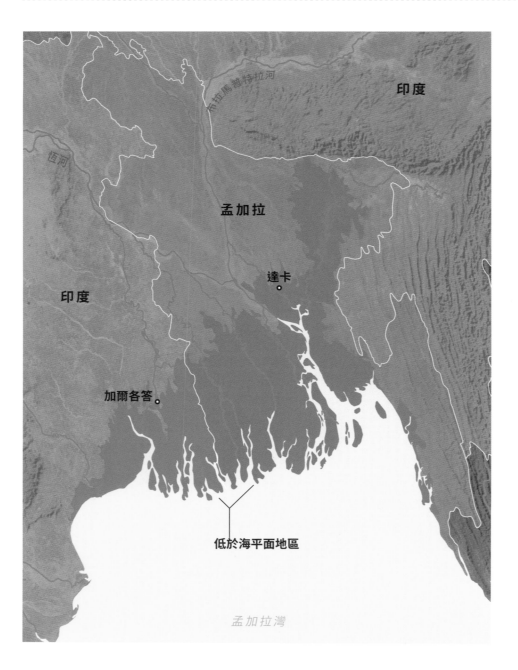

印度

孟加拉

達卡
○

印度

加爾各答。

低於海平面地區

孟加拉灣

**孟加拉，
可能淹沒區**

水、海水倒灌以及土壤流失，使數以百萬計的村民跟都會赤貧人口被迫離開他們的鐵皮屋。2020年，孟加拉有三到四成的領土被水淹沒。在孟加拉灣，有些小島因為海面上升，根本就消失了。

根據相關的研究預估，到了2050年，這些問題會讓亞洲損失數百萬公頃的肥沃土地，而這些土地是農業及糧食供應的支柱；同時，亞洲沿海的大型都市將遭受重挫，例如中國的上海、廣東及天津，或是位處湄公河三角洲的胡志明市。

⇨ **小島即將遭殃？**

隨著海平面上升，命運岌岌可危的地區當然還包括海島。面對氣候變遷以及伴隨而來的生態與經濟不確定性，世界上每個地方處境都有所不同。危機高低取決於地形和海拔——低海拔的海島以及珊瑚島礁最脆弱也最危險。世界上約有400萬人住在這樣的地區。通常，這樣的小島面積少於一平方公里，海拔不超過三公尺。

在太平洋地區，馬紹爾群島（Marshall Islands）的情況最令人憂心。當地的風災水災頻傳，汛情鹽化並汙染了地下淡水層；其中，埃內韋塔克環礁（Enewetak Atoll）的魯尼島（Runit Island）最為堪慮。1946年至1958年間，美國在比基尼環礁（Bikini Atoll）以及埃內韋塔克環礁進行67次核爆測試後，築起一座巨型穹塔，堆放8萬8000立方公尺的核廢料。於是，這兩處變成核廢料倉儲，久而久之，石塔內壁出現裂縫，掩埋其中的核廢料便進入土壤層。對當地居民而言，核廢料威脅與日俱增。同時，該地區容易受到地震海嘯的衝擊。但是，世界其他國家（包括美國在內）對此不為所動，甚至美國還拒絕協助馬紹爾政府加固核廢料掩埋場。

除了馬紹爾群島，全球暖化還擾動了生態系統，威脅珊瑚礁群的存活並促使海水酸化，從而影響生物多樣性。全球暖化引發的這一連串骨牌效應會撼動食物鏈，最終衝擊倒人類。全球暖化也在很大程度上驅使了所謂的「第六次大滅絕」（sixth mass extinction），

處境虎尾春冰。每年只要雨季一到，孟買貧民窟的居民便置身水泊，一下雨便膽戰心驚，生怕家園泡湯，無家可歸。當地政府為了防止海水侵襲，在濱海種植紅樹林，希望能以林禦海，但此計是否能奏效仍是未知數。

孟加拉座落於恆河－布拉馬普特拉河三角洲（Ganges-Brahmaputra Delta），這兩條河流的水源都得自喜馬拉雅山的挹注。面對海平面上升的危機，孟加拉首當其衝。孟加拉面積約為10萬平方公里，這座三角洲平原人口稠密（約有4200萬人），大部分國土低於海拔12公尺。孟加拉首都達卡（Dhaka）以及鄰近的印度城市加爾各答（Calcutta）都有類似情形。雨季會引發洪

此時，地球上已有數千種動植物瀕臨滅絕。同時，人們也觀察到有些物種為了避開過高的氣溫，進行遷徙，牠們的遷徙活動也會對生態系造成連鎖效應。

⇨ **更頻繁的天災，更重的災情**
氣候變遷除了使氣溫高升，也會加劇極端氣候現象，讓發生頻率更頻繁，更具破壞性，發展程度最高的國家也難以倖免。我們必須記得卡崔娜颶風（Hurricane Katrina）在2005年摧毀紐奧良，造成1800人喪生，損失高達數十億美元。2019年，澳洲高溫破紀錄，加上一波乾旱襲來，引發巨型野火，造成至少10億隻動物死亡。澳洲野火延燒範圍超過1200萬公頃，等同法國新阿基坦大區（Nouvelle-Aquitaine）和羅亞爾河大區（Pays de la Loire）兩地相加的總和。在歐洲，2019年是熱浪之年。德國、法國跟荷蘭高溫衝破攝氏40度。每年夏天，熱浪固定觸及世界三成的人口，蔓延數座大陸，影響數百萬人的健康。

在世界各地，人們用各種名字稱呼風暴，舉凡颶風、龍捲風、氣旋或颱風。近20年來，各種風暴肆虐日益頻繁，強度有增無減。同時，我們好像步入了大野火時代，近年來野火肆虐事件四起，遍地祝融，尤其是在美國西岸、澳洲、西伯利亞、巴西的亞馬遜叢林以及印尼，大規模砍伐森林無非是助長火勢的因素之一。

全球暖化造成某些地區降雨量增加，至於降雨量下降的地方，則出現乾旱和沙漠化的現象；後者可見於地中海周遭、非洲南部以及薩赫勒地區。近五年來，非洲大陸南部旱象嚴重，造成農產銳減。2020年初，辛巴威、尚比亞、莫三比克和馬達加斯加有4500萬人飽受饑荒之苦。

全球暖化造成的天災與損害，使許多國家的人流離失所。經過估計，每年平均有2500萬人為了躲避（主要為氣候的）天災，必須捨棄家園，這個數據幾乎是戰爭產生難

小島與列嶼瀕臨消失

面對全球暖化，大洋洲星羅棋布的低海拔小島國家尤其脆弱，岌岌可危。舉例而言，馬紹爾群島是其中令人擔憂的案例。馬紹爾群島面積**181平方公里**，人口約7萬6000人。因為全球暖化的關係，致使該區風災水災頻仍，汙染災區地下淡水層，使馬紹爾群島的大部分島嶼逐漸不再適合居住。

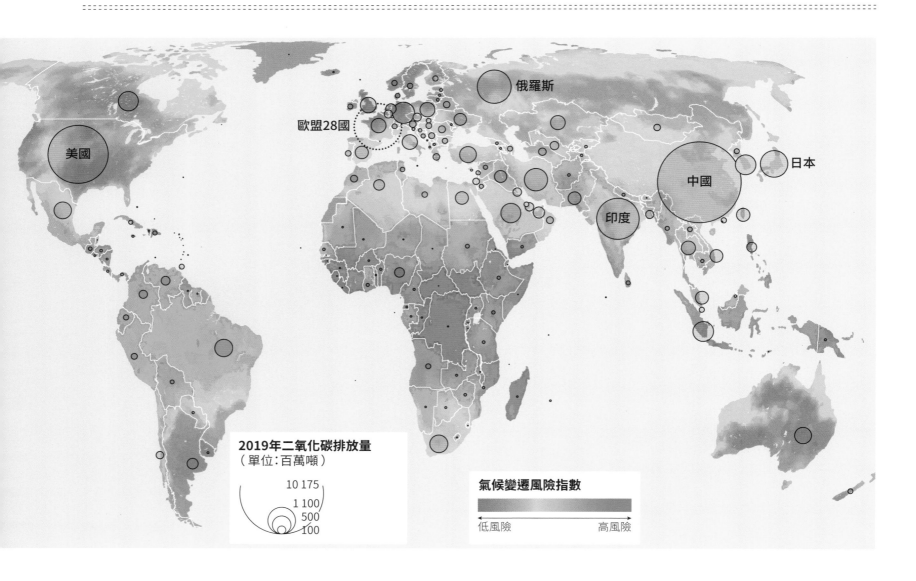

2019年二氧化碳排放量
（單位：百萬噸）

10 175
1 100
500
100

氣候變遷風險指數

低風險　　　　　　　　　高風險

**各國面臨的
氣候變遷風險
大小不均**

民數的三倍。

　　雖然人口移動的成因多樣複雜，牽涉環境、政治及經濟因素，考量在國家內部遷徙的災民的同時，還要加上永久遷離該國的人們，例如甘冒生命風險航渡地中海的非洲難民。

⇨ **風險高低因地而異**

面臨氣候異常，地球上並非人人平等。易受氣候異常摧殘的程度，往往跟國家開發程度成反比。在氣候風險下無所遁形的國家位於非洲、拉丁美洲、南亞及東南亞。這些地區，氣候形成的天災橫掃千軍，伴隨貧窮和醫療衛生設施的缺乏，加重災情。然而，這些國家裡有許多排放的溫室氣體並不多，卻要承受高開發程度國家巨量碳排放的後果，碳排放量大小依序為中國、美國、歐盟28國、印度、俄羅斯及日本。

　　不過，如果以人均碳排放量來看，小國

卡達竟然居冠，排在後頭的是波斯灣的石油出產國。在這方面，美國排行第12，跟澳洲並列，而加拿大和中國則排行39，跟歐盟成員國同等。

　　根據這些差異，我們可以瞭解為何在許多國家開始出現氣候變遷的問題意識，研擬相關政策，採取行動，試圖減緩氣候異常造成的衝擊。斯堪地那維亞（Scandinavia）諸國以丹麥為首，是永續能源發展的翹楚。從1991年起，瑞典便祭出碳排放，而且計畫在2030年和石化燃料一刀兩斷。摩洛哥在發展太陽能與風力發電的政策上，企圖心不可小覷。印度雖然仍高度仰賴燃煤，但對永續能源進行大手筆投資。

　　其他行為者諸如公司企業和地方城鎮，也殫精竭慮，希望力克氣候變遷。譬如，世界上有百餘座大都會發起新的綠色聯盟（Green Alliance）。新綠色聯盟的成員之中，約有30座城市（包括巴黎、哥本哈根、

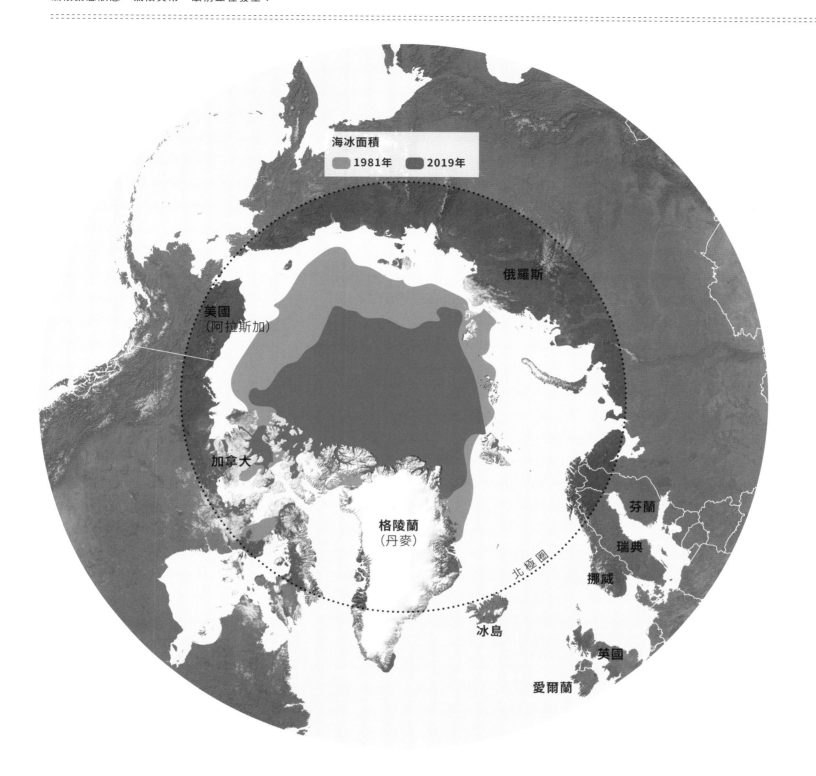

海冰面積
■ 1981年　■ 2019年

俄羅斯

美國
（阿拉斯加）

加拿大

格陵蘭
（丹麥）

北極圈

冰島

芬蘭

瑞典

挪威

英國

愛爾蘭

雅典、羅馬、洛杉磯、多倫多和斯德哥爾摩）已經減少了22%的碳排放，目的是為了達到《巴黎氣候協定》的決議，將21世紀末全球暖化的溫度控制在攝氏1.5度之內。相關措施包括綠能公車上路、公用腳踏車的設置、建築採取綠能工法以及降低垃圾量。為此，舊金山推行「零垃圾」政策，對超過八成的垃圾進行物料再利用。大城手筆，非同小可，因為世界上有超過一半的人口都聚居於大型都會區，全球超過七成的碳排放來自這些地方的總和。

最後，世界各地有許多公民凝聚團結，希望能讓氣候議題成為社會的當務之急。雖然，2015年的《巴黎氣候協定》為各國協力抵抗氣候變遷劃下里程碑，但道阻且路長。美國民主黨總統候選人拜登勝選是好消息，因為這代表美國會回歸《巴黎氣候協定》[1]，和前任總統的氣候懷疑論分道揚鑣。此外，2019年的溫室氣體排放量其實只有微幅上升（＋0.6%），在2020年因為疫情封城的緣故，甚至還掉了超過5%。

但就當前世界節能減碳的步調而言，想要將全球暖化的幅度控制在攝氏1.5度之內，顯得愈來愈難。

北極第一線

北極圈是全球氣候變暖最明顯的地區。這個被稱為「前哨」的地區，變暖速度比世上其他地區快了二到三倍。在格陵蘭島，島面冰層面積每十年縮減3%至4%，相當於每十年就有將近**50萬平方公里**的海冰面積消融。

.補充注釋

P.13

1 「近鄰國家」（near abroad）字面意義為「鄰近地區」。近鄰國家起先指的是屬於社會主義陣營的東歐諸國，接著擴及蘇聯加盟共和國，形成當今俄羅斯的勢力範圍，包括烏克蘭、白俄羅斯、亞美尼亞、喬治亞、哈薩克等國。雖然芬蘭、中國和蒙古都是靠近俄羅斯的外國，卻不屬於此處所謂的近鄰國家。而土庫曼和亞美尼亞沒和俄羅斯接壤，卻算是近鄰國家。將拉丁美洲稱為「美國的後院」可以形成某種程度的類比。

2 上述國家／地區的共通點，是它們皆為國家承認有限的政治實體，宣布獨立後，未獲多數其他國家的承認。

P.14

1 原文寫「2007年，身為前蘇聯成員的波羅的海三小國加入了歐盟。」根據歐盟官網（https://european-union.europa.eu/principles-countries-history/history-eu/2000-09_en），2007年加入歐盟的兩個新成員國是保加利亞和羅馬尼亞。波羅的海三小國（愛沙尼亞、拉脫維亞與立陶宛）成為歐盟成員國的時間是2004年5月。同一批新成員包括匈牙利、波蘭、捷克與斯洛伐克，這些國家曾為華沙公約組織的成員。如今，這些國家統統進入歐盟，原文提及的「圍堵」感受情有可原。

P.24

1 國民陣線是法國極右民粹主義政黨，時任領袖的瑪琳·勒朋（Marine Le Pen）在2018年3月提議將黨名改為「國民聯盟」（Rassemblement national），6月宣布黨員投票通過重新命名。

2 2020年2月起，歐洲議會因為英國脫歐的緣故，總席次降為705，文中所述的極右派黨團總席次（177）可能反應各黨團議員分合的變動狀態，不和同頁扇形圖完全吻合。

P.34

1 外飛地（exclave）是一個地理觀念，當某國擁有的一塊領土與本國分離，而那塊領土被其他國家包圍，則稱為某國的外飛地。加里寧格勒是俄羅斯的外飛地，被波蘭和立陶宛包圍。內飛地（enclave）則意指某個國家境內有塊土地，其主權屬於另外一個國家，則該地區稱為此國家的內飛地。

P.35

1 漢薩同盟是12至13世紀中歐的神聖羅馬帝國與條頓騎士團各個城市之間形成的商業與政治聯盟，在14世紀晚期至15世紀早期達到鼎盛，壟斷波羅的海貿易。德航Lufthansa名稱中的Hansa即源自漢薩同盟。

2 這個詞現在通常用來表示對俄羅斯政權的恐懼（潛在的入侵危機、可能爆發戰爭等），尤其是在與俄羅斯的政治及軍事緊張關係加劇的時候。

P.40

1 維謝格拉德集團是一個政治及文化合作組織，由匈牙利、波蘭、捷克及斯洛伐克四國在1990年代組成，以匈牙利城市維謝格拉德（Visegrád）命名。

P.41

1 ghetto專指猶太社區，也譯作隔坨區或隔都。

2 別稱突擊隊，是由納粹德國占領區黨衛隊中的豁免兵和當地合作者組成的流動殺戮隊，其任務是在納粹歐洲大規模執行搜索、抓捕和處決猶太人。

P.61

2022年10月的巴西總統大選，勞工黨籍前總統盧拉東山再起，最終贏得50.9%的選票，巴西政壇再度回歸左翼路線。

P.64

1 查理檢查站是冷戰時期柏林圍牆供人進出東西德的檢查哨站，供軍人及外交人員使用。柏林圍牆倒塌後，查理檢查站曾經遭到拆除，復原後成為紀念園區。

2 卡特爾（Cartel）的原意是指同業之間的橫向組織，亦即產銷企業基於共同目的，以合約來限制彼此競爭，控制價格和產量，分配市場需求以追求利潤。

P.72

1 「查維茲主義」（Chavism）一詞源自委內瑞拉前總統烏戈·查維茲（Hugo Chávez）的姓名，意指這位政治人物的思想和政治實踐。

2 根據美國國務院官網，美國駐委內瑞拉使館在2019年3月12日（拜登上任前）便停止運作，但宣稱保持雙邊外交關係。網址：https://www.state.gov/u-s-relations-with-venezuela/（瀏覽日期：2022年10月29日，詳見條目Bilateral Representation。）

P.84

1 「貧窮線」是指為滿足生活標準所需的最低收入水準。不同國家有不同的貧窮線，但通常會利用單一貧窮線來比較經濟福利程度。

根據中國制定的貧窮線標準，2020年時脫貧戶每年純收入要達到人民幣4000元，即每戶月收入333.33元，每日11.11元。而聯合國發展署制定的全球絕對貧窮線人均日收入為1.9美元（約人民幣13.11元）。相比之下，中國的貧窮線比國際標準低。

2021年，中國宣稱在其現行標準下，有將近1億的農村貧窮人口已經脫貧，如果從貧窮人口算法、貧窮標準算法、英美國家的貧窮標準等方法來審視，這樣的說法有待商榷。

P.92

1 根據香港交易所2016年市場統計數據，香港與深圳交易所最接近原文的比較值是「股份集資總額」。詳見《香港交易所2016市場統計數據》股份集資總額2016年1月至11月（網址：https://www.hkex.com.hk/-/media/HKEX-Market/Market-Data/Statistics/Consolidated-Reports/Annual-Market-Statistics/c_2016-Market-

2 根據香港規劃署的數據顯示，香港的陸地面積約有1114平方公里，其中只有25.1%是市區或已建設土地，占地約280平方公里，真正用作居住的住宅用地只有79平方公里。

P.96

1 頓內次克和盧甘斯克被國際公認為烏克蘭的一部分，但由於境內有親俄武裝分離勢力運動，組成「有限承認」的分離政權，承認國除了俄羅斯之外，多半是俄羅斯的盟邦。

P.97

1 在冷戰的語境之下，北韓應屬「第二世界」的共產集團，和以美國與西歐為首的「第一世界」對立。第三世界泛指兩者之外的亞洲、非洲及中南美洲開發中國家。此處稱北韓為第三世界的發展典範，應該是基於其工商發展的進程，而非政治立場和市場經濟模式。

P.99

1 北韓在2019年4月修訂憲法，新憲法明文規定國務委員會委員長「代表國家」，正式將金正恩的法律地位定為國家元首。據2021年6月國際媒體報導，北韓媒體朝中社過往皆以「委員長」來稱呼金正恩，但在報導他到錦繡山太陽宮紀念金正日79歲冥壽時，卻使用「總統」作為金正恩的職銜。韓聯社分析，由於多數國家在稱呼元首時都會採用president，因此認為北韓是想迎合國際潮流，有意擺脫軍事國家的形象。

P.103

1 日高見國原意是「位於日出之地的國家」，「日高」在日語中有日出之意。

P.105

1 2022年12月，由日本自民黨跟公明黨組成的執政聯盟，針對國家安全保障戰略等三份文件，研擬修正案內容並達成協議，承認自衛隊將保有反擊能力，也就是攻擊敵人基地的能力，這是日本在二戰之後的國防政策出現重大轉變。

P.107

1 獨島，日本稱為竹島，是位於東海（日本海）上的兩座島嶼和礁岩群，目前由韓國實際控制，更建設直升機場、碼頭和燈塔等設施，每年舉行防禦演習。日本則主張韓國的行動屬於「國際上於法無據的非法占據」。

P.111

1 英國女王伊麗莎白二世（Elizabeth II）於2022年9月日辭世，大英國協王國的國王由下一任英國君主——查爾斯三世（Charles III）繼任。

2 在地理上，「對蹠點」（antipodes）指地球表面任一點穿過地心，抵達球面另一端的交點，此兩點互為對蹠點。

P.118

1 喀什米爾介於青藏高原西端與南亞最北端交接的一個地區。如今泛指由印度控制的查謨及喀什米爾（細分為查謨、喀什米爾）和拉達克、由巴基斯坦控制的阿扎德喀什米爾以及吉爾吉特－巴爾蒂斯坦，以及由中國控制的阿克賽欽和喀喇崑崙走廊。

2 英屬印度（British India）是英國在19世紀至20世紀中建立的殖民地，包括今天的印度、孟加拉、巴基斯坦與緬甸。

P.121

1 錫金邦位於喜馬拉雅山脈南麓，北面與中國接壤，東面與不丹接壤，西面是尼泊爾，南面則與西孟加拉邦相鄰。錫金王國是在1642年至1975年間存在的一個獨立國家，由世襲的卻嘉（國王）統治。1861年成為英國保護國，1950年又成為印度保護國。1975年正式被印度吞併並成為印度的一個邦。

P.122

1 德拉帕迪·慕爾穆是印度史上首位擔任總統的印度原住民。理論上，印度總統擁有不少權力，但實際上許多賦予總統的權力通常是由總理領導的部長會議行使。

2 印度2022年的經濟成長率為6.7%，高於中國（僅增長3%），且GDP規模已超越英國，躍居全球第五大經濟體。而2023年國際貨幣基金（IMF）的全球各國GDP排名，依序為美國、中國、日本、德國以及印度。IMF預測，印度經濟2023年以後仍將維持約6%的成長，到2027年，印度GDP規模有望超越日本。

P.126

1 阿亞圖拉（ayatollah）是伊斯蘭什葉教派的高階宗教學者兼領袖，在伊朗具有宗教和政治上的仲裁權力。

P.127

1 Shah中譯為「沙阿」、「沙王」或「沙赫」，是波斯古代君主的頭銜。

2 遜尼派的名稱源自聖行（Sunnah）一詞，是伊斯蘭教的多數派，占全球穆斯林的85%至90%。先知穆罕默德於632年過世後，遜尼派認為他並未指定任何繼承人，因此承認社群推舉的阿布·伯克爾（Abu Bakr）為正統的首任哈里發（Caliph）。

3 什葉派是伊斯蘭教第二大教派。在早期伊斯蘭史上，什葉是一場運動，字面意義是Shiat Ali，即阿里黨。什葉派與遜尼派的爭端源自先知穆罕默德過世後，該由誰領導穆斯林的爭議。什葉派相信穆罕默德指定了女婿阿里（Ali ibn abi Talib）為繼承人。

P.131

1 全名「胡希運動」（Houthi movement），正式名稱為「真主虔信者」（Ansar Allah），1990年代發跡於葉門北部，是一支什葉教派武裝團體。

P.132

1 黎凡特地區是一個源自歐洲文化和歷史的地理名詞，泛指地中海東部和周圍的島群，對應到的現代國家包括土耳其、約旦、黎巴嫩、敘利亞、以色列等。「黎凡特」延伸自法文動詞lever的現在式分詞levant，意為「升起」，指涉太陽東升之處。

P.138

1 食利國家或稱食租國家、租利國家、尋租國，指的是一個國家政府主要收入來源並非稅收，而是外來財源，包括輸出天然資源的收入或外援。

P.140

1 謝赫或譯沙赫、舍赫等，是一個阿拉伯語詞彙，通常用於描述具有社會地位和權威的男性。在中東地區的一些國家，例如阿聯酋和沙烏地阿拉伯等國家，謝赫是一種重要的文化和政治概念，通常與當地的王室和政府有密切關聯。

P.145

1 聶斯托里教派也稱「東方教會」，在唐朝曾傳入中國，留存的文獻翻譯泛稱為「景教經典」。

2 敘利亞教會是指採用敘利亞禮儀的教會的統稱，是東方基督教的一部分。

P.148

1 哈里發國是伊斯蘭教的政治體制，哈里發則是伊斯蘭教的領袖和最高統治者。哈里發國的建立可以追溯到伊斯蘭教先知穆罕默德去世後，為了接班而展開的政治爭奪。近年來，伊斯蘭激進組織伊斯蘭國曾宣稱建立了新的哈里發國，但其已被多個國家聯合打擊並逐漸失去勢力。

P.152

1 土耳其總統大選在2023年5月14日登場，由土耳其反對黨領袖基里達歐魯（Kemal Kilicdaroglu）和掌權長達20年的艾爾段兩強對峙。5月28日，艾爾段在土耳其總統大選第二輪投票勝出，順利贏得連任。

P.156

1 哈馬斯是成立於1987年的巴勒斯坦伊斯蘭政治和抵抗運動組織，擁有武裝力量「卡桑旅」（Al-Qassam Brigades）。哈馬斯的目標是建立一個包括巴勒斯坦領土和以色列在內的穆斯林國家，並否定以色列的存在。

P.160

1 法塔的正式名稱是巴勒斯坦民族解放運動（Palestinian National Liberation Movement），由阿拉法特（Yasser Arafat）於1959年創立，是巴勒斯坦解放組織的主要成員之一。

P.161

1 錫安主義是具有政治及宗教性質的猶太民族主義運動，認同、支持並促進猶太人在當今的以色列建國。

P.163

1 基布茲是以色列的一種共同體形式，其根源可以追溯到20世紀初猶太移民定居在巴勒斯坦地區時期。基布茲是一個集體農業社區，成員共同生活、工作和共享資源。

P.165

1 2022年12月29日，納唐雅胡第三度出任以色列總理。

P.168

1 阿爾及利亞「黑色十年」指的是1991年至2002年間的內戰時期。

P.171

1 Maghreb是摩洛哥、阿爾及利亞和突尼西亞三國的代稱。該地區受地中海和阿拉伯文明影響，也和撒哈拉沙漠以南的黑非洲地區有密切的貿易往來，因此形成獨特的文化。

P.172

1 原文採用「侍從主義」（clientelism）來描述石油營利的分配。這樣的理解架構來自恩庇者（patron）與侍從（client）上對下恩庇侍從的派系結盟關係。

P.175

1 設立保護國是一種殖民的手段。1870至1940年間，法國政體進入第三共和時期，加強東亞——尤其是印度支那（Indochina）與中國西南部——的經略與擴張。成為法國保護國的地區包括1862年的柬埔寨（1862年，時屬法蘭西第二帝國）、1883年的安南（Annam）與越南東京（Tonkin）以及1893年的寮國。

P.181

1 非洲之角是一個非洲分區的觀念，位於非洲東北，包含衣索比亞、吉布地、厄利垂亞及索馬利亞等國，隔著亞丁灣（Gulf of Aden）與阿拉伯半島相望。

2 席巴女是希伯來聖經〈列王記〉（Kings）出現的人物。她統治的王國在極盛時期時，可能涵蓋阿拉伯半島西南角與非洲之角（今衣索比亞），與所羅門王同年代。後世文學藝術創作頻繁化用席巴女王，點染其生平，也不乏歌劇改編。年代較近的文學作品包括法國19世紀詩人內爾瓦（Gérard de Nerval）1851年《東遊記》（Voyage en Orient）以及塞內加法語系詩人桑戈（Léopold Sédar Senghor）1976年出版的〈席巴女王頌〉（Elégie pour la Reine de Saba）。

P.182

1 海爾·塞拉西原名塔法里·馬康南，後來成為馬康南公爵，1928年成為國王，1930年稱帝。

P.186

1 薩赫勒五國集團成員包括布吉納法索、查德、馬利、茅利塔尼亞及尼日，舊時皆為法國殖民地。

P.196

1 卡法是費奧多西亞（Feodosia）的舊稱，位於黑海北岸克里米亞半島，始建於前六世紀。

P.205

1 約翰尼斯堡機場剛啟用時曾以南非首任總理揚·史末資（Jan Smuts）為名，後來因故改稱為約翰尼斯堡國際機場，直到2006年10月27日更改為奧利弗·坦博國際機場（OR Tambo International Airport）。

2 奈洛比國際機場現稱喬莫·肯亞塔國際機場（Jomo Kenyatta International Airport）是該國最大的機場，也是東部非洲最繁忙的機場。

3 正式名稱是穆罕默德五世國際機場（Mohammed V International Airport）。

P.221

1 美國總統拜登在上任第一天便簽署行政命令，宣布美國將重返《巴黎氣候協定》，一個月後正式重新加入。

.辭彙表

5G
L=5G是第五代的電信通訊技術系統，在2015年發展出來，但要到2019年才啟用。5G能夠提升傳輸的資訊流量，降低停等時間，讓通訊網絡更加可靠，並且讓產品物間的互聯性提高。

大西洋主義（ATLANTICISM）
大西洋主義是一項地緣政治的原則，首重歐洲與北美國家的合作，並以美國作為集團首腦。大西洋承襲冷戰的勢力劃分和蘇聯威脅的遺緒。在蘇聯垮臺之後，大西洋主義仍是國際關係中重要的思潮，面對中國及俄羅斯的野心勃勃──尤其在烏俄戰爭爆發之後──尤其重要。

大數據（BIG DATA）
顧名思義，大數據的特徵是巨量且種類繁浩的資訊以及即時處理的必要性。大數據是一項新的科技資產，在數個領域裡，其應用程度相當可觀，諸如政治、地緣政治等。不過，大數據帶來的問題包括相關資料在非民主國家的管理。

什葉派（SHIA）
什葉派是伊斯蘭教第二大教派，僅次於遜尼派（Sunni）。什葉派內部仍有不少分支，像是十二伊瑪目派（Twelve Imams）、宰德派（Zaydite）和伊斯美良派（Isma'ilism）等。什葉派信徒約有1億5000萬至2億人，占全世界穆斯林的10%至15%。

民主（DEMOCRACY）
法國最重要的憲法學者之一──喬治·韋德爾（Georges Vedel）將民主定義為「行政權的行使奠基於國家之上，並受到議會反對黨的監督」。這則定義將孟德斯鳩（Montesquieu）的權利制衡觀念視為民主運作的核心原則。也就是說，議會監控政府的行為，而司法、新聞媒體、集會結社各有其運作模式，皆享有獨立性和自由，構成權力之間的平衡，形成法治國家的根本。

不自由的民主（ILLIBERAL DEMOCRACY）
不自由的政府有以下特徵：它表面上看似遵守民主運作的規則（正當性訴諸選舉），但對其他通常和民主連結在一起的原則動手腳，例如司法獨立、新聞自由或集會結社自由。

歐亞主義（EURASISME）
歐亞主義由政治學者亞歷山大·杜金（Aleksandr Gelyevich Dugin）提出，是俄羅斯的地緣政治原則。歐亞主義將俄羅斯和鄰近民族（包括土耳其人、斯拉夫人、希臘人與波斯人）居住的區域視為地理共同體，由莫斯科位居中心。

混合戰（HYBRID WARFARE）
混合戰指的是形式不符合傳統戰爭類別的衝突。這些類別包括「傳統戰爭」（conventional warfare），由兩方正規軍交戰。「不對稱作戰」（asymmetric warfare）指一方正規軍與另一方不正規軍交戰，不正規軍包括恐怖主義者。「網路戰」（cyberwarfare）指涉以攻擊對象以基礎設施而非人員為主的資訊戰。混合戰之所以浮上檯面，是因為上述許多類別在混合戰之中結合。

印度－太平洋地區（INDO-PACIFIC ASIA）
印度－太平洋地區橫跨印度洋及太平洋。最近，印太地區被視為策略布局的一線戰區，競逐的集團包括西方世界的盟國（印度、日本及澳洲），意圖牽制中國的影響力。

人工智慧（ARTIFICIAL INTELLIGENCE）
人工智慧泛指所有用於模仿人類智能的科技。人工智慧的應用範圍相當寬廣，從人臉及聲音辨識到無人機皆是。此外，人工智慧也是一架推動及優化研發的引擎，成為地緣政治的新關鍵。

伊斯蘭主義（ISLAMISM）
「伊斯蘭主義」一詞形成於1970年代，顧名思義來自「伊斯蘭」。伊斯蘭主義指的，是各種將穆斯林信條奉為公共行為準則的政治運動。就伊斯蘭主義而言，伊斯蘭主義的組織和伊斯蘭主義思潮本身有所不同，後者認為到了私領域，伊斯蘭教條必須受到限制。

多邊主義（MULTILATERALISM）
多邊主義是國際關係組織原則的一種，重視世界政治不同行為者間的對話、幹旋和協定。國際組織的存在以及對該組織決議的尊重，是多邊主義可能實現仰賴的條件。

重返亞洲（PIVOT TO ASIA）
重返亞洲是美國前總統歐巴馬在2011年提出的外交政策原則。亞洲轉向旨在將美國外交、經濟及軍事活動的重心移到亞洲地區，因為亞洲是世界經濟的新重心。

民粹主義（POPULISM）
民粹主義指稱一種政治修辭模式，造成基層民眾和傳統菁英階層的對立。

一帶一路（BELT AND ROAD INITIATIVE）
習近平在2013年替「一帶一路」計畫揭幕，作為中國經濟建設及戰略部署的宏大計畫。一帶一路呼應歷史上的絲路，橫貫歐亞大陸，成為中國與歐洲之間的聯繫。起初，一帶一路旨在發展一套海陸（包含鐵路）運輸系統，遍布世界各大陸；今天，一帶一路還包含北京當局的別有用心。

軟實力（SOFT POWER）
軟實力是一個國家對外政策中不牽涉暴力脅迫的措施與工具，跟「硬實力」（hard power）相對立。不同於硬實力訴諸武力或經濟施壓，軟實力意圖透過文化吸引力、科學進步、研發力或捍衛某些價值，使人信服而非屈服。

遜尼派（SUNNI）
遜尼派和什葉派是伊斯蘭兩大教派。今天，世界上有85%的穆斯林是遜尼派信徒，信眾幾乎有150億人。

●參考書目

I 歐洲：危機時刻

Eltchaninoff, Michel, *Dans la tête de Vladimir Poutine,* nouvelle édition, Actes Sud, 2022.

Goujon, Alexandra, *L'Ukraine. De l'indépendance à la guerre,* Le Cavalier bleu, 2021.

Kastouéva-Jean, Tatiana, *La Russie de Poutine en 100 questions,* Tallandier, 2020.

Mandraud, Isabelle, Théron, Julien, *Poutine. La stratégie du désordre,* Tallandier, 2021.

Tétart, Frank, Mounier, Pierre-Alexandre, *Atlas de l'Europe,* Autrement, 2021.

Van Renterghem, Marion, *Angela Merkel. L'ovni politique,* Les Arènes, 2017.

Zelensky, Volodymyr, *Pour l'Ukraine,* Grasset, 2022.

網路資源

歐洲時事動態與解析：https://www.touteleurope.eu/

II 南北美洲：美國回來了？

Badie, Bertrand, Vidal, Dominique (dir.), *Fin du leadership américain？,* La Découverte, 2019.

Dabène, Olivier, *Atlas du Brésil,* Autrement, 2018.

Grillo, Ioan, *El Narco. La montée sanglante des cartels mexicains,* Buchet-Chastel, 2012.

Kandel, Maya, *Les États-Unis et le monde,* Perrin, 2018.

Nardon, Laurence, *Les États-Unis de Trump en 100 questions,* Tallandier, 2018.

«Venezuela 1998-2018 : le pays des fractures», *Les Temps modernes,* n° 697, mars 2018.

Théry, Hervé, «Le Brésil et la révolution géopolitique mondiale», *Outre-Terre,* n° 56, vol. 1, 2019.

網路資源

Pew Research Center（美國社會科學研究中心）：https://www.pewresearch.org/
Atlas Caraïbe : http://atlas-caraibe.certic.unicaen.fr/fr/

III 亞洲：未來世界的震央

Argounès, Fabrice, *L'Australie et le monde. Entre Washington et Pékin,* Presses universitaires de Provence, 2016.

«L'Asie de l'Est face à la Chine», *Politique étrangère,* vol. 86, n° 2, été 2021.

Bondaz, Antoine, *Corée du Nord. Plongée au cœur d'un État totalitaire,* éditions du Chêne, 2016.

Bougon, François, *Hong Kong, l'insoumise. De la perle de l'Orient à l'emprise chinoise,* Tallandier, 2020.

Chol, Éric, Fontaine, Gilles, *Il est midi à Pékin.*

Le monde à l'heure chinoise, Fayard, 2019.

Courmont, Barthélémy (dir.), *Géopolitique de la mer de Chine méridionale. Eaux troubles en Asie du Sud-Est,* Presses de l'Université du Québec, 2018.

Delamotte, Guibourg, *Le Japon dans le monde,* CNRS Éditions, 2019.

Ekman, Alice, *La Chine dans le monde,* CNRS Éditions, 2018.

Jaffrelot, Christophe, *L'Inde de Modi. National-populisme et démocratie ethnique,* Fayard, 2019.

Saint-Mézard, Isabelle, *Atlas de l'Inde,* Autrement, 2016.

Tréglodé (de), Benoît, Fau, Nathalie, *Mers d'Asie du Sud-Est,* CNRS Éditions, 2018.

網路資源

Asia Centre（亞洲與全球議題的交會）：http://centreasia.eu/

IV 中東：新人入主，著眼新局？

Balanche, Fabrice, *Atlas du Proche-Orient arabe,* Presses de la Sorbonne, 2012.

Baron, Xavier, *Histoire de la Syrie, de 1918 à nos jours,* Tallandier, «Texto», 2019.

Bonnefoy, Laurent, *Le Yémen. De l'Arabie heureuse à la guerre,* Fayard, 2018.

Conesa, Pierre, *Dr Saoud et Mr Djihad. La diplomatie religieuse de l'Arabie saoudite,* Robert Laffont, 2016.

«Israël, une démocratie en question», *Moyen-Orient,* n° 48, oct.-déc. 2020.

Lescure, Jean-Claude, *Le Conflit israélo-palestinien en 100 questions,* Tallandier, 2018.

Mardam-Bey, Farouk, Majed, Ziad, Hadidi, Subhi, *Dans la tête de Bachar al-Assad,* Actes Sud, 2018.

«Moyen-Orient, des guerres sans fin», *Questions internationales,* n° 103-104, sept.-déc. 2020.

Ockrent, Christine, *Le Prince mystère de l'Arabie. Mohammed ben Salman, les mirages d'un pouvoir absolu,* Robert Laffont, 2018.

Schmid, Dorothée, *La Turquie en 100 questions,* Tallandier, 2018.

Soubrier, Emma, «Les Émirats arabes unis à la conquête du monde？», *Politique étrangère,* printemps 2020.

Tétart, Frank, *La Péninsule arabique. Cœur géopolitique du Moyen-Orient,* Armand Colin, 2017.

網路資源

中東時事解析：http://www.lesclesdumoyenorient.com

敘利亞衝突：https://www.lecon#itsyrienpourlesnuls.org/

V 非洲：充滿各種可能與不可能的大陸

Ambrosetti, David, «L'Éthiopie : une volonté politique de fer aujourd'hui saisie par le doute», *Questions internationales,* 2018.

Belkaïd, Akram, *L'Algérie en 100 questions. Un pays empêché,* Tallandier, 2020.

Dubresson, Alain, Magrin, Géraud, Ninot, Olivier, *Atlas de l'Afrique,* Autrement, 2018.

«Géopolitique du Sahel et du Sahara», *Hérodote,* n° 172, vol. 1, 2019.

Normand, Nicolas, *Le Grand Livre de l'Afrique,* Eyrolles, 2018.

Pérouse de Montclos, Marc-Antoine, *L'Afrique. Nouvelle frontière du djihad？,* La Découverte, 2018.

Serres, Thomas, *L'Algérie face à la catastrophe suspendue,* IRMC/Karthala, 2019.

網路資源

Centre d'études stratégiques de l'Afrique（非洲策略研究中心）：https://africacenter.org/fr/

VI 從之前的世界到之後的世界

Blanchon, David, *Atlas mondial de l'eau,* Autrement, 2013.

Doulet, Jean-François, *Atlas de l'automobile,* Autrement, 2018.

Duhamel, Philippe, *Géographie du tourisme et des loisirs,* Armand Colin, 2018.

Gemenne, François, *Atlas de l'anthropocène,* Presses de Sciences Po, 2019.

Gomart, Thomas, *Guerres invisibles. Nos prochains défis géopolitiques,* Tallandier, 2021.

Ockrent, Christine, *La Guerre des récits. Xi, Trump, Poutine : la pandémie et le choc des empires,* L'Observatoire, 2020.

網路資源

GRID-Arendal（環境議題相關資源與地圖）：https://www.grida.no/

Centre Géode（資料界的地緣政治）：https://geode.science/

網路圖庫

IRIS：https://www.iris-france.org/

IFRI：https://www.ifri.org/

CERI：https://www.sciencespo.fr/ceri/fr

CERISCOPE：http://ceriscope.sciences-po.fr/

Fondation pour la recherche stratégique：https://frstrategie.org/frs/actualite International Crisis Group：https://www.crisisgroup.org/

Geoconfluences（地理學資源）：http://geocon#uences.ens-lyon.fr/

Geoimage du CNES（衛星影像學習資源）：https://geoimage.cnes.fr/fr/

地圖資源

衛星影像：PlanetObserver；NASA Earth Observatory

地圖資料庫：Natural Earth Réseau routier et ferré：OpenStreetMap

專屬經濟區：Marineregions.org

都會人口稠密區：Commission euro-péenne, Global Human Settlement Layer

難民議題：Haut-Commissariat des Nations unies pour les réfugiés (UN-HCR)

健康與衛生議題、Covid-19：Organisation mondiale de la santé (OMS)；Centre européen de prévention et de contrôle des maladies (ECDC)；Coronavirus Resource Center de l'université Johns-Hopkins

二氧化碳排放： Global Carbon Project

海底電纜： TeleGeography

歐盟：europa.eu

Pascal Buléon, Louis Shurmer-Smith, Atlas transmanche, Université de Caen Normandie, https://atlas-trans-manche.certic.unicaen.fr Revue Moyen-Orient et Magazine Carto, groupe Areion

Questions internationales,

La Documentation française

Georges Duby, Atlas historique mondial, Larousse, 2003.

圖片來源

Moscou, p. 12： © Sputnik/Kremlin *via* Reuters；
Bruxelles, p. 20： © Dursun Aydemir/Anadolu Agency *via* AFP；
Berlin, p. 28： © Hannibal Hanschke/Reuters；
Île de Gotland, p. 34： © Olaf Kruger/Image Broker/Photo 12；
Medyka, p. 40： © Leonhard Foeger/Reuters；
Washington, District of Columbia, p. 48： © Tayfun Coskun/Anadolu Agency *via* AFP；
Amazonie, p. 56： © Victor Moriyama/Greenpeace/AFP；
Tijuana, p. 64： © Scott Olson/Getty Images *via* AFP；
Punto Fijo, p. 72： © Rob Crandall/Alamy/Photo 12；
Pékin, p. 82： © Li Tao/Xinhua *via* AFP；
Causeway Bay, p. 90： © Eurasia Press/Photononstop *via* AFP；
DMZ, p. 96： © Jung Yeon-Je/Pool/AFP；
Tokyo, p. 102： © Shuhei Yokoyama/Yomiuri/The Yomiuri Shimbun *via* AFP；
Barossa Valley, p. 110： © David Gray/Reuters；
Taj Mahal, p. 116： © Sunny Merindo-Schultz-pax/Getty Images；
Natanz, p. 126： © Maxar Technologies/Handout *via* Reuters；
Al Ula, p. 136： © Éric Lafforgue/Hans Lucas *via* AFP；
Alep, p. 144： © Peter Horree/Alamy/Photo 12；
Le détroit du Bosphore, p. 152： © Ozan Kose/AFP；
Jérusalem, p. 160： © Ammar Awad/Reuters；
La Casbah d'Alger, p. 168： © Paule Seux/Hemis *via* AFP；
Sidi Bouzid, p. 174： © Fehti Belaid/AFP；
Addis-Abeba, p. 180： © Britta Pedersen/Picture Alliance *via* Getty Images；
Tombouctou, p. 186： © Ayse Topbas/Getty Images；
Wuhan, p. 194： © STR/AFP；
Orly, p. 202： © Jacques Witt/Sipa Press；
Riyad, p. 210： © EyePress News *via* AFP；
Montréal, p. 216： © Martin Ouellet-Diotte/AFP.

● 謝辭

首先，我想要向Arte電視臺的主管致謝，Arte陪著節目《地圖下的風起雲湧》（Dessous des cartes）開播，一路走來，從每週六晚上7:30在網路上片，到現在〈關鍵單元〉（L'Essentiel）週一至週四晚上8:50每日更新。布魯諾・帕提諾（Bruno Patino）、法布里斯・普修（Fabrice Puchault）、波瑞斯・拉松（Boris Razon）、瑪麗洛爾・樂沙奇（Marie-Laure Lesage）、蕾秋・阿杜爾（Rachel Adoul）和安・帕拉戴（Anne Pradel）謝謝你們。

安潔拉・樂奈維（Angèle Le Névé）在2017年跟我同梯進入《地圖下的風起雲湧》團隊，擔當製作人的重任，對節目情深義重，尤其謝謝她。

謝謝天天在Arte工作室一起努力的夥伴們：茱麗葉・杜華雅（Juliette Droillard）、皮耶・西蒙（Pierre Simon）和愛麗絲・多桑（Alice Dossin）。

感謝我們才華洋溢的技術團隊：

· 編導：皮耶・奧利維・弗蘭索瓦（Pierre-Olivier François）、朱利安・樂博（Julien Le Bot）、茱蒂絲・呂埃夫（Judith Rueff）、茱莉・加福拉（Julie Gavras）、貝努瓦・拉波爾德（Benoît Laborde）、尚克里斯多夫・利波（Jean-Christophe Ribot）、腓特烈・拉馬德（Frédéric Ramade）和腓特烈・雷爾努（Frédéric Lernoud）。和你們編寫《地圖下的風起雲湧》腳本，信可樂也。

· 平面設計師：默罕默德・杰瑪爾（Mohammed Zemmar）、伊曼努艾・文森（Emmanuel Vincent）、皮耶尚・卡納克（Pierre-Jean Canac）和阿爾諾・藍波利翁（Arnaud Lamborion）。謝謝你們不但讓地圖充滿創意，而且意趣橫生。

· 謝謝地圖繪圖師吉雍・席歐（Guillaume Sciaux）。

· 謝謝地理學家──來自Areion集團的吉雍・傅蒙（Guillaume Fourmont），我們的科學顧問。同時，我們還要感謝《地圖下的風起雲湧》背後廣大的專家團隊。想瞭解〈地緣政治講堂〉，請上arte.tv點閱現象解析的訪談。

感謝馬修・瓦盧威（Matthieu Valluet）讓我們的介面幾經改版，通行無阻，支援我從2008年到2012年在多個國家替Arte的雜誌《Global Mag》做節目。也謝謝克里斯帝安・史托勒（Christian Stonner）──他不僅僅是個翻譯。也謝謝安德烈・席耶（Andréa Schieffer）替節目的德文版發聲。

最後，我要向編輯致謝。謝謝沙維耶・德巴爾蒂亞（Xavier de Bartillat）、伊莎貝爾・派耶（Isabelle Pailler）以及馬業瓦・杜克羅（Maëva Duclos）的堅持和鼓勵。

實用知識 86

地圖下的風起雲湧：烽火又起

原文書名：Le dessous des cartes: Le retour de la guerre
作　　者：艾蜜莉・奧柏芮 Émilie Aubry、
　　　　　法蘭克・泰塔爾 Frank Tétart
地圖繪製：湯瑪斯・安瑟特 Thomas Ansart
譯　　者：許淳涵
責任編輯：林佳慧
封面設計：許晉維
美術設計：Ahao
行銷顧問：劉邦寧

發 行 人：洪祺祥
副總經理：洪偉傑
副總編輯：林佳慧
法律顧問：建大法律事務所
財務顧問：高威會計師事務所
出　　版：日月文化出版股份有限公司
製　　作：寶鼎出版
地　　址：台北市信義路三段 151 號 8 樓
電　　話：（02）2708-5509 傳真：（02）2708-6157
客服信箱：service@heliopolis.com.tw
網　　址：www.heliopolis.com.tw
郵撥帳號：19716071 日月文化出版股份有限公司

總 經 銷：聯合發行股份有限公司
電　　話：（02）2917-8022 傳真：（02）2915-7212
印　　刷：中原造像股份有限公司
初　　版：2023 年 7 月
定　　價：990 元
I S B N：978-626-7329-03-0

© Éditions Tallandier / Arte éditions, 2022
This edition is published by arrangement with Éditions Tallandier in conjunction with its duly appointed agents Books And More Agency #BAM, Paris, France and The Grayhawk Agency, Taipei, Taiwan.
Complex Chinese Translation Copyright © 2023 by Heliopolis Culture Group All rights reserved.

國家圖書館出版品預行編目資料

地圖下的風起雲湧：烽火又起／艾蜜莉・奧柏芮（Émilie Aubry），法蘭克・泰塔爾（Frank Tétart）作；許淳涵譯 -- 初版. -- 臺北市：日月文化出版股份有限公司, 2023.07
232 面；26×34 公分 . -- （實用知識；86）
譯自：Le dessous des cartes : Le retour de la guerre
ISBN 978-626-7329-03-0（平裝）

1.CST: 地緣政治 2.CST: 國際關係

571.15　　　　　　　　　　　　　　112006659

◎版權所有・翻印必究
◎本書如有缺頁、破損、裝訂錯誤，請寄回本公司更換

實　用

知　識

寶鼎出版